JN069061

「言葉による課題解決力」を育てる説明的文章指導

「読みの観点」×「単元の類型」でつくる授業

田中　拓郎　著

東洋館出版社

序文

国語科説明的文章の学習指導を「言葉の学び」として再生させたい。

本書にこめた田中拓郎氏の願いは、この一点に集約されるように思われる。田中氏は、小学校での長い教職経験から得られた知見をこの一点に集約し、本書を構想し執筆した。

田中氏はこれを実現するために、本書のタイトルである「言葉による課題解決」という視点を説明的文章の学習指導に新たに持ち込んだ。そして、本書ではこの視点から二つの提案をしている。一つは、説明的文章をたんなる文字テキストと捉えるのではなく、筆者による課題解決のための言語行為（すなわち、「言葉による課題解決」）として捉え直すことである。そして、もう一つは、国語科説明的文章の学習指導においては、教室の学習者自身が「言葉による課題解決」を行うことで理解と表現とを関連させていくことである。近年、単元の学習過程を「課題解決」の過程とすることで学習者の主体的な学びを生み出すことがもとめられているが、田中氏の提案は、そうした動向とも軌を一にするものといえる。

このように、説明的文章の学習指導において、「言葉による課題解決」という新たな視点を持ち込み、これを「筆者による言語行為」と「学習者による言語行為」との両面から捉えて学習指導に実現しようとしている点に、本書の大きな特徴と提案性が認められる。

田中氏がこのような着想に至ったのは、現職派遣による大学院進学に恵まれたことがきっかけになっている。今から二十年ほど前、田中氏が取り組んだ修士論文は『国語科説明文教材の指導に関する研究─教材「たんぽぽのちえ」を通して─』であった。田中氏は、長く教科書教材となっている小学校の説明的文章教材「たんぽぽのちえ」に注目し、修士論文ではその「学習のてびき」の変遷を丁寧に追究し、その特徴や意義を明らかにした。

ひるがえって、教科書教材としての説明的文章は、文学的文章（物語文など）と違って、長く読み継がれ学ばれていくような定番教材が生まれにくい特性をもっている。それは、教科書の説明的文章には、それぞれの時代の教育的なニーズなどのさまざまに変化する要因が教材選定に反映されやすいからである。実際、教科書の説明的文章は、そのときどきの時代で注目される題材（話題）や主題の面に加え、そのときどきの時代で育成が求められる資質・能力の面などから、教科書の教材本文が文学的文章教材に比べて不断に差し替えられてきている。

そのようななか、田中氏は修士論文において、長く教科書に掲載され続けている説明的文章教材「たんぽぽのちえ」に注目することによって、それぞれの時代の国語科教育が、この教材文を通してどのような単元（学習課題や言語活動）を開発し、時代が求める資質・能力を育成しようとしているのかを明らかにした。本書ではそうした研究をもとにして「単元の類型」というキーワードで多様な単元づくりのあり方が示されている。同時に、本書では説明的文章が基本的にもっている言語表現としての特性に基づき、それを読むための観点も明らかにした。本書ではそれを「読みの観点」というキーワードで示している。

そして、教科書に掲載されたこうした説明的文章教材の単元特性の歴史的変遷や意義についての解明、および説明的文章を読むための基本的な観点の解明という二つの研究成果をもとになされたのが、本書の副題に示されている「『読みの観点』×『単元の類型』でつくる授業」という提案である。ちなみに、副題にある「×（かける）」は、説明的文章の授業において「読みの観点」と「単元の類型」とをかけあわせることで、学習指導の質を相乗的に高めることを目指したものである。

現在発行されている国語科の検定教科書においても、各出版社が各学期のレベルや各学年のレベルで独自の単元を開発しそれを系統的に配列しているが、本書の第三章で具体化されている田中氏の提案は、かならずしもそれを追認したりそれに追従したりするものではない。それは、付けたい資質・能力と個々の教材文がもつ特性とを田中氏なりにふまえて開発された最適な「単元の類型」の一つの姿である。読者の方々にも、本書の考え方を生かして、付けたい資質・能力と個々の教材文の特性とをふまえたオリジナル単元を開発していただけたらと思う。

説明的文章の学習指導は、優れた先行実践をのぞき、今なお題材（話題）のレベルの理解に終始してしまうものが散見される。さらには、他教科等と連携して展開する指導になるほど、言葉や表現のレベルの学習がおざなりになってしまううらみがある。本書の提案によって、説明的文章指導が国語科の学習（言葉の学習）として再生し、他教科等との連携においてもしっかりと機能していくものになることが期待される。

本書における田中氏の提案が広く理解・活用され、本書を起点に田中氏の研究がさらに深化・発展していくことをつよく願っている。

二〇二四年五月

宮城教育大学教授　児玉　忠

目次

第三章　「言葉による課題解決力」を育てるための〈教材研究〉と〈授業づくり〉のポイント……141

はじめに

本書は国語科説明的文章を教材とした「言葉の指導」において、「主体的な学習者（読者）」として読むために、「言葉による課題解決力」を育成することを提案したものである。なぜなら「主体的な学習者（読者）」として読むためには、学習者（読者）が絶対解だけでなく自ら納得解や最適解を導くことができるようになることが必要となる。そのためには、言葉をもとに課題（めあて）を設定し、言葉を通して課題解決方法を見通し、友達や教師とともに課題解決を図り、言葉でまとめや振り返りをするという言語行為や課題解決プロセスを重視した言葉の学習を通して言葉を学ぶことで可能となり、「言葉による課題解決力」が育成される。

その「言葉の指導」の視点として二点提示した。一つは「学習者が言葉に対するこだわりやメタ認知を働かせるような指導を構想する」こと、もう一つは「学習者の『言葉による課題解決力』が身につく単元の在り方を構想する」ことである。

さらに、その二点を具体化するものとして、「読みの観点」×（かける）「単元の類型」を中心に据えて説明的文章指導の在り方を構想した。説明的文章の何に着目すればよいかという「読みの観点」と、単元構想に関わる「単元の類型」をかけあわせて説明的文章を見ていくことで、改めて単元や教材の特徴がわかり、指導の方向性が見えてくる。また、この「読みの観点」×「単元の類型」を中心に据えて「言葉の指導」を構想することは、読みの方略の一つともなる。

もちろん、この読みの方略が説明的文章指導の絶対解であるというつもりはない。実際の説明的文章指導は、教材特性や学習者の実態、教師の指導観などの要件が入り交じり、そこから一つの指導がなされる。本書はそれらの要件の中の教材特性に着目して指導を構想するという視点から書いたものである。また教材を確かに読むことを特に重視している。このことは、学習指導要領の指導事項でいえば「構造と内容の把握」「精査・解釈」に軸足をおいた読みにあたる。他の指導事項である「考えの形成」「共有」も「主体的な学習者（読者）」として当然ながら重要であるが、説明的文章の「内容」「形式」「論理」を確かに読むことができないと主体的な読みにはつながらない。そこでまずは学習者（読者）として、「筆者の言葉による課題解決」に向きあうというスタンスをとった。その意図的な「言葉の指導」の積み重ねが、納得解や最適解を導くこととなり、「主体的な学習者（読者）」として説明的文章を読むことになる。

各章の概要を示す。

第一章は、「言葉による課題解決力」の重要性を課題解決学習の歴史的背景から示した。特に読み書き関連指導や情報活用指導からは、「能力」や「学習者」の重要性がうかがわれる。

第二章は、「読みの観点」と「単元の類型」をかけあわせて説明的文章単元を読むことを提案した。このことで、教材特性が一層明確になる。

第三章は、第二章で示した「読みの観点」と「単元の類型」をもとに、教科書にある特徴的な説明的文章教材の具体的な〈教材研究〉と〈授業づくりのポイント〉を示した。

第四章は、第三章の説明的文章の中から「ありの行列」を取り上げ、「読みの観点」と「単元の類型」に基づいた授業構想を学習指導案として示した。また、複式学級がある小学校も多分に考えられることから、概括的ではあるが複式学習指導案（国語科）の作成のしかたを示した。

なお本書は国語科教育法のテキストとして執筆したが、現職の先生方にも読んでいただきたい。「言葉による課題解決力」は国語科だけに留まらず、他教科・他領域の学習にも転移する時代を超えた汎用的な資質・能力でもある。また「読みの観点」と「単元の類型」をかけあわせて説明的文章単元を読むことは、改めて「言葉による課題解決」を重視した「言葉の指導」を考える際のヒントになるはずである。

最後に、本書を手にとってくださった方々からの忌憚のない御批正や御批評をいただければ幸いである。

田中　拓郎

第一章　時代を超えて求められる「課題解決力」とその系譜

第一節　国語科授業で求められる「言葉による課題解決力」

「主体的・対話的で深い学び」「個別最適な学び」「協働的な学び」など、教育政策に関わる様々な用語（概念）が矢継ぎ早に示されている。

平成29年版小学校学習指導要領総則編では、「主体的・対話的で深い学び」の実現を目指すための「学習の基盤となる資質・能力」の一つに「問題発見・解決能力」を示し、その具体として「各教科等において、物事の中から問題を見いだし、その問題を定義し解決の方向性を決定し、解決方法を探して計画を立て、結果を予測しながら実行し、振り返って次の問題発見・解決につなげていく過程を重視した深い学びの実現を図ることを通じて、各教科等のそれぞれの分野における問題の発見・解決に必要な力を身に付けられるようにするとともに、……（以下略）」（五一～五二頁）と、学習者の課題解決行為や課題解決プロセスを重視した資質・能力としての課題（問題）解決力の重要性を提示した。このことから課題（問題）解決力（以後、課題解決力）は、今求められている資質・能力の一つであることが読み取れる。

一方で国語科授業、特に説明的文章学習はこれまでも現在も課題解決プロセスとして、課題（めあて）を設定し、課題解決方法を見通し、個人で考え、さらに他者や教師とともに話合いなどの学習活動を通して課題解決を図り、まとめや振り返りを行う課題解決学習が脈々と行われている。端的にいえば、「言葉をもとに課題を設定し、言葉を通して課題を解決していく課題解決学習」が行われている。教育政策とは別の次元で学習が営まれているかにさえ見える。

しかし、例えば、教育学者の藤井千春[1]（二〇二〇）が「『主体的・対話的で深い学び』とは問題解決学習であり、多様な個性的な能力が『協働』する『探究的な学び』なのです」と述べるなど、多くの研究者が目新しい用語（概念）を用いて教育政策を説明することから、多くの教師は「今までとは何か違うのではないか」「何かが変わっているのではないか」「何かを変えなければならないのではないか」などと思っていることが推測される。

何が違うのか。課題解決プロセスは同じである。つまり形は同じである。残りは中身、質しかない。学習の質、いわば「深い学び」にするにはどうすればいいのか。

小学校説明的文章学習で考えてみる。長崎伸仁[2]（一九九二）は、子供の発達段階に即した読みの目標として「情報を読む」「論理を読む」「筆者を読む」ことを提案した。長崎らの研究者の提案もあってか、現在の説明的文章学習は、低学年は「問い」と「答え」の関係を中心としながら内容や事柄（長崎の「情報」）を読む学習が多い。また中学年は論理（形式や表現など）に着目し、高学年は筆者の主張を読むことが多くなった。では、この目標をさらに「深い学び」につなげるにはどうすればいいのか。その答えは、「情報を読む」「論理を読む」「筆者を読む」だけでなく、発達段階に即して「学習者（読者）として読む」ことである。学習の質、いわゆる「深い学び」に結びつけるには、発達段階に即した主体的な学習者（読者）を育てることが必要である。つまり、説明的文章学習を通して「学習者（読者）として読む」ことが大切なのである。

そのためには、「言葉による課題解決力」を身につけさせることを提案する。本書における「言葉による課題解決力」とは、「主体的な学習者（読者）を育てるために、言葉を通して課題を設定し、言葉による課題解決を図るための思考力・読解力・表現力が相互に関係づけられて機能する資質・能力」と定義づける。

今後、子供たちは〈Society 5.0〉の社会を生きるであろうと考えられている。その時、「絶対解（正解）」だけでなく「納得解」「最適解」も導くことが求められる。そのためには、言葉から思考し、言葉を通して吟味し、言葉から新たな認識を生み出す言語行為やプロセスに基づいた「言葉による課題解決力」が必要となる。また、この「言葉による課題解決力」は国語科だけに留まらず他教科の学習にも転移する資質・能力でもあり、さらには時代を超えた人間成長に関わる汎用的な資質・能力であるとも考えられる。

そこで本書では、国語科説明的文章指導における「言葉による課題解決力」を育成するために、どんな「言葉の指導」を構想すべきなのかを考えていくこととする。

ただし、その前にまず「課題解決力」を育成する「課題解決学習」・「問題解決学習」が、これまで歴史の中でどのように位置づけられてきたのかといった歴史的背景を見てみることにする。

注：課題解決学習における子供は「学習者」であり、説明的文章の「筆者」に対応する概念は「読者」であることから、本節では「学習者（読者）」とした。ただし、今後は「学習者」と「読者」の双方をあわせた意味で「学習者」と表記することとする。

第二節　「課題解決学習」・「問題解決学習」の歴史的背景

大内善一[3]（二〇一五）は、「課題解決学習」について次のように述べている。

課題解決学習はいわゆる「問題解決学習」と「系統学習」との統一を図るために提起された学習形態なのである。課題解決学習は「知識・技術ができてくる過程を大切にする学習形態」であり、「知識・技術の成果も重んじたい」が、それは「教育的な路線において重んじたい」とする考え方に基づくものであった。

この大内の論考からは、現在の国語教室で行われている「課題解決学習」とデューイの経験主義を背景とする「問題解決学習」は厳密には異なることがわかる。

しかし国語科教育において、大内が述べるような厳密な使い分けはあまり見られない。例えば、多くの教師の目に届きやすい国語教育雑誌の一つである「実践国語研究」誌（明治図書）では、「課題解決学習」や「問題解決学習」に関わる特集に次の三編がある。

A「課題発見力と問題解決力の育成」（第二九七号　二〇〇九年）
B「もっと学びたい！課題解決をすすめる授業づくり」（第三三一号　二〇一五年）
C「ゴールをめざして！課題解決力をつける言語活動」（第三三六号　二〇一六年）

Aでは、須田実[4]（二〇〇九）が編集後記に平成20年版学習指導要領総則をもとに「課題の発見力」と「問題解決力」の重要性を述べている。Bでは、特集の趣旨に中央教育審議会総会における諮問文書をもとに課題解決過程の重要性を指摘している。Cの編集後記には、課題解決力の育成について研究者数名がそれぞれの考えを示している。

つまり、この国語教育雑誌からは、大内の述べる歴史的背景を踏まえた用語（概念）の意味の違いによる使い分けは意識していないことがわかる。したがって、多くの小学校国語教師も、行政主導や研究者独自の考えに基づき、「課題解決学習」・「問題解決学習」という用語（概念）を使用している可能性が高い。

しかし、だからこそ改めて「課題解決学習」・「問題解決学習」の歴史的背景、及び藤井が述べる「主体的・対話的で深い学び」（いわゆるアクティブ・ラーニング）としての「課題解決学習」・「問題解決学習」の考え方を整理することが必要である。なぜなら文科省の「課題解決学習」・「問題解決学習」は、近年考えられた学習ではなく、これまでの蓄積を踏まえたものであり、そのもととなった考えを明確にすることは有意味であるといえるからである。

(1) デューイの「問題解決学習」

「問題解決学習」は20世紀初め、アメリカの「デューイ（J. Dewey）の経験主義の教育思想の影響によって提唱された教育理論」[5]が始まりである。デューイが「問題解決学習」を提唱したねらいは、「知識の量よりも、個人や社会における現実の諸問題を解決し、処理する能力を育成すること」[6]にある。

またデューイの「問題解決学習」は、「五段階からなる反省的思考の過程」[7]から成る。具体的には、「①問題を感じ取る、②問題の根本がどこにあるかを究明する、③可能な解決策（仮説）を考える、④その仮説について、種々の関連から吟味し発展させる、⑤仮説を検証し結論を下す、である。もしどこかの段階で間違いなどがあればこの過程を反復する」[8]過程である。

以上のことからデューイが提唱した「問題解決学習」とは、「個人や社会における現実の諸問題」を「五段階からなる反省的思考の過程」を通して解決していく学習であることがわかる。

しかし、どの学習についても長所と短所はある。この「問題解決学習」に対して、大越和孝（二〇〇〇）は

「デューイの経験主義の影響のもとに生まれた問題解決学習は、子供たちの生活の中で生じた問題を自主的に解決していくのであるから、子供たちの主体性が生かされるという長所をもっている授業法」[9]と評価しつつも、「欠点としては、人類が長い歴史の中で築き上げてきた文化の結晶としての知識を、もれなく整理した形で習得させるのには不向きだということが言われる。この点を系統主義や能力主義の立場の人々から指摘され続けてきている」[10]と述べ、子供の主体性に基づく長所と、知識を整理した形で習得させることへの難しさという短所を指摘する。

(2) 広岡亮蔵の「課題解決学習」

デューイの提唱した「問題解決学習」の長所と短所を統合しようとしたのが、広岡亮蔵（一九六六）である。広岡は「課題解決学習」を次のように提案する。

> 現場で教授＝学習のよいありかたを求める人々は、たんなる問題解決学習にもあきたらなく、またたんなる系統学習にもあきたらなくおもっていることが多いようである。そして両者を内面的に結合するべく望みながらも、それが容易にできないので、両者の外面的な結合、いいかえると両者の折衷を、その時々の条件のなかで行なっていることが多い。もし教授＝学習理論が、たんなる問題解決学習やまたはたんなる系統学習を超え、しかも両者がうちだしてくれた共通の地帯をさらに拡大し、これを拠点として、文化と経験の内面的な結合に歩を進めることに成功するならば、それは現場の学習実践にたいして大きな寄与となるであろう。
> こうした新たな学習の形態および過程の試案として、私は〝課題解決学習〟とよぶものを提案したいとおもう。[11]

以上のように広岡は、問題解決学習と系統学習の「内面的な結合」を目指して「課題解決学習」を提案する。続いて、広岡はさらに「課題解決学習」の特徴及びその意味を次のように示す。

(1) 現代社会になりたっている知識・技術・芸術などの客観文化を、学習内容とする。(以下略)
(2) 学習内容の学年配当は、教育系統の見地から系列づける。(以下略)
(3) 単元の展開は、その教材の再生成の過程をとる。したがってここでは、教科の結果を教師が教えこむわけではなく、教材が生成してきた過程を、子どもが主体的にたどって学習をすすめる。(以下略)
(4) 学習の成果としては、たんに知識・技術の習得だけではなく、同時に、思考態度や行為態度の形成を意図する。(以下略)
この学習は、要言すれば、知識・技術を、その簡易化された生成過程をたどって学びとっていく学習である。これを課題解決学習というのはなぜか。そのわけは、再生成過程に組みなおされた教材は、彼岸に冷たく横たわっている客観ではなく、再生成の努力を呼びかけている客観的な問題事態、つまり課題である。また、学習者がその再生成のなかへはいりこみ、これを実現していくことは、つまり解決である。[12]

以上、広岡の「課題解決学習」を見てきた。一見「問題解決学習」と「系統学習」の長所と短所を融合させたかのように感じるが、佐藤公治(二〇二〇)が「広岡は系統主義的学習に学習者の主体的な問題解決学習の活動を加えようとして『実践的な系統学習』という独自の学習論を展開しましたが、この考え方をさらに進めたのが『課題解決学習』と『発見学習』です[13]」と述べるように、「課題解決学習」とは「実践的な系統学習」が基軸になっている。

先の広岡の「課題解決学習」の特徴を見ると、(3)・(4)は「問題解決学習」の要素が「系統学習」に入り込んでいるのがわかる。また、(1)・(2)は「系統学習」そのものである。ただし広岡の「課題解決学習」には、「それぞれの科学・学問・文化の論理に照らして個別の内容の本質性や教科の系統性を検討する作業を回避しがちであった[14]」「かつて広岡の課題解決学習論がそうであったように、結局は、所与の内容を活動的・共同的に学ぶような、学習形態論レベルでの議論に収斂しがちであった[15]」という石井英真(二〇一七)の指摘もある。

(3)デューイの「問題解決学習」と広岡亮蔵の「課題解決学習」の相違点

デューイが提唱した「問題解決学習」とは、「個人や社会における現実の諸問題」を子供の主体性を生かして解決していく「反省的思考の過程」にその良さがあるが、知識を系統立てて教えることには不向きとされる。一方、広岡亮蔵の「課題解決学習」とは系統学習に問題解決学習を組み込み、系統立てた学習内容を子供の主体性も生かしながら学習する過程である。別言すれば、デューイが提唱した「問題解決学習」とは経験主義に基づく学習、広岡亮蔵の「課題解決学習」とは系統主義をもとにしつつ、そこに経験主義の考えを組み込んだ学習である。

とすれば、国語科をはじめとした教科学習においては学年に応じた内容（指導事項）が系統立てて決められていることから、厳密には「問題解決学習」ではなく「課題解決学習」である。もしくは「問題解決型学習」となるはずである。しかし先の国語教育雑誌で見たように、厳密な使い分けは見られず、「問題解決」と「課題解決」が同義のように使われている。

ではなぜ、「問題解決」と「課題解決」が同義のように使われているのだろうか。その一番の理由は教師が指導目標等の拠り所とする学習指導要領の影響である。学習指導要領に同義のように使われていれば必然的にそうなる。そこで、先に藤井が「『主体的・対話的で深い学び』とは問題解決学習」であるとした平成29年版学習指導要領のキーワードの一つである「主体的・対話的で深い学び」（いわゆるアクティブ・ラーニング）の姿を見ていくこととする。

(4)「資質・能力を育成するためのアクティブ・ラーニング」（文科省）と「（学校から仕事・社会へのトランジション[注]における問題解決を通して）人間の成長のためのアクティブラーニング」（溝上慎一）

「主体的・対話的で深い学び」という用語（概念）が平成29年版学習指導要領に示され一般的になったが、それ以前は「アクティブ・ラーニング」という用語（概念）が使われていた。このことは、平成29年版小学校学習指導要領国語編において、「『主体的・対話的で深い学び』の実現に向けた授業改善（いわゆるアクティブ・ラーニングの視点に立った授業改善）」（四頁）からも見て取れる。

以上のことから、「主体的・対話的で深い学び」の実現に向けた授業と、「アクティブ・ラーニング」の視点に立った授業は基本的には同じである。

しかし学習指導要領に示される前から、教育学において「アクティブ・ラーニング」という用語（概念）は存在している。そこで、文科省と教育学におけるそれぞれの「アクティブ・ラーニング」の考えから、「問題解決学習」の姿を明らかにする。

注:「トランジション」とは、「変化・移り変わり」「過渡期・変わり目」などと訳される。溝上（二〇一四）は、「学校から仕事・社会へのトランジションの問題」として「トランジション」を使用している。この説明として、「学校教育を受けた子どもや若者が、卒業後社会で力強く生きていけるのか、変化の激しい現代社会にしっかりと適応していけるのかが、学校教育の育成課題として突きつけられているのである。今や、学生が授業を熱心に受ける、学習に熱心に取り組むだけでは済まず、それ以上のもの——たとえば、卒業後の仕事や人生に適応していくための技能・態度（能力）を育てているか——が、大学を含めた学校教育全体に課題として課せられているのである。それは、学校教育が内側の論理で改善していた時代から、外側の社会の論理で変革を迫られる時代へと移行しているとも言えるものである[16]」と溝上は述べる。

①文科省の「アクティブ・ラーニング」の定義

文科省において「アクティブ・ラーニング」が初めて関係文書に提示されたのは、二〇一二年の中央教育審議会答申「新たな未来を築くための大学教育の質的転換に向けて」（略して「質的転換」答申）である。

この「質的転換」答申では、「アクティブ・ラーニング」を次のように定義している。

> 教員による一方向的な講義形式の教育とは異なり、学修者の能動的な学修への参加を取り入れた教授・学習法の総称。学修者が能動的に学修することによって、認知的、倫理的、社会的能力、教養、知識、経験を含めた汎用的能力の育成を図る。発見学習、問題解決学習、体験学習、調査学習等が含まれるが、教室内でのグループ・ディスカッション、ディベート、グループ・ワーク等も有効なアクティブ・ラーニングの方法である。
>
> （傍線引用は田中）
>
> （中央教育審議会「新たな未来を築くための大学教育の質的転換に向けて（答申）」用語集 二〇一二年八月二八日）

傍線部に見られるように、この「質的転換」答申からは「アクティブ・ラーニング」とは「汎用的能力の育成を図る」ために、「発見学習」や「問題解決学習」などを通して「学修者の能動的な学修」を求めていることがわかる。

次に、同じ中央教育審議会から「アクティブ・ラーニング」に言及している「初等中等教育における教育課程の基準等の在り方について」を見てみる。

> ……必要な力を子供たちに育むためには、「何を教えるか」という知識の質や量の改善はもちろんのこと、「どのように学ぶか」という、学びの質や深まりを重視することが必要であり、課題の発見と解決に向けて主体的・協働的に学ぶ学習（いわゆる「アクティブ・ラーニング」）や、そのための指導の方法等を充実させていく必要があります。
>
> （傍線引用は田中）
>
> （中央教育審議会「初等中等教育における教育課程の基準等の在り方について（諮問）」二〇一四年一一月二〇日）

ここでは、傍線部にある「課題の発見と解決に向けて主体的・協働的に学ぶ学習」が「アクティブ・ラーニング」であり、先に藤井が述べる「問題解決学習」にあたる。

以上から文科省の「アクティブ・ラーニング」とは、「汎用的能力の育成を図る」ために「課題の発見と解決に向けて主体的・協働的に学ぶ学習」であり、「問題解決学習」でもある。

なお藤井の「問題解決学習」とは、文科省の「発見学習」や「問題解決学習」などを含めたトータルな学習であり「アクティブ・ラーニング」そのものを指している。

②溝上慎一の「アクティブラーニング」の定義

もともと「アクティブラーニング」は、「紀元前五世紀のソクラテスの問答法がそのスタートと言われるほど自然発生的で長い歴史をもつ[17]」とされる。教育学においては、一九九〇年代に「米国の大学教育の中で提起され、広まった学習論[18]」である。

教育学者の溝上慎一（二〇一四）は、「アクティブラーニング」を次のように定義する。

注：文科省は「アクティブ・ラーニング」と中黒（「・」）をつけているが、溝上は学術的な流れ・定義に基づくものとして「アクティブラーニング」と表記している。そこで、溝上の考えの場合は「アクティブラーニング」とする。

> 一方向的な知識伝達型講義を聴くという（受動的）学習を乗り越える意味での、あらゆる能動的な学習のこと。能動的な学習には、書く・話す・発表するなどの活動への関与と、そこで生じる認知プロセスの外化を伴う[19]。
>
> （傍線引用は田中）

溝上は、「アクティブラーニング」を「一方向的な知識伝達型講義を聴く」学習を乗り越える意味での「能動的な学習」であると定義している。さらにこの「アクティブラーニング」には、傍線部の「書く・話す・発表するなどの活動への関与」と、「認知プロセスの外化」の特徴があることがわかる。さらに溝上は、「認知プロセス」の説明として「認知心理学の枠組みを参考にして、知覚・記憶・言語、思考（論理的／批判的／創造的思考、推論、判断、意思決定、問題解決など）といった心的表象としての情報処理プロセスを指す[20]」と述べる。

（傍線引用は田中）

この二点の特徴に関して、溝上（二〇一四、二〇一六）は「書く・話す・発表する等の活動を求めることは、同時に、認知のプロセスの外化を求めること[21]」でもあることと述べ、その意図を次のように示した。

書く・話す・発表するなどの活動を、認知の側から外化として併せて説明しただけのことである。書く・話す・発表するなどの活動をおこなうことは、頭のなかで考えたこと（認知プロセス）を外化させることに他ならない。両者は同じ行為の異なる観点からの説明である。その上で、活動と認知の二重表現による、両者の十分な協奏こそが、充実したアクティブラーニングを作ると考えたのである[22]。

このことから「能動的な学習」である「アクティブラーニング」を、「書く・話す・発表するなどの活動」と「認知プロセス」の異なる観点から説明したことがわかる。さらに、「認知プロセス」の思考には、傍線部にあるように「問題解決」の思考がある。つまり、「アクティブラーニング」には「問題解決」の思考が内在している。

③文科省と溝上の共通点と相違点

共通点としては、文科省の「教員による一方向的な講義形式の教育とは異なり、学修者の能動的な学修への参加を取り入れた教授・学習法」と、溝上の「一方向的な知識伝達型講義を聴くという（受動的）学習を乗り越える意味での、あらゆる能動的な学習」が重なる。つまり、講義調の受動的な授業からの脱却を目指した「問題解決学習」をはじめとした「能動的な学習」を求めていることは共通している。

なお溝上は、自分自身の「アクティブラーニング」と文科省の「アクティブ・ラーニング」との共通点を、「どちらも授業に書く・話す・発表するなどの活動を伴う学習形態を導入して、講義一辺倒の授業を脱却せよ、と主張している点では共通している[23]」と述べている。

相違点として、「アクティブ・ラーニング」と「アクティブラーニング」では、それぞれの目的が異なる。文科省の「アクティブ・ラーニング」は汎用的能力の育成を図るためであるが、溝上の「アクティブラーニング」の目指す先は「トラジション課題の解決をはかった学生の成長にある[24]」こと、さらに「技能・態度（能力）の育成を含めたより広範な成長を実現するため[25]」である。

つまり溝上の「アクティブラーニング」は、学校から仕事・社会へのトラジションにおける問題解決を通して、資質・能力の育成を含めた人間としての成長を目指している。文科省の「アクティブ・ラーニング」を含めた考えである。

（5）「アクティブラーニング」に関わるＰＢＬ（「問題解決学習」と「プロジェクト学習」）

「アクティブラーニング」の具体的な学習方法は、発見学習や調べ学習など数多くあるが、ここでは「問題解決」に関わるＰＢＬ（「問題解決学習」と「プロジェクト学習」）の考え方を整理する。

溝上は、「アクティブラーニング」の一つにＰＢＬ（「問題解決学習」と「プロジェクト学習」））があると述べる。ＰＢＬとは、「問題解決学習」（problem-based leaning）と「プロジェクト学習」（project-based leaning）の双方の頭文字をそれぞれとると、ＰＢＬとなる。

それぞれの学習について、溝上（二〇一六）は次のように定義（説明）している。

注：次の定義（説明）は、溝上が定義した箇所を田中が取り上げ並べたものである。

「問題解決学習」[26]

・問題解決学習とは、実世界で直面する問題やシナリオの解決を通して、基礎と実世界とを繋ぐ知識の習得、問題解決に関する能力や態度等を身につける学習のことである。

・「問題解決学習」は、「問題解決型学習」「問題基盤型学習」などとも呼ばれることもある。一九六〇年代後半カナダで開発され、医療系で始まった学習戦略。

・はじめに問題が与えられ、それを解決するために必要な知識を見定め、その知識を学習する。そして、知識を活用して、問題を解決したかをはじめに戻って評価する。解決できなければ、もう一度このステップをやり直す。

「プロジェクト学習」[27]

・プロジェクト学習とは、実世界に関する解決すべき複雑な問題や問い、仮説を、プロジェクトとして解決・検証していく学習のことである。学生の自己主導型の学習デザイン、教師のファシリテーションのもと、問題や問い、仮説などの立て方、問題解決に関する思考力や協働学習等の能力や態度を身につける。

・「プロジェクト型（ベース）学習」「課題解決学習」などと呼ばれることもある。

・20世紀初頭の主として初等教育におけるキルパトリックの『プロジェクトメソッド』にルーツがあると説明されることが多い。プロジェクトメソッドの思想的な母体は、デューイの進歩主義教育に求められるとも考えられている。

次に溝上は、「問題解決学習」と「プロジェクト学習」の類似点[28]を六点挙げている。　（以後の傍線引用は田中）

・実世界の問題解決に取り組む　・問題解決能力を育てる　・解答は一つと限らない

・自己主導型学習を行う　・協働学習を行う　・構成的アプローチを採る

定義や類似点からは、ともに「問題解決能力を育てる」ことをねらいとしていることがわかる。そのために、傍線部の「協働学習」や「構成的アプローチを採る」などの方法をとっている。

相違点として溝上は、次の六点を示している。[29]

・解決すべき問題の設定主体の違い
・プロセス重視型かプロダクト重視型かの違い
・支援者の違い
・カリキュラムにおける位置づけの違い
・問題解決の時間的展望の違い
・時空間における制限の違い

特に、傍線部の「プロセス重視型かプロダクト重視型かの違い」と「時空間における制限の違い」から、二つの違いがわかる。プロセス重視は「問題解決学習」であり、プロダクト重視は「プロジェクト学習」である。さらに、空間（教室や授業）を中心としたのが「問題解決学習」であり、空間（教室や授業）の枠を超えて取り組まれるのが「プロジェクト学習」である。

このPBLについて、溝上は次のように総括する。

なぜPBLが求められるのかと言えば、それは問題解決に取り組ませることで、将来取り組むであろう問題解決に必要な態度（自己主導型学習・協働学習）、（問題解決）能力を育てたいからである。知識や考えが知識構成的に、社会構成的に形成され発展するさまを体得してほしいからである。メディカルスクールの問題解決学習のように、知識習得が重要な学習目標に立てられる場合でも、その過程でのこれらの問題解決に関する態度や能力等の育成は、学生の将来を考えての、きわめて重要な学習目標となる。[30]

傍線部からも「問題解決能力の育成」の重要性が改めてわかる。

⑹資質・能力としての「課題解決力」の重要性

デューイの経験主義に基づく「問題解決学習」、それを克服しようとした広岡亮蔵の系統主義に経験主義を組み入れた「課題解決学習」、さらに文科省の「アクティブ・ラーニング」や溝上慎一の「アクティブラーニング」、及びPBLの考え方を見てきた。

総括すると、古くは「問題解決学習」、近年では「アクティブラーニング」やPBLなど用語こそ変化したものの、課題をもち、その解決に向けて課題解決を行う「課題解決学習」・「問題解決学習」は脈々と行われている。また「課題解決学習」・「問題解決学習」を通して身につけさせたい汎用的能力の一つである「課題解決力」・「問題解決力」は、溝上の論考にもあるように人間成長に重要な資質・能力である。

そこで本書では、国語科説明的文章指導において「言葉による課題解決学習」を通してこれからの社会にも対応できる「言葉による課題解決力」を育成すべきであることを主張するとともに、そのための「言葉の指導」の在り方について考えていく。

第三節　読み書き関連指導における「能力」への着目

国語科は「言葉の教育」を行う教科である。つまり学習者に「言葉の力」を身につけさせる教科である。本書ではこの「言葉の力」を「言葉による課題解決力」とし、第一節において「主体的な学習者（読者）を育てるために、言葉を通して課題を設定し、言葉による課題解決を図るための思考力・読解力・表現力が相互に関係づけられて機能する資質・能力」と定義した。

そこで本節では、これまでの国語科教育の指導において、学習者の「能力」育成の先駆的取組が見られた読み書き関連指導に学ぶ。

『国語教育研究大辞典』（明治図書一九九一年）によると、関連学習（指導）とは「聞く・話す・読む・書くの言語活動を有機的に関連させることにより、国語による理解力と表現力の育成向上をより効果的に行うための学習指導法[31]」である。

このことから関連学習とは、理解力と表現力を「効果的」に育成させるための指導法であること、またそのための手段として「聞く・話す・読む・書く」言語活動を「有機的に関連させる」学習であることがわかる。

この「効果的」及び「有機的」ということが重要である。なぜなら、青木幹勇[32]（一九七八）が「理解の指導は理解の指導、表現の指導はそれ単独に指導することがより効果的である場合が多い」と指摘するように、指導者が関連学習を「効果的」な指導法であると実感できないと、また理解と表現をどう「有機的」に関連させるかの具体が見えないと、形だけの関連指導に留まってしまう可能性があるからである。

そこで関連指導を行うことで、理解指導や表現指導を単独に指導すること以上のよさや、学習者にどんな「能力」を身につけさせることができるのかを考えていく。

(1) 読み書き関連指導が求められた背景

鈴木昭壱[33]（一九九二）は、先の関連学習（指導）の中で「芦田式七変化の教式も読解過程に書く活動を関連させる指導である」と戦前から関連指導が行われていたことを述べている。また吉田裕久[34]（一九九五）は、関連指導の歴史的推移を「1着眼期（明治10年代後期）」「2展開期（明治20年代～明治末期）」「3反省期（大正初期～昭和10年代）」「4再興期（昭和20年代～昭和40年代）」「5充実期（昭和50年代～現在※）」の五期に概観した。（※吉田の論文執筆時は平成七年〔一九九五年〕である。）このように関連学習は、戦前から脈々と行われてきているのである。

しかし関連学習（特に読み書き関連指導）が大きく注目されたのは、吉田が示す「充実期」の一九七七年（昭和五二年）改訂の学習指導要領において、「表現」と「理解」との二領域に改編され、小学校[35]、中学校[36]ともに「表現」（A）と「理解」（B）の関連が次の通り明示されたことによる。（以下の傍線引用は田中）

各学年の内容のA及びBについては、適切な話題や題材を選定し、A及びBに示す事項が関連的に指導されるように考慮するとともに、表現力と理解力とが偏りなく養われるようにすること。（小学校）

指導計画の作成に当たっては、第2の各学年の内容のA、B及び〔言語事項〕について相互に密接な関連を図りながら、各学年にふさわしい学習活動を組織して効果的に指導するように配慮する。（中学校）

傍線部に見られるように、小学校では「関連的に指導されるように考慮する」、中学校では「相互に密接な関連を図りながら」とある。では、なぜ一九七七年改訂の学習指導要領において、このように関連指導が強調されたのか、その背景を探る。

①活動主義から能力主義への転換（「表現」と「理解」の能力構成へ）

一九七七年（昭和五二年）版学習指導要領は、教育課程審議会答申「小学校、中学校及び高等学校の教育課程の基準の改善について」[37]（一九七六年一二月）を踏まえて改訂されたものである。

この答申では「教育の過密化・知育偏重・学力の落ちこぼれ現象など」[38]を背景に、「人間性豊かな児童生徒の育成」「ゆとりと充実した学校生活」「基礎的・基本的な内容の重視と個性や能力に応じた教育」の三点が教育課程全体に関わる基本方針として示された。

国語科の改善の基本方針は、「内容を基本的な事項に精選する」「言語の教育としての立場を一層明確にする」「表現力を高める」ことであった。そのための改善の具体的事項として、学習指導要領の内容構成をこれまでの三領域（聞くこと・話すこと、読むこと及び書くこと）から「表現」及び「理解」の二領域に改め、それに「言語事項」を加えて内容を構成した。

このことについて、須田実[39]（一九九五）は「活動主義の国語科教育から、言語能力主義の国語科教育への転換」と述べる。また飛田多喜雄[40]（一九七七）は、「言語の教育の立場を一層明確にする」ことの背景として、「現場においては活動とか経験を生活的に広くしようとすることにいってしまって言語そのものを教育しようとするということが手薄になってしまった」と、これまでの国語科授業の問題点を指摘する。続けて飛田[41]は「題材、内容に対する内容的価値、いわゆる思想形成の指導に偏って、そういう教材である文章を支えている言語、あるいは表現そのものの指導が手薄になった」と、題材や内容の指導に偏り、言語としての指導が不十分なことについても指摘した。

当時の文部省視学官であった藤原宏[42]（一九七八）は、「能力を軸とする領域構成に変えた最も大きな根拠は『読みながら書く、聞きながら話す』という極めて自然な人間の言語行為に拠ることを目指したものと思われる。つまり、これまでは、『聞く話す』『読む』『書く』の活動が、それぞれ孤立した形で扱われており、活動相互の有機的なつながりが軽視されていた」と指摘する。

次に、研究者の立場から青木幹勇[43]を取り上げる。青木は関連指導が取り上げられた理由を次の五点示した。

一　従来の国語科指導が、理解の指導に傾きすぎていたことに対する反省
二　今次（※一九七七年版）の改訂学習指導にみられる表現力指導の優先
三　言語能力としての表現力と理解力、この能力の一体化が強く求められてきた。
四　関連指導は、国語科の授業構成及び、その展開を新しい方向に導こうとする。
五　この関連指導は、作文の指導に新しい展開をもたらすことが予想される。

この青木が述べる理由をもとに、答申（一九七六年一二月）や須田、飛田、藤原の論と比較し、改めて関連指導が取り上げられた理由を考えると、次の通りとなる。

一の「理解の指導に傾きすぎていた」ことは、飛田の「題材、内容に対する内容的価値、いわゆる思想形成の指導に偏って」と符合する。

二の「表現力指導の優先」は、国語科の改善の基本方針の「表現力を高める」と符合する。また一の内容理解重視の指導からの脱却ともいえる。

三の「能力の一体化が強く求められてきた」は、藤原の「これまでは、『聞く話す』『読む』『書く』の活動が、それぞれ孤立した形で扱われており、活動相互の有機的なつながりが軽視されていた」ことが背景にある。つまり言語活動の重視から、須田が述べる「言語能力主義」へシフトすることによって、理解と表現を関連づけて指導することへの意識づけが図られ、国語科の目的とする「言語能力」のさらなる育成を目指した。

以上を総括すると、関連指導が求められたのは、これまでの言語活動重視の指導、内容理解重視の指導であった国語科授業に対し、能力構成の領域に再編し、「理解」と「表現」を関連させて「言語能力」の育成を行おうとしたことによる。なぜなら「言語能力」は、理解と表現が密接に関わることで効果的に育成されるからである。

つまり関連指導は、「言語の教育」としての国語科を「能力」の視点から改めて捉え直し、「言語能力」の育成を図ろうとしたことによるものであった。

(2) 読み書き関連指導とは何か

関連指導の一つとして読み書き関連指導がある。以後は、この読み書き関連指導に視点をあてて考えていく。

① 読み書き関連指導の類型

大熊徹[44]（一九九二）は、読み書き関連指導の類型として、次の三点に整理した。

A　話題・題材上の関連　―読むことの指導で扱った話題や題材に関係のある内容の作文を書かせる。
B　学習活動上の関連　―読みの学習過程において、理解を深めるために作文を書かせる。
C　技能上の関連　―読みの学習によって、理解した教材文の表現方法を作文に役立てさせる。

この整理に対し、『国語教育研究大辞典』に「関連学習」を執筆した鈴木昭壱[45]は「関連学習は本来、題材や活動上の関連だけではなく、読解技能と表現技能を関連して学習させるという技能、能力の関連であるべきである」と、大熊が整理した「C技能上の関連」の重要さを指摘した。

また瀬川栄志[46]（一九七八）は、「関連能力」の視点から読み書き関連指導の類型について、次の三点に整理した。

(1)　読解に書く活動を導入した関連指導
(2)　読解した結果を作文活動に転移する発展指導
(3)　作文活動の中に読解を導入した融合指導

その中で、瀬川は「⑵読解した結果を作文活動に転移する発展指導」について、指導過程として「読解過程」（読解を通して、文章制作の視点からも学習する）、「移行過程」（読解過程で学んだ作文法を次の作文活動に転移させるための移行の過程）、「作文過程」（実際に作文を書く過程）の三つの指導過程に細分化した。また、この一連の指導過程は⑵の類型の基本形となった。

⑶読み書き関連指導の成果と課題

瀬川栄志[47]（一九八五）は関連学習のメリットとして、次の五点を示した。

① 国語科指導の原理原則にふれることができる。
② 羅列的な授業から解放され組織的に展開できる。
③ 読み書き別々の学習が統合され効率的になる。
④ 表現意欲が喚起され、特に作文力が向上する。
⑤ 学習方法が整理され、主体的な授業が行われる。

また須田実[48]（二〇〇七）は、「関連指導の大事さは、読み書きにおける相互能力としての『関係把握思考力の拡充』を図り、活力ある関連指導をする。子どもの一人ひとりの『思考力』を核心に据えた国語学習でありたい」と述べる。

瀬川及び須田の論考から、次のことが特徴的なこととしていえる。

瀬川の①の「原理原則」とは、「言語の教育」としての国語科指導のことである、つまり、これまでの活動主義や内容理解重視の国語科指導ではなく、言語能力育成を目指す指導を意味する。また読みと書きを相互に関連させて展開することは、須田の述べる「関係把握思考力」の育成といった関連指導ならではの言語能力の育成につながると考えられる。

瀬川の②は、羅列的な指導から読む能力と書く能力を関連させることで、学習展開や学習過程にメリハリがついたものになることを示している。

瀬川の③は、例えば、説明的文章で文章構成を学ぶことで、作文の時間における文章構成の学習が効率的に行われることなどを意味する。

瀬川の⑤は、教師の発問だけで進む授業とは異なり、読むことと書くことを関連させた学習方法や学習活動となる。このことは、言語行為やプロセスを重視することとなることから、学習者が主体的に学ぶ課題解決型の授業が展開されることを示す。

以上から、読み書き関連指導の成果は、次の二点に集約される。

〈成果〉

・言葉による理解力と表現力が相互に関係づけられた言語能力の育成が重要であることが教師に明示された。

・読むことと書くことを関連させることにより、学習者が主体的に学ぶ言語行為やプロセスを重視した課題解決型の授業が展開されることが期待された。

一方で読み書き関連指導は一時期大いに議論されたが、長くは続かなかった。瀬川栄志[49]は、その理由を次の三点示した。

① 「ただ単に読む活動と書く活動を組み合わせて授業を展開することが、関連指導である」とみられる実践が多かった。――勿論このような安易な考えで実践したわけではなかったが結果的にそうなった。

② 「表現技能や読解技能に関連させた指導が仕組まれた」実践もあった。――例えば、要点をおさえて書く技能を読む活動の中に組み入れる方式である。このやり方では国語の授業をますます煩瑣なものにする。

③ 「関連技能とは何か。どんな教材が適切か」等の前提となる研究や作業が未開発なまま実践に没入した。――つまり、何のために何をどのようにという授業の基本が耕されないままに、実践にふみきった結果、混迷・混在の中にのめりこんで、いつのまにか関連指導が敬遠されるようになった。

もう一人、安河内義巳[50]（一九八九）が示した課題を引用する。

① 表現方法、なかんずく文章構成法の作文への転移にのみ執着したため、なぜ読解という面倒な手順を取るのか、ずばり文章構成から入って作文させてはいけないのかという、学習効率論に抗しきれなかった。

② 読解した題材と近似の題材を持って来て作文させたため、いかにも読解教材のコピーという感を指導者にも学習者にも与え、関連学習のためのエネルギーを「理解」「表現」の学習の両者ともに得ることができなかった。

③ 関連学習のための年間計画を持たなかったため、行きあたりばったりの指導と言われても仕方ない面を残した。

瀬川と安河内から、読み書き関連学習の課題を考えると次の通りとなる。

関連学習は、その定義にもあるように「言語活動を有機的に関連させる」ことが必要である。瀬川の①と安河内の①は、どちらも読むことと書くことの有機的なつながりの欠如からくるものであった。

また瀬川の③の「何のために何をどのようにという授業の基本が耕されないまま」からは、関連学習そのものの目的が明確でないことがわかる。さらに瀬川の③も、読み書き関連学習の目的を理解しないまま実践が行われたことを示すものである。

安河内の②は、理解と表現に関わる題材を似せて関連させたことを示す。形だけの関連であり、どんな言語能力が身につくかという学力論の深まりが見られないことに起因する。

安河内の③の「年間計画を持たなかった」ことは、読み書き関連学習における言語能力の系統性が考えられていなかったことを意味する。

以上から、読み書き関連学習の課題は次の点に集約される。


〈課題〉

・読み書き関連学習を行うことでどんな言語能力が身につくかという学力論の欠如により、有機的なつながりを構想できず、読む活動と書く活動の形態に注目した関連指導になりがちとなった。

総括すると、読み書き関連指導は理解（読むこと）と表現（書くこと）を関連させることで、学習者の言語能力を育成することの重要性を教師に示し、それまでの内容主義からの転換を図った。また、言語能力育成の過程で主体的な学習（「課題解決型の学習」）を志向した。しかし、言語能力の育成という目的が教師に十分に理解されず、読む活動と書く活動の関連が形態だけの関連となりがちになるなどの課題が残った。

第四節　情報活用指導における「学習者」への着目

課題解決学習では、主体的に課題解決しようとする「学習者」が重要となる。なぜなら、課題を見いだす、課題解決の見通しをもつ、課題解決を行うなどの一連の課題解決行為や課題解決プロセスが行われる課題解決学習を成立させるためには、「学習者」の主体的・能動的な学びが必要となるからである。さらに、主体的・能動的な学びを通して「学習者」の学ぶ「意欲」の醸成がなされる。

そこでこれまでの国語科教育の取組を見てみると、主体的な「学習者」の育成を図ろうとした指導に情報活用指導がある。そこで情報活用指導の成果や課題を振り返り、主体的な「学習者」を育成する要件について考えていく。

注：「学習者」を、以後、学習者と表記する。

(1) 情報の概念の変遷

①筆者の述べる内容や事柄としての情報

一九五一年（昭和二六年）版小学校学習指導要領国語編（試案）の「国語科学習指導の一般的目標は何か」において、「情報」という用語（概念）がでてくる。古くから「情報」という用語（概念）はあった。

しかし小田迪夫[51]（二〇〇九）が「教科書教材の読解中心の授業では、〈情報〉という概念が指導事項として意識されることはほとんどなかったといってよい」と述べるように、また八田洋彌[52]（一九八五）が「昭和三十年代後半頃は、『情報を求めるために読む』といっても、文章の論理的組み立てを忠実に追って、書かれている意味内容を確実に把握するということで貫かれていたように思う。これは、現在の『情報読み』において大事にされている読み手の必要に応じた調べ読み、さらには問題解決の読み等とは若干異なるところがある」と述べるように、戦後しばらくの間、「情報」は内容や事柄と同義のように扱われた。つまり「情報」とは、筆者の述べる内容や事柄であった。

注：「情報」を、以後、情報と表記する。

②学習者の目的や意図に応じたものとしての情報

・課題解決のために調べ読みを行う際のデータ（資料）としての情報

一九六九年（昭和四四年）版小学校指導書国語編では、第四学年の指導事項に「本を読んで必要な知識や情報を得ること」（B読むこと(3)エ）、第五学年では「調べるために読むこと」（同オ）、第六学年になると「調べるために読み、結論をまとめて課題の解決に役だたせること」（同エ）と示された。

またこの学習指導要領では、国語科における読書指導が強調された。このことに関して竹長吉正[53]（一九九五）は、次のように述べる。

昭和四十三年告示の当初において、…（中略）…。すなわち、そこで言う「情報」とは、まさしく、データ（data）としての本（辞書や参考書。文字・活字中心の印刷物）であった。そして、読み物に対する興味が増してくる子どもたちに読書指導を行い、また、調べたい・研究したいという意欲の出てきた子どもたちに「課題解決のための調べ読み」を指導するというものであった。しかし、四十年代の半ばから、急速に「映像文化時代」に突入する。映像メディアの急激な発達・普及という時代の流れの中で、「情報」概念そのものが変化していく。そして、絵画・写真・マンガなどの、いわゆる「映像」を読む指導というものが提唱される。（以下、略）

一九六九年版小学校指導書国語編と竹長の論考をあわせて考えると、次の二つのことがわかる。一つは、情報とは調べ読みのための本や映像、つまりデータとしての資料であったこと。もう一つは、課題解決のために調べ読みがなされるなど、情報を読む読みは、情報化時代における学ぶ意欲の育成や読書指導の充実に関与したことである。

・学習者の目的や意図に応じたものとしての情報

情報は先に述べた調べ読みのためのデータ（資料）の他に、もう一つ別の見方が考えられる。児玉忠(54)（二〇二〇）の次の論考が参考になる。

「文章（テキスト）から情報を取り出す」と表現される場合は、読み手自身が何らかの目的をもって意図的・自覚的に「文章（テキスト）」を読むことを意味する。そのときの読み手は、何らかの課題を解決したり目的や目標を達成しようとするためにテキストと向き合い、読み手自身がそうした課題解決や目標達成の文脈、つまり「学習者の文脈」においてテキストを位置付けることになる。

つまり情報とは、学習者にとって課題解決や目標達成のために必要な内容や事柄であり、目的を果たすことによって意味のあるものとなる。したがって、同じ文章から情報を得る場合でも、学習者の目的や意図によって求める情報が異なる場合も当然出てくる。

このように戦後しばらくは、情報とは筆者の述べる内容や事柄や調べ読みのためのデータ（資料）であったが、情報化の進展や求める学力の変化に伴い、学習者の目的や意図に応じた内容や事柄へと情報の捉え方の変化が見られるようになってきた。

(2)情報活用指導が求められた背景

戦後、説明的文章指導は文章を正確に読む指導とは別に、新しいタイプの指導として「情報読み」の指導（情報処理能力を育成する指導、情報活用能力を育成する指導）が行われるようになった。

①社会の要請から

戦後、正確な読みや詳細な読みの指導が主流を占める中で、先の「(1)情報の概念の変遷」にもあるように、一九六〇年代後半ころから「情報読み」の実践が見られた。情報の重要性を意識した指導は行われていたのである。

その過程で情報活用がクローズアップされたのは、一九八九年（平成元年）版学習指導要領が編成されたもととなった、一九八七年（昭和六二年）一二月の教育課程審議会答申「幼稚園、小学校、中学校及び高等学校の教育課程の基準の改善について[55]」によるところが大きい。その中の全教科・領域に関わる「教育課程の基準の改善のねらい」の一つに、「自ら学ぶ意欲と社会の変化に主体的に対応できる能力の育成を重視すること」が示された。いわゆる新学力観である。これに関わる解説は、次の通りである。

これからの学校教育においては、思考力、判断力、表現力などの能力の育成が重要であり、特に、新しい発想を生み出すもとになる想像力、直観力や情報活用能力などを重視する必要があることを強調するとともに[56]、…（以下略）

（傍線引用は田中）

全教科・領域において、社会の変化に主体的に対応するために、思考力、判断力、表現力などの能力の育成が重要であること、さらに特筆されるのは傍線部にある情報活用能力育成の重視が明記されたことである。

国語科においても、改善の基本方針に「特に、情報化などの社会の変化に対応するため、目的や意図に応じて適切に表現する能力と相手の立場や考えを的確に理解する能力を養い、思考力や想像力及び言語感覚を育てるようにする[57]」と示された。情報化などの社会の変化に対応できる学習者を育成するために、目的や意図に応じた表現力等の育成のための方策として情報活用能力を求めたことがわかる。

なお、この情報活用の考えは一九八九年（平成元年）版学習指導要領の改訂の趣旨にも同様に盛り込まれ、「理解」領域の第三学生以上に目的に応じた読みとして示された。また、二〇一七年（平成29年）版学習指導要領にも継続されている。

②研究者の要請から

情報活用指導を求めた研究者の一人に小田迪夫[58]（一九九六）がいる。

小田は一つの教材を精読する読み、いわゆる正確に読む読みを否定していたわけではないが、この読み方だけでは学習にとって受容的な読みとなり、情報化社会において自ら情報を選択、発信、創造したりする主体的な読みの能力の育成には結びつかないと考えた。そこで説明的文章の情報読みを通して、情報活用力の育成を目指した。

そのための具体的な目標として、小田は次の四点を示した。

一　情報の読み方・分かり方を学ばせる。
二　情報の表し方・伝え方を学ばせる。
三　情報の求め方・生かし方を学ばせる。
四　情報の分かり方や表し方を明快、明確にする思考の仕方を学ばせる。

情報活用を通して、情報の読み方やわかり方を学ぶ言語能力を育てようとした。またその言語能力が、学習者の言語生活における情報読書に通ずると考えた。

(3)情報活用能力とは何か

①一九八九年（平成元年）版学習指導要領における情報活用指導の指導事項から読み取れること

改善の基本方針にも見られるように、情報化等の社会の変化に対応するため、目的や意図に応じた読みが盛り込まれた。目的に応じた読みの指導事項は、次のように第三学年以上の「理解」領域に見られる。

・第三学年　自分の立場から大事だと思うことを落とさないで文章を読むこと。(ク)
・第四学年　読む目的に応じて大事な事柄をまとめたり、必要なところは細かい点に注意したりしながら文章を読むこと。(ク)
・第五学年　必要な事柄を調べるため、また、必要な情報を得るため、文章を読むこと。(キ)
・第六学年　目的に応じて、適切な本を読んだり、効果的な読み方を工夫したりすること。(ク)

学習者として、目的に応じて読んだり調べたりすることが強調されている。また第六学年の指導事項を見ると、読書指導にもつながる内容である。

②情報活用能力とは何か

河合章男[59](一九九六)は、情報活用能力を「情報を受信し、処理し、発信する能力で、情報処理能力の上位の概念となる。情報処理から情報活用へという目的概念の変化は、理解中心の学習から、表現を重視した学習へという時代の流れを感じさせる」と定義する。

この河合の定義からは、情報活用能力とは学習者が主体的・能動的に情報を「受信し、処理し、発信する」能力であり、さらに「情報処理から情報活用」への「目的概念の変化」からも、受動的な学習から主体的・能動的な学習へのシフトチェンジを求めていることがわかる。

(4)情報活用指導の成果と課題

植山俊宏[60](二〇〇二)は、情報活用指導について次の通り指摘する。

小田迪夫らは、『二十一世紀に生きる説明文学習 情報を読み、活かす力を育む』（一九九六）を出し、新しい軸による実践を構想している。

この情報活用の視座は、説明的文章指導に新しい風を送り込んだ反面、正対的な従来の読みの緊張感を軽視することになり、いわゆる読みの浅さの批判も呼んでいる。

ここからは、「説明的文章指導に新しい風を送り込んだ」という成果と、「正対的な従来の読みの緊張感を軽視することになり、いわゆる読みの浅さの批判」といった課題が示されている。

植山の評価を踏まえ、情報活用指導の成果と課題を概括する。

〈成果〉

・これまでの筆者の考えや意図などを読みとる受動的な読みから、課題解決のために情報を取捨選択し、活用を図るなど学習者の学ぶ意欲の喚起を図り、主体的な読みの学習が展開された。

・本文を情報として考えることで、学習者の目的に応じた言語活動が展開された。

・情報活用を通して、学習者の言語生活における情報読書を見据えた指導の大切さが示された。

また、ここからは主体的な「学習者」を育成するための要件として、「目的に応じた言語活動」や「課題解決のため」という目的をもたせることが大切であることがわかる。

しかし情報活用指導は、学習者の主体性を生かした指導ではあるが、本文の読みそのものの深まりに課題があると植山は指摘している。

なお渋谷孝[61]（一九八四）は、説明的文章の読解とは、言葉を通して類推したり想像したりする間接経験が重要であると指摘している。このことから、情報活用の指導には、ややもすれば本文からの類推や想像が不十分なまま直接経験として写真など情報に頼ってしまう恐れがある。

以上の二点は、情報活用指導における身につけるべき言語能力の問題であり、教師が本文の読みに十分配慮しないと言語活動に流され、浅い読みになることを意味する。

また、正確な読みを志向しながら情報活用を求めると授業時間数が増える。長崎秀昭[62]（一九九六）が指摘するように「年間に一単元ないしは二単元程度の可能な範囲」で行うことが適切であること、さらに「必要にして適切な資料の準備のために、学校図書館や地域の図書館との連携などの環境的要件を整えること」も必要となる。

以上の課題を整理すると、次の点に集約される。

〈課題〉

・学習者にどんな言語能力を身につけさせるかを吟味して指導にあたらないと、教材文の読みの深まりが不足し、言語活動に流されてしまう。

第五節　国語科授業における「言葉による課題解決力」の総括

本書は国語科説明的文章を教材とした「言葉の指導」において、「主体的な学習者」として読むために「言葉による課題解決力」を育成することを提案したものである。そのために、どんな「言葉の指導」を構想すべきなのかについて、課題解決学習の先駆的取組が見られた読み書き関連指導と情報活用指導から学び、その視点を考察してきた。

「言葉による課題解決力」を育成するための視点として、次の二点を提案したい。

一つ目は、学習者が言葉に対するこだわりやメタ認知を働かせるような指導を構想することである。情報活用指導からは、学習者が課題解決のために情報を取捨選択し、さらに活用を図るなど学ぶ意欲の喚起が図られ、主体的な読みの学習が展開されたという成果が確認できた。一方で、本文の読みの浅さが課題として指摘された。

そこで本書では、学習者が言葉に対するこだわりやメタ認知が働くような指導を構想することに着目する。本文の読みが浅いということは、言葉への着目が不十分であることを意味する。そこで、筆者がどんな言葉を使い、その言葉からどんなことが読みとれるか、またどんな効果があるのか、別の言葉で言い換えることはできるのかなど言葉にこだわりをもたせる指導が必要となる。さらに、学習者自身が自らの学習を振り返ったり自覚したりするメタ認知を働かせるような指導を構想することも、「言葉による課題解決力」の育成に必要な要件である。

そのためには、説明的文章単元の説明的文章をどういう観点で読めば、学習者が言葉に対するこだわりやメタ認知を働かせるようになるのかという、説明的文章を読むための具体的な「読みの観点」を検討していく必要がある。

二つ目は、学習者の「言葉による課題解決力」が身につく単元の在り方を構想することである。

読み書き関連指導からは、言葉による理解力と表現力が相互に関連づけられた言語能力の育成が重要であることが確認された。一方、情報活用指導からは、学習者にどんな言語能力を身につけさせるかを吟味して指導にあたらないと本文の読みの深まりが不足し、言語活動に流されてしまうことが課題として浮かびあがった。

この読み書き関連指導の成果と情報活用指導の課題から、言語能力を育成することの重要性は改めて確認できた。しかし、そのために教師がどう具現化・具体化するかについては明確に示されていない。

そこで本書では、「言葉による課題解決力」育成のための単元の在り方を構想することに着目する。単元の説明的文章の教材特性を踏まえ、どのような指導目標のもと、どのように構成されているのか、またどんな言語活動を通して指導目標を達成させようとしているのかなど単元の在り方を構想することは、「言葉による課題解決力」の育成に欠かせない要件である。

そのためには、現在の説明的文章単元がどんな指導目標のもと、どのように単元が構成しているかを検討していく必要がある。

学習者が言葉に対するこだわりやメタ認知が働くような指導を構想することや、単元の在り方を構想することを通して、学習者に「言葉による課題解決力」が身についていく。その具体については次章で考えていく。

注　引用・参考文献

（1）藤井千春『問題解決学習で育む「資質・能力」』明治図書　二〇二〇年　三頁

（2）長崎伸仁『説明的文章の読みの系統』素人社　一九九二年

（3）大内善一「教師主導も踏まえた課題解決へ」『実践国語研究』第三三一号　明治図書　二〇一五年　七〜八頁

（4）須田実「自立的問題解決力の育成をはぐくむ」『実践国語研究』第二九七号　明治図書　二〇〇九年　七八頁

（5）森久保安美「問題解決学習」『国語教育研究大辞典』国語教育研究所編　明治図書　一九九一年　八二九〜八三〇頁

（6）（7）（8）大日方重利「問題解決学習」『最新学習指導用語事典』辰野千壽編　教育出版　二〇〇五年　一三二頁

（9）（10）大越和孝『国語科・理論と実践の接点』東洋館出版社　二〇〇〇年　九五〜九六頁

（11）（12）広岡亮蔵『授業改造』明治図書　一九六六年　二八〜二九頁

（13）佐藤公治『「アクティブ・ラーニング」は何をめざすか』新曜社　二〇二〇年　六二頁

（14）石井英真「『科学と教育の結合』論と系統学習論」田中耕治編著『戦後日本教育方法論史（上）』ミネルヴァ書房　二〇一七年

一一〇頁

(15)は(14)に同じ 一二〇頁

(16)溝上慎一『アクティブラーニングと教授学習パラダイムの転換』東信堂 二〇一四年 四五〜四六頁

(17)高木亮「アクティブラーニング」『小学校教育用語辞典』細尾萌子・柏木智子編 ミネルヴァ書房二〇二一年 九六頁

(18)溝上慎一編『高等学校におけるアクティブラーニング』東信堂 二〇一六年 三頁

(19)(20)(21)は(16)に同じ 七〜一〇頁

(22)(23)(24)(25)は(18)に同じ 二八〜三四頁

(26)(27)(28)(29)(30)溝上慎一・成田秀夫編『アクティブラーニングとしてのPBLと探究的な学習』東信堂二〇一六年 五〜一六頁

(31)(33)(45)鈴木昭壱「関連学習(指導)」『国語教育研究大辞典』国語教育研究所編 明治図書 一九九一年 一五一〜一五二頁

(32)青木幹勇「関連指導をどのように拓いていくか」『国語科教育学研究5』井上敏夫・野地潤家編 明治図書 一九七八年 四五〜五四頁

(34)吉田裕久「関連指導の実践研究広まる」「教育科学国語教育六月号臨時増刊 戦後国語教育五〇年史のキーワード」第五一〇号 明治図書 一九九五年 一六二〜一六五頁

(35)「小学校指導書説国語編」文部省 一九七八年五月 九五頁

(36)本引用は「昭和五二年改訂版中学校学習指導要領国語科」『国語教育基本論文集成6国語科教育課程論(2)』明治図書 一九九四年 四五五頁

(37)「小学校、中学校及び高等学校の教育課程の基準の改善について(教育課程審議会答申 一九七六年一二月)」「初等教育資料」第三四五号 東洋館出版社 一九七七年 六二〜九六頁

(38)(39)須田実「二領域一事項の学習指導要領の告示」「教育科学国語教育六月号臨時増刊 戦後国語教育五〇年史のキーワード」第五一〇号 明治図書 一九九五年 一五四〜一五七頁

(40)(41)「〈座談会〉国語科における目標・内容について」「初等教育資料」第三五八号 東洋館出版社 一九七七年 四一〜五二頁

(42)藤原宏・瀬川栄志編『小学校国語科・5 「表現」「理解」の関連指導』明治図書 一九七八年 一一頁

(43)は(32)と同じ

(44)大熊徹「作文としての目標と評価とを視野にいれて」「教育科学国語教育」第四五七号 明治図書 一九九二年 八〜一一頁

(46)は(42)に同じ 一五～一六頁
(47)(49)瀬川栄志「『表現』と『理解』の関連接点を明確にする」「教育科学国語教育」第三五一号 明治図書 一九八五年 一七～一八頁
(48)須田実「読み書き関連指導における『関連思考力』の拡充」「教育科学国語教育」第六八四号 明治図書 二〇〇七年 二三～二五頁
(50)安河内義巳・サモエール国語の会著『説明文の読み・書き連動指導』明治図書 一九八九年 三～四頁
(51)小田迪夫「情報読みの力を養う新聞記事の使い方」「教育科学国語教育」第七一五号 明治図書 二〇〇九年 一三頁
(52)八田洋彌「情報読みの理論と読むことの教育」『読むことの教育と実践の課題』全国大学国語教育学会編 明治図書 一九八五年 六六～七九頁
(53)竹長吉正「情報読み能力の育成」「教育科学国語教育六月号臨時増刊 戦後国語教育五〇年史のキーワード」第五一〇号 明治図書 一九九五年 一三三～一三六頁
(54)児玉忠「読解力における『テキスト』と『情報』」宮城教育大学教職大学院紀要第二号 二〇二〇年 三～一〇頁
(55)(57)は「幼稚園、小学校、中学校及び高等学校の教育課程の基準の改善について(答申)」「初等教育資料」第五一〇号 東洋館出版社 一九八八年 七〇～一〇四頁
(56)熱海則夫「教育課程改善の基本的考え方」「初等教育資料」第五一〇号 東洋館出版社 一九八八年 二～六頁
(58)小田迪夫『二十一世紀に生きる説明文学習 情報を読み、活かす力を育む』東京書籍 一九九六年 九～一五頁
(59)河合章男「情報化と説明文」『情報化時代「説明文」の学習を変える』齊藤喜門監修 国語教育実践理論研究会編著 学芸図書 一九九六年 二一頁
(60)植山俊宏「説明的文章の領域における実践研究の成果と展望」『国語科教育学研究の成果と展望』全国大学国語教育学会編 明治図書 二〇〇二年 二八二頁
(61)渋谷孝『説明的文章の教材本質論』明治図書 一九八四年
(62)長﨑秀昭「提案—説明文の新しい学習のタイプ—」『情報化時代「説明文」の学習を変える』齊藤喜門監修 国語教育実践理論研究会編著 学芸図書 一九九六年 三四～四〇頁
・吉川芳則『説明的文章の学習活動の構成と展開』渓水社 二〇一三年
・文部省「小学校指導書 国語科 試案」一九五一年(国立教育政策研究所 学習指導要領データベース)

・文部省「小学校指導書 国語編」一九六九年
・文部省「小学校指導書 国語編」一九八九年
・文部科学省「小学校学習指導要領解説 国語編」二〇一七年

第二章　「読みの観点」×「単元の類型」

第一章では、課題解決学習・問題解決学習の歴史的背景、課題解決学習の先駆的取組が見られた読み書き関連指導における「能力」への着目、情報活用指導における「学習者」への着目を通して「課題解決力」の系譜を考えた。

その結果、「課題解決力」が時代を超えて求められていることが確認できた。また、読み書き関連指導と情報活用指導から「言葉による課題解決力」を育成するための視点として、学習者が言葉に対するこだわりやメタ認知を働かせるような指導を構想すること、「言葉による課題解決力」が身につくような単元構成の在り方を構想することを提案した。そのために、説明的文章を読むための具体的な観点と説明的文章単元の単元構成を検討していく必要性を述べた。

そこで本章では、実際に説明的文章をもとにして「言葉による課題解決力」を育成する際の視点となる「読みの観点」と「単元の類型」について考えていく。

学習者が言葉に対するこだわりやメタ認知を働かせるような指導のために、説明的文章を読むための具体的な観点が「読みの観点」である。本来、指導者の教材観・指導観により多様な「読みの観点」で説明的文章を読むことができる。しかし、だからといってあらゆる「読みの観点」を限られた指導時間で取り上げ指導することはできない。あくまでも「読みの観点」は、教材特性を踏まえることが重要となる。そのことにより、学習者の言葉に対するこだわりやメタ認知を働かせる指導につながる。なお「読みの観点」は、国語科教育における先行研究の成果に基づきながら示す。

次に学習者の「言葉による課題解決力」が身につくような単元構成の在り方を構想するために、「単元の類型」について検討する。説明的文章単元には説明的文章そのものの内容を読み取ることを重視した内容読解の教材もあれば、筆者の認識や課題解決過程の工夫を読み取るいわば筆者の論理や思考を読み取ることを目的とした教材もある。さらに、課題解決のために説明的文章を資料として活用する教材もある。そこで説明的文章単元を類型化することで、例えば、「この教材は内容読解に重点をあてればいいのだな」「この教材は情報活用として扱っている。最後は表現活動につなげるのだな。ただし学習者の実態を考えると、教科書会社とは異なる言語活動にしてみよう」などと、教師自身の指導のメタ化に役立つ。また、一年間の指導、さらには六年間の長期的な視点に立った俯瞰的な指導にもつながる。さらに学習者に「主体的・対話的で深い学び」を実現させようとする教科書会社の指導の指針（意図）が見えてくるとともに、説明的文章そのものの教材特性が一層浮かび上がる。このような「単元の類型」に関わる検討を通して深い教材研究がなされ、学習者の「言葉による課題解決力」の育成につながっていくのである。

したがって、この「読みの観点」と「単元の類型」をかけあわせて説明的文章単元を見ていくことで、教材特性に応じた説明的文章指導の方向性がさらに見えてくるとともに、「言葉による課題解決力」を育成するための指導の在り方が明確になる。

第一節 「読みの観点」とは何か

教材特性に応じて、「何に着目して読めばいいか」という視点が「読みの観点」である。この「読みの観点」には、大別して二つある。一つは「筆者の『言葉による課題解決』から学ぶための観点」であり、もう一つは「学習者の『言葉による課題解決』のための思考や手立て、言語活動に結びつけるための観点」である。

「筆者の『言葉による課題解決』から学ぶための観点」とは、説明的文章の書き手である筆者の課題解決のしかたを理解する・追究するための観点である。課題解決を図るために、筆者はどんな内容を示したか、どんな形式や表現を使っているか、筆者はどんな論理や思考を用いたかなど、筆者の「言葉による課題解決」を読み取るための「読みの観点」となる。

もう一つの「学習者の『言葉による課題解決』のための思考や手立て、言語活動に結びつけるための観点」とは、学習者が主体的に筆者の「言葉による課題解決」のための課題解決内容、課題解決方法、課題解決過程を習得したり活用したりするために、どんな思考や手立て、及びそのための言語活動（学習活動）を行うことが有効なのか、その具体を考えていくための「読みの観点」（手立て）である。

なおこの「読みの観点」は、教師の側から見れば「何を指導すればよいか」という個別の具体的指導事項とも重なる。例えば、学習者が「題名」に着目して読むことは、教師が「題目」の読み方を指導することに通ずる。したがって、ここでは学習者の「何に着目して読めばいいか」という「読みの観点」と、教師が「何を指導すればよいか」という個別の指導事項を同義として考えていく。

本書における「読みの観点」は、次の通りである。

①筆者の「言葉による課題解決」から学ぶための観点

〔説明的文章全体に関わること〕

A　題名（「題名読み」）

〔内容に関わること〕

B　問いと答えの内容（事柄）と関係

C　事例の内容

D　抽象と具体

E　事実と意見

F　中心と付加

G　形態と機能

H　挿絵、写真、図表

〔形式・表現に関わること〕

I　段落

J　文章構成

K　接続語、指示語

L　助詞

M　筆者の課題解決に向けた鍵となる表現（キーワード）

N　文末表現

〔内容や形式を統合する筆者の論理に関わること〕

O　課題解決のための論理

P　課題解決のための思考

・順序づける（時間、事柄、重要さなど）　・比較する（対比・類比、類別）

・因果を捉える（原因・結果、理由、根拠）　・関連づける（関係づけ）

・一般化する（定義づけ、意味づけ）　・推論する（推論、類推）

②学習者の「言葉による課題解決」のための思考や手立て、言語活動に結びつけるための観点

P　課題解決のための思考

・順序づける（時間、事柄、重要さなど）　・比較する（対比・類比、類別）

・因果を捉える（原因・結果、理由、根拠）　・関連づける（関係づけ）

・一般化する（定義づけ、意味づけ）　・推論する（推論、類推）

Q　要点、要約、要旨

R　筆者を受容・共感する読み、批判的・批評的に読む読み（批判読み）

S　単元のゴールとなる言語活動

第二節　「読みの観点」（先行研究をもとに）

「読みの観点」について、先行研究を踏まえながら説明する。（この第二節では、読者が先行研究や参考文献をすぐ目にすることができるように、個々の「読みの観点」の説明後に、引用文献や参考文献を示した。）

(1)筆者の「言葉による課題解決」から学ぶための観点

〔説明的文章全体に関わること〕

A　題名（「題名読み」）

ここでは、題名について読む「題名読み」について説明する。

「題名読み」とは、学習者が初めて説明的文章に出会う際に、教師が学習者に題名から「どんな内容か」「どんな展開になるか」など説明的文章全体に関わる内容や展開（もちろん部分的な内容や展開の場合もある）を予想させたり、「題名に対する疑問や感想」「題材そのものの知識や経験」を想起させたりすることで、今後の学習全体への持続的な意欲づけを図る学習活動のことである。

先行研究として、長崎伸仁（一九九七）の研究がある。長崎は、まず「題名読み」の位置づけや意義を小松善之助などの児言研、森田信義、小田迪夫の研究成果から概観した。具体的には、小松などの児言研の「題名読み」は、「題材への第一アプローチ」として指導過程に位置づけ重視していること、またその意義として「題材の提示」と「説明の動機づけ」の二点を示した。続いて、森田の「題名読み」の意義を「『教材を対象化し、外側から評価できる読み手になる』ため、指導過程の最終段階まで『読むという行為を主体的なものにする』ため」と整理した。「題名読み」を「題材への第一アプローチ」とした小松などの児言研とは異なり、森田の「題名読み」は学習の最後まで読みの主体性をもたせる学習者、評価できる学習者の育成を目指したものである。さらに小田の場合は、題名のもつレトリック性に着目し、「題名には発想と伝達のレトリックがあるという観点から『題名のレトリック性を読みに生かすことが大切』である」と整理した。長崎は、小松などの児言研や森田の「題名読み」を学習者側の視点から捉えているが、小田については「題名」のもつレトリック性に着目し、そのレトリック性を読みに生かすべきといった、いわば筆者側の視点も加味して「題名読み」の意義を整理した。

長崎はこれらの先行研究の「題名読み」の意義を踏まえ、さらに先行授業実践例をもとに「題名読み」の指導類型として、「知識・経験を想起させる」読み、「内容を予想（期待）させる」読み、「語句・語彙指導的に扱う」読み、「題名の働きを考えさせる」読み、「内容との符合→付加・修正させる」読みの五点に整理した。その中で、「知識・経験を想起させる」読みの学習活動が学年発達に関係なく多いことを示した。さらに学年によってばらつきがあるものの、「内容を予想（期待）させる」読みと「語句・語彙指導的に扱う」読みも学年発達に関係なく行われていることは、題名の特性を踏まえた指導によるものであるとした。「題名の働きを考えさせる」読みと「内容との符合→付加・修正させる」読みについては、高学年に位置づけた学習活動として望ましいとした。

以上のことから、題名について読む「題名読み」は、学習者の題材に関わる「知識・経験」を想起させたり、「内容を予想（期待）」させたりといった学習者の課題解決への持続的な意欲づけを喚起させる意義が考えられる。さらに題名を読むことは、「題材への第一アプローチ」であるだけでなく、指導過程の最終段階まで主体的に学ぶ学習者、及び評価できる学習者の育成につながる。また題名のもつレトリック性に着目させることで、「発想」や「伝達」といった筆者の意図や工夫を考えるなどの読みの深まりに直結する手がかりともなる。このことは、「題名読み」が説明的文章全体に関わる「読みの観点」として重要であることがわかる。これらの意義や長崎が先に示した指導類型を踏まえ、題名のもつ特性や学年の発達段階をもとに題名について読む「題名読み」を行っていくことが大切となる。

【引用・参考文献】

・長崎伸仁『新しく拓く説明的文章の授業』明治図書 一九九七年 一七～三九頁
・小松善之助『楽しく力のつく説明文の指導』明治図書 一九八一年 六九～一二四頁
・森田信義『認識主体を育てる説明的文章の指導』渓水社 一九八四年 一一九～一二四頁
・小田迪夫「題名のレトリック性」「教育科学国語教育」第四四四号 明治図書 一九九一年一一一～一一五頁
・小田迪夫「題名のレトリック性をどう生かすか」「教育科学国語教育」第四四六号 明治図書 一九九一年 一一一～一一五頁

〔内容に関わること〕

B 問いと答えの内容（事柄）と関係

説明的文章において、問いと答えの内容を把握することや対応関係を考えることは、文章全体の内容理解を深めることに大きく関わる。

このことに関して田中宏幸（二〇一八）は、次のように述べる。

説明文は、「問い」と「答え」の関係で成り立っています。筆者が立てた「問い」の部分（問題提起）を探し、どのようなことについて書かれた文章であるかをつかむことが肝心です。そして、その問いに対する「答え」が、どこに、どのように示されていくかを押さえていく必要があります。

例えば、「モアイは語る」の場合、序論に当たる二つの形式段落にこの論説の概要が示されています。「巨像を誰が作ったのか」、「どうやって運んだのか」、「何があったのか」、「この文明はどうなってしまったのか」という四つの問いが明示され、「この絶海の孤島で起きた出来事は、私たちの住む地球の未来を考える上でとても大きな問題を投げかけている」と主張の内容が予告されているのです。この序論の内容を押さえたうえで、以下の本論部では、「問い」と「答え」の対応に注意しながら、どのような「答え」が出されているかを確かめていきましょう。

なお「問い」の機能として、辻村敬三（二〇一九）は「読者の経験や知識を喚起させて、主体的な読みの姿勢を誘う働き」と、「説明文で展開される解説や思考、論証の焦点を示す機能」があると述べる。

【引用文献】
・田中宏幸「教材研究のポイント―『モアイは語る―地球の未来』（安田喜憲）を例に（教材論）」『説明文・論説文―論理的な思考力を育てる―』笠井正信他編著　日本国語教育学会監修　東洋館出版社　二〇一八年　一四頁
・辻村敬三『国語科内容論×国語科指導法』東洋館出版社　二〇一九年　一九六〜一九七頁

C　事例の内容

説明的文章では、筆者が伝えたい（課題解決をしたい）内容や事柄を学習者に説明するために、事例を取り入れて説明することがほとんどである。特に文章構成（「はじめ・中・終わり」）の「中」にあたる部分において、事例の内容を工夫して学習者に提示している。

このことに関して、吉川芳則（二〇一七）は事例を読むことの大切さについて次のように述べる。

論の展開の中核をなす本論部では、読み手を説得し納得させるために、筆者が事例を提示している場合がほとんどである。具体的な例がなく、抽象的な意見ばかりでは、読者は理解できない。これは、大人も子どもも同じである。

読み手である児童生徒にとっても、事例に関する箇所は具体的イメージがわきやすい。…(中略)…。

したがって、説明的文章教材における事例のあり方をどのように授業の中で扱うかは、児童生徒の主体的な学習、指導者の授業づくりの基本となる。


さらに吉川は、事例を読む具体的な視点として、「事例の内容・特質」「事例の種類」「事例間の共通点・相違点」を示している。

【引用文献】
・吉川芳則『論理的思考力を育てる!批判的読み(クリティカル・リーディング)の授業づくり』明治図書 二〇一七年 四五～四九頁

D 抽象と具体

説明的文章は、筆者が伝えたい内容や事柄を学習者に説明するために書かれたものである。その伝えたい内容や事柄は、学習者にとってわかりやすいこともあるが抽象的でわかりにくいこともある。そこで、学習者が知っていそうな例をもとに説明していく。これが具体である。

つまり説明には、伝えたい内容や事柄としての抽象と具体がある。したがって、教師は説明的文章の抽象的な内容や、そのための具体的な内容は何かを学習者が見極めることができる指導が求められる。

このことに関して、小林康宏(二〇一九)は次のように述べる。

説明的文章の多くは、抽象化されたテーマに対して具体的な根拠を示して解き明かし、そこから導かれることを抽象化してまとめていくという構造になっています。したがって、抽象的なことは何か、そのことに対する具体は何かという目の付け方をしていくことで、文章の内容の理解につながります。

小林は、「抽象的なこと」と「そのことに対する具体」を区別して読むことが、「文章の内容の理解」につながると述べている。

【引用文献】

・小林康宏『小学校国語「見方・考え方」が働く授業デザイン』東洋館出版社 二〇一九年 三五頁

E　事実と意見

説明的文章は、筆者が伝えたい内容や事柄を学習者に説明するために書かれたものであることは、先の「D抽象と具体」で示した。この「伝えたい内容や事柄」は、別の見方をすれば「意見」でもある。したがって、意見とその意見を学習者に納得させるための「事実」を区別して読むことも、抽象と具体を区別して読むことと同様に文章の内容理解につながる。（以下、「事実」を事実、「意見」を意見と表記する。）

そこで事実と意見を区別するために、小学校国語教科書では事実と意見をどのように定義しているかを見てみる。令和二年度版小学校国語教科書を発行している四社のうち、学校図書と東京書籍の二社に具体的な定義が示されている。学校図書では、四年（下）に「事実と筆者の意見（ものの見方や考え方）」（一三〇頁）があり、具体的には、「事実は、実際に起こったことや経験したこと」「筆者のものの見方や考え方は、事実についての筆者の考え」とある。ここでは、筆者の意見と、ものの見方や考え方は同義である。学校図書では、さらに文末表現についても言及し、〈事実「……です」〉〈筆者の考え「……と考えます」「……と思います」など〉

とある。ここでの事実と意見（筆者の考え）の定義からは、その区別は感じられる。

次に東京書籍では、五年生の教科書に、「事実とは、だれが見ても明らかなことです。一方、考えは人によってちがうことがあります。事実と考えを、しっかり区別しましょう」（一三頁）とある。事実とした「だれが見ても明らか」とは客観的であり、考え（意見）とした「人によってちがうこともある」とは主観が入っていることから、事実と考え（意見）の区別はつく。

それでは、学校図書の事実と東京書籍の事実を比べてみる。事実の定義を吟味するためである。すると、学校図書では「事実は、実際に起こったことや経験したこと」であり、東京書籍では「事実とは、だれが見ても明らかなこと」とあることから、完全に一致しない。学校図書の「経験したこと」は、東京書籍の「だれが見ても明らかなこと」とはいえないからである。なお意見については、学校図書では「筆者の考え」であり、東京書籍でも「考え」である。ここは一致している。

このように国語教科書において事実に対する定義が一致していないが、このことは事実とは何かを定義することが難しいことを意味する。さらに、このことはこれまで多くの研究者や実践家が説明的文章指導における事実の定義やその認定に関して言及していることと重なる。

小松善之助（一九七六）は、事実を端的に「表現した〈事実〉」「素材としての〈事実〉」と表現し、さらに次のように述べる。

ある事物・現象について説明するとき、わたしたちは必然的にその事物現象のある側面を選択して言語化する。その対象についての自分の手持ちの認識に基づいて、それを差しあたりの尺度にして言語化を遂行します。こうして、言語化を受けた対象は、書き手の意図、判断などの対極におくべき「事実」なのではなくて、まさに書き手の認識やかれの、読み手（説明の受け手）に対する配慮によって対象から発見され、切り取られ、選び出され、そして一定の評価を担って文章の中に登場させられたデータなのです。判断や一般化の部分と並んで書き手の認識内容を表わすところの構成部分なのです。

また、守田庸一（二〇一二）は平成二〇年版小学校学習指導要領解説における事実の定義に対して、次のように述べる。

学習指導要領の記述における「事実」について、『小学校学習指導要領解説国語編』では「『事実』には、現実の事象や出来事、科学的事実、社会的・歴史的事実、自分が直接経験した事実や、間接的に見聞したり読んだりして得た間接的な事実などがある」と説明されている（七七頁）。こうした事実を現実の世界から切り取ってくる段階で、既に筆者の見解が反映されている。「間接的な事実」であれば、筆者が接した情報の発信元の見解がさらに加わることになる。つまりここでの「事実」とは、本来は「意見」と明確に区分することができない概念である。ところが、言語表現の持つ虚構性を無視して「事実」が現実と一致し等価であるという前提を有すると、そのようなとらえ方が揺らいでしまう。

事実を「データ」とした小松と、「筆者の見解が反映」されたものとした守田の主張は同義である。言葉で事実を言語化することから、そこに筆者の判断が入る。言語で表現された事実とは、客観的な事実というよりは、小松が述べる筆者が「表現した〈事実〉」「素材としての〈事実〉」と捉えた方が適切である。

これらのことから事実と意見を区別して指導する際には、事実が「言語化」されたものであることを踏まえ、小松の述べる「表現した〈事実〉」「素材としての〈事実〉」であることを認識して指導にあたることがのぞましい。（注：この事実と意見については、渡邊（二〇二三）を参考にした。）

【引用・参考文献】
・渡邊幸佑「『事実』と『意見』の再定義」「読書科学」日本読書学会 第二五一号 二〇二三年 一～一四頁
・小松善之助『国語の授業組織論』一光社 一九七六年 三七頁
・守田庸一「事実と意見」「日本文学」日本文学協会編 二〇一二年 一月号 六六～六七頁
・宇佐美寛『宇佐美寛・問題意識集２ 国語教育は言語技術教育である』明治図書 二〇〇一年 七五～一三一頁

F 中心と付加

説明的文章を正確に読むためには、筆者の主張や意見などの中心的な部分と、その中心を支える事例や説明部分などの付加的な部分を区別することは重要である。

教育出版の令和三年度版中学校国語教科書（一年 三二一～三二三頁）では、中心と付加の具体を次のように示している。

○文章の中心的な部分
・事実や根拠によって、明らかになった部分　・筆者の意見や主張が述べられている部分　など
○文章の付加的な部分
・前置きの部分　・詳しく説明している部分　・例や事実の部分　・理由や根拠の部分　・補足の部分　など

次に光村図書の令和三年度版中学校国語教科書（一年 一八四～一八五頁）では、「段落の中心となる文」について「段落の最初か最後にあることが多い。接続する語句や指示する語句も手がかりになる」「つまり、……」

「このように、……」と説明している。

以上のことから、中心とは「事実や根拠によって明らかになった部分」や「筆者の意見や主張」であり、「つまり」「このように」などの接続語が手がかりとなる場合もある。一方、「例や事実」「理由や根拠」「補足」など中心を支えるための部分が付加となる。

なお、中心と付加について中学校国語教科書から引用して説明したが、小学校教材にも中心的な部分と付加的な部分は多く見られる。大事な「読みの観点」の一つである。

G　形態と機能

形態と機能を使って「説明」について述べた研究者に、森田香緒里(二〇一八)がいる。

森田は、まず「実際の指導では、形態には『かたち』『つくり』、機能には『はたらき』『しごと』といった用語が使われる」と授業時に、形態と機能の同義として使われる学習用語について指摘する。

次に、なぜ形態と機能が重要な「読みの観点」になるかといえば、森田の言葉を引用すると「形態と機能という情報が、『説明』という行為の最も基礎的な要素となっている」から、また「形態という『外見からわかる情報』だけでなく、なぜそのような形態をとっているかについての機能、つまり『外見からではわからない情報』とを組み合わせたものが『説明』」となることによる。

さらに、この形態と機能の観点について、森田は入門期だけでなく三年生以上の説明的文章にもふれ、「主張といういわば表に示されるものと、それを支える根拠の関係は、外見を示す形態と、何故そうなっているかの理由を示す機能との関係と対応する」とも述べる。

形態と機能の観点で説明的文章を見ると、入門期の説明的文章だけでなく、他学年の説明的文章の対応関係も説明することができる。

【引用・参考文献】
・森田香緒里「読むことの指導①―説明的文章」『初等国語科教育』ミネルヴァ書房 二〇一八年 一二三～一三五頁
・田中拓郎「『形態』と『機能』の視点から見た小学校説明的文章についての一考察―小学校低学年説明的文章をもとにして―」弘前大学教育学部紀要 第一二六号 二〇二一年 九～二〇頁

H　挿絵、写真、図表

『読解力向上に関する指導資料』（文部科学省 二〇〇六年）によると、「読むテキストには、『連続型テキスト』と呼ばれている文章で表されたもの（物語、解説、記録など）だけでなく、『非連続型テキスト』と呼ばれているデータを視覚的に表現したもの（図、地図、グラフなど）も含まれている」とある。この説明をもとにすると、説明的文章にある文章は「連続型テキスト」であり、挿絵、写真、図表などは「非連続型テキスト」となる。

この「非連続型テキスト」が大きく脚光を浴びるようになったのは、二〇〇三年のいわゆるＰＩＳＡショックからである。これまでの読解力とは主として文章を正確に読み取る力であったが、ＰＩＳＡ型読解力には、挿絵、写真、図表などの「非連続型テキスト」も読みの対象テキストとして含まれた。

それ以降、「非連続型テキスト」は、読みの対象テキストとして、教科書に意図的に取り上げられるようになってきた。

例えば、教育出版令和六年度版小学校国語教科書（二年下）に「この間に何があった？」という教材がある。ここでは学習者が「非連続型テキスト」である二枚の写真を比べて、その間に「何がおこったのか」を考え、さらにその内容を言葉で書く言語活動（学習活動）が計画されている。ここでは写真という「非連続型テキスト」が主たるテキストとして位置づけられている。他の説明的文章では、ここまでではないが内容や事柄を説明するために、文章中に挿絵、写真、図表などを取り入れて説明を加えていることが多く見られる。挿絵、写真、図表などの「非連続型テキスト」も、「読みの観点」として大切に扱いたい。

【引用文献】
・文部科学省『読解力向上に関する指導資料』東洋館出版社 二〇〇六年 一頁
・奥泉香「国語科において図像テクストから『対人的』意味を学習する意義と方法的枠組み」「国語科教育」第八七集 全国大学国語教育学会編 二〇二〇年 一四〜二二頁

以上が、内容に関わる「読みの観点」についてである。続いて形式・表現に関わる「読みの観点」について説明する。

〔形式・表現に関わること〕

Ⅰ　段落

説明的文章の多くは、複数の段落から構成されている。したがって、段落の内容や段落相互の関係について読み取ることは、説明的文章そのものを読むことにつながるといっても過言ではない。段落について、石黒圭（二〇二〇）は「段落の一般的定義」として「形態的定義」「意味的定義」「機能的定義」に基づき、「段落とは、形態的には、改行一字下げで表される複数の文の集まりであり、意味的には、一つの話題について書かれた内容のまとまりである。こうした段落という単位があることで、読み手は文章構成を的確に理解できるようになる」と説明している。

なお段落には「形式段落」と「意味段落」があるが、市川孝（二〇〇四）は「段落を示すためには、改行して、初めの一字分をあけて書き出す」段落を「形式段落」と定義し、「形式段落を、内容の意味のつながりのうえからひとまとめにしたもの」を「意味段落」とした。

次に段落を「読みの観点」とすること、言い換えれば段落を指導することに関して、田中久直（一九六〇）は「文章を読むということは文章全体としての意味を求めながら、その部分（すなわち段落）のつながりを明らかにしていく仕事になりましょう。読むという仕事はいろいろな要素から成っていますが、この段落関係をつかむことが中心的なものになると思います」と段落相互の関係を捉えることの大切さを述べる。

この段落相互の関係を捉えるために「形式段落」を「意味段落」にまとめる学習活動がなされることがあるが、学習者の多様な考えによって異なり収拾がつかなくなる場合がある。このことに関して長﨑秀昭（一九八六）は、その理由として永野賢の言説をもとに「『筆者の段落』と『読者の段落』の違いは、客観的『文脈』がどこまで続くか、どこで切れるかということ（段落）を、それぞれの『場面』において、筆者は筆者の『脈略』で、読者は、読者の『脈略』で主観的に意識し、表現、理解しているために生じたのである」と述べる。

さらに髙木まさき（二〇〇二）は、「あきあかねの一生」（小学校二年生用の説明的文章）での実験授業をもとに、「意味段落」にまとめる学習について次のように述べる。

……段落指導の授業の在り方も、当然、着目点によっていろいろな段落構成＝段落分けのパターンの捉え方がありうることを前提に改善されなければならない。たとえば、子どもたちに、自分の考える段落分けのパターンを理由とともに発表させ、それらを着目点別に整理してみる。そして、着目点、たとえば「季節」を表す語とか、「主語」（形状）とかによって、文章構成の捉え方も違ってくることを確認する。つまり、根拠がしっかりしていれば、どの段落分けも正しいものとして扱うのである。むろんその過程では、根拠があやふやなものや、一貫していないものなどは、自然に整理されてくるはずである。

その上で、もし「季節の順序」に着目して構成を考えたいのであれば、次のステップとして、ここでは「季節」に着目して読む学習をしてみよう、と子どもたちに提案すればよい。子どもたちも、「形状」などに着目した自分たちの読み方が一応認められた上で、また着目点によっていろいろな捉え方がありうることを学んだ上でなら、「季節」を着目点とした読み方にもそれなりの根拠のあることは分かるし、その学習も受け入れやすくなるはずである。

「意味段落」にまとめ段落相互の関係を考える際に、「着目点」を明確にして根拠が正しければ認めるという髙木の提案は、授業実践に際して有効な考え方である。

【引用文献】

・石黒圭『段落論　日本語の「わかりやすさ」の決め手』光文社新書 二〇二〇年 一四～一八頁
・市川孝「文章〈2〉」『国語教育指導用語辞典 第三版』田辺洵一他編 教育出版 二〇〇四年 三六頁
・田中久直『段落指導』明治図書 一九六〇年 六九頁
・長崎秀昭「小学生の段落意識とその指導」『文章論と国語教育』永野賢編 朝倉書店 一九八六年 二七五～二八八頁
・髙木まさき『「他者」を発見する国語の授業』大修館書店 二〇〇一年 八八～一一二頁

J　文章構成

文章構成とは、筆者が学習者に伝えたいこと（課題解決をしたいこと）をわかりやすく表現するための組み立てのことであり、筆者の書き方の工夫の一つである。

学習者が文章構成を把握する一番の利点は、文章全体を概観することとなり、内容や筆者の主張を理解することに役立つ。例えば、「どんな文章構成になっているか」の視点で文章を読むと、「はじめ」の部分には「問い」があり、「中」の部分には「答え」があり、「終わり」に部分には筆者の主張があるという学習者のスキーマが働き、文章全体の構成を概観することができる。

阿部昇（二〇一六）は、「構造よみ」「論理よみ」「吟味よみ」を提唱した。その中で「構造よみ」に関して阿部は、「説明文・論説文を読む際には、まずはその大枠となる構成を俯瞰的にとらえることが有効である。説明的文章には典型と言える構成がある。それは『はじめ・なか・おわり』または『序論・本論・結び』という三部構成である」と述べる。

また、堀裕嗣（二〇一六）は「説明的文章の要旨を理解する上で文章の構成を把握することはとても大切です。筆者の主張や文章全体の要旨がどの部分に書いてあるのかを的確に把握するためにも、小学校低学年から中学校三年生にわたって〈文章構成〉は必須の指導事項となります」と述べる。ここでの「要旨を理解する」とは、内容や筆者の主張を理解することと同義である。さらに堀は、文章構成を次の三つに類型化した。概要を抜粋する。

［汎用性の高い文章構成］
① 序論・本論・結論（＝はじめ・なか・まとめ）
〈序論〉とは、（…略…）基本的には文章全体を貫く抽象度の高い問題提起がなされるのが一般的です。

〈本論〉は〈序論〉を受けて、筆者が複数の題材について解説しながら、〈序論〉の問いかけに答えていったり〈序論〉の主張を論証するための具体例を取り上げたりします。

〈結論〉は多くの場合、筆者の主張が述べられ、要旨が提示されます。

［筆者の主張の位置による文章構成］

② 双括型……はじめとまとめで二度にわたって結論を提示する文章構成で、一般に論説・評論に向いているとされる。

③ 頭括型……最初に結論を提示する文章構成で、一般に短い文章に向いているとされる。

④ 尾括型……最後に結論を提示する文章構成で、多くの文章がこの構成を採用している。

［説明的文章の内容に基づいた汎用性の高い文章構成］

⑤ 起承束結

「起」（＝序論と同じと考えて良い）、「承」（＝本論と同じと考えて良い）、「束」（＝結論の前半でなされる本論のまとめと同じと考えて良い）、「結」（＝結論後半の筆者の主張部分と考えて良い）

この類型からは、「序論・本論・結論（＝はじめ・なか・まとめ）」といった一般的な文章構成だけでなく、双括型などの「筆者の主張の位置」からも捉えることができる。いずれにせよ、文章構成を把握することは、内容や筆者の主張を分析的に考えることになる。

【引用・参考文献】

・阿部昇『説明文・論説文の「読み」の授業―三つの指導過程』『国語力をつける説明文・論説文の「読み」の授業』「読み」の授業研究会著 明治図書 二〇一六年 一五頁

・堀裕嗣『国語科授業づくり10の原理100の言語技術』明治図書 二〇一六年 一三〇～一三一頁

・菅井三実『社会につながる国語教室』開拓社 二〇二一年 一四九～一五一頁

・浅野英樹『小学校国語授業のつくり方』明治図書 二〇二一年 四六～四七頁

K 接続語、指示語

接続語、指示語のもつ役割は大きい。例えば、「つまり」という接続語が文頭にあれば、筆者の中心となる意見や主張が述べられたり、これまでの内容や事柄をまとめていたりしていると判断できる。また、「この」「その」などの指示語が具体的に何を指し示すかを考えることは、文脈を正確に理解することにつながる。

接続語の中で特に注意を必要とするのが、「列挙」の接続語である。石黒圭（二〇一六）は、「列挙」の接続語として「番号」「順序」「序列」の三つを挙げている。具体的には、「番号」の接続語「第一に・第二に・第三に」は順序性がない。「第一に」だからといって一番重要とはいえない。「順序」の接続語「最初に・ついで・最後に」は、時間の順序や事柄の順序といった順序性があり、その順序で記すことが必要となる。「序列」の接続語「まず・次に・さらに」は、「番号」の接続語と「順序」の接続語の双方の性質をもつ。例えば、「すがたをかえる大豆」という説明的文章がある。ここでは「いちばん分かりやすいのは」「次に」「さらに」という「序列」の接続語がある。この場合、「番号」の接続語「第一に・第二に・第三に」と言い換えても意味が通じることから、ここでの接続語は「番号」の接続語となり、順序性はない。そこで、「筆者はどうしてこの順序に事例を示したのか」と考えることは、読みを深めるための大きな手がかりとなる。

なお本書では、複数の語を含めて接続語、指示語として捉える立場から、接続詞、指示詞ではなく、接続語、指示語とした。

【引用・参考文献】
・石黒圭『「接続詞」の技術』実務教育出版 二〇一六年 七四〜八一頁
・沖森卓也『文章が変わる接続語の使い方』ベレ出版 二〇一六年
・松崎史周『中学校国語教師のための文法指導入門』明治図書 二〇二三年

L　助詞

文脈を把握するうえで欠かせない「読みの観点」に助詞がある。学校文法では助詞を格助詞、副助詞、接続助詞、終助詞に細分化しているが、特にその機能に着目したい。

例えば、格助詞の「が」と副助詞の「は」は、どちらも体言（名詞）につき主語になることができる助詞である。このことについて山田敏弘（二〇〇四）は、格助詞が「主として体言について、それが文中の他の文節に対してどんな資格（関係）であるかということを示す」機能や、「出来事のレベルで、語と語の関係」を表す機能をもつのに対して、副助詞は「話し手の捉え方でフィルターが選択され、意味を付け加えます」など「話し手の主観レベル」で機能することを指摘する。端的に格助詞の「が」は、主語や対象語の意味をもつのに対し、副助詞の「は」は主題や対比の意味を表す。

また、副助詞の「だけ」が名詞句につけば、限定されていることがわかる。

このように、助詞のもつ機能に着目し、説明的文章を読んでいくことは文章理解に役立つ。

【引用文献】
・山田敏弘『国語教師が知っておきたい日本語文法』くろしお出版 二〇〇四年 三八～六〇頁

M　筆者の課題解決に向けた鍵となる表現（キーワード）

筆者は課題解決に向けて、何かしらの鍵となる表現（キーワード）を文章内に配置している。その表現は何かを見極めることは、文章全体を読み取っていく際の大きな手立てとなる。

このことに関して、小田迪夫（一九九六）は「情報のとらえ方」の一つとして「課題・問題に照らしてパラグラフの中心文や中心語句を的確にとらえ、情報の要点、中心点をとらえる」こと、また「情報を効果的に伝える方法」の一つとして「反復表現――伝えようとすることの強調点を明瞭にする」ことを提案している。これらの要点、中心点を捉えるための中心文や中心語句への着目、及び強調点を明瞭にするための反復表現への着目は、筆者の課題解決に向けた鍵となる表現（キーワード）を具体化するものとして考えることができる。

【引用文献】
・小田迪夫『二十一世紀に生きる説明文学習　情報を読み、活かす力を育む』東京書籍　一九九六年　九～一五頁

N　文末表現

文末表現によって、筆者が説明（「です」「ます」など）をしているのか、理由（「だからです」）などを述べているのかを区別することができる。文末表現は説明的文章を読むことの重要な手立てとなる。

このことに関して、長崎伸仁（一九九二）は「読みの方法からの系統化」を図るために「小学校における説明的文章で指導すべき事項」の一つとして「文末表現の指導」を提案した。具体的には、次のアからオの学習活動である。

ア　疑問形の表現から問題指示文と分かる。（低学年・中学年・高学年）
イ　「です」「ます」体の表現から意見と事実のだいたいが分かる。（中学年・高学年）
ウ　敬体と常体の区別が分かる。（中学年・高学年）
エ　現在形と過去形の区別が分かる。（中学年・高学年）
オ　断定、推定、強調などの表現から筆者の意図のだいたいが分かる。（高学年）

長崎の系統立てた学習活動は、文末表現を考える観点として有効であると思われる。そこで文末表現を、本書における「読みの観点」として援用する。

【引用文献】

・長崎伸仁『説明的文章の読みの系統』素人社　一九九二年　九〜三二頁

以上が、形式・表現に関わる「読みの観点」についてである。続いて、筆者の論理に関わる「読みの観点」について説明する。

〈内容や形式を統合する筆者の論理に関わること〉

説明的文章指導を行うにあたり、古くから説明的文章の「内容」を読むのか、それとも「形式」を読むのかといった論争があった。前者は「内容主義」、後者は「形式主義」ともいわれた。しかし、説明的文章の「内容」と「形式」のいずれかに着目するのではなく、双方を統合して読むことも重要な読みの指導となる。そこで、この「内容」と「形式」を統合した考えが、説明的文章を「筆者の論理」として読むことである。

この「筆者の論理」として読むことの先行研究に、森田信義（一九八八）の研究がある。森田は説明的文章指導のねらいを、「筆者」の視点をもとにして、次のように述べる。

説明的文章指導のねらいは内容主義的であってもならないし、言語形式にのめりこんでそれで終わるということであってもならない。「情報＝内容」が筆者のどのような「立場」から生み出され、どのような「論理構造」を築き上げ、どのように「言葉化」されているのかを総合的に読み取ることが常に目指されねばならない。

このように、森田は説明的文章を「筆者」の「立場」に着目し、「筆者」が「論理構造」をどのように構築し、さらにどう「言葉化」したかを「総合的に読み取る」べきであると指摘している。

さらに森田（一九九八）は「論理」について、次のように述べる。

「論理」とは、認識の対象になっているものごとの間の関係（脈略や構造）であると規定しておく。私たちが説明的文章において（を通して）出会う論理は、内容と言語（形式）の統一されたものである。すなわち、内容と形式を統一的にとらえるための手段であると言ってもよい。私たちは、説明的文章を通して、論理の仕組みとともに、その質を問う読みをしなくてはならないし、そのような読みを学習者に求めなければならない。…（中略）…論理を問うことは、内容を問うことなしにはできない行為であり、また、内容を表現している言語を手がかりにし、吟味せざるを得ない行為でもある。

このように、森田は内容と形式を統合するものとして「論理を問うこと」、つまり「論理」を読むことの重要性を指摘している。

以上、森田の研究からは、説明的文章を「筆者」の視点をもとに「論理」を読むという、「筆者の論理」の考えが見て取れる。

そこで、〔内容に関わること〕〔形式・表現に関わること〕の他に、〔内容や形式を統合する筆者の論理に関わること〕を設定する。

なお本書では、「筆者の論理」を課題解決の視点から二つに細分化する。一つは「課題解決のための論理」、もう一つは「課題解決のための思考」である。詳しくは、それぞれの項目で説明する。

【引用文献】
・森田信義 編著『説明的文章の研究と実践』明治図書 一九八八年 一一～一三頁
・森田信義『説明的文章教育の目標と内容』渓水社 一九九八年 九一～九二頁

O　課題解決のための論理

「課題解決のための論理」とは、筆者が課題解決のために工夫した筋道である。思考から生み出された結果であり、目に見える形（型）で示されたものである。

説明的文章は、筆者が課題解決内容、課題解決方法、課題解決過程といった課題解決のための行為やプロセスを工夫し、学習者にわかりやすく言葉で説明したものである。

このことに関して、植山俊宏（二〇一五、二〇一九）は「説明的文章は、随想的な色合いの濃い文章であれ、論説の文章であれ、それなりに問題解決の機能を持っている」と、説明的文章のもつ問題解決（注：本書の「課題解決」と同義である）の機能に着目し、学習者の読みとして「説明的文章には、大事なところに優れた表現の規則・法則が隠れている。これに問題解決のすじみちを合わせていく読み方が説明的文章の授業改善に有効である」ことや、「説明的文章では、問題解決のあり方を読む」ことを提唱している。この中の「問題解決のすじみちを合わせていく読み方」や「課題解決のあり方」からは、本書で示す「課題解決のための論理」を読むことの大切さがわかる。

【引用文献】
・植山俊宏「真正な問題解決能力を育成する説明的文章の指導」「実践国語研究」明治図書 第三五六号 二〇一九年 四～五頁
・植山俊宏「説明的文章のマクロ読み」「月刊 国語教育研究」日本国語教育学会編 第五二一号 二〇一五年 四二～四三頁

P　課題解決のための思考

「課題解決のための思考」とは筆者の行為であり、課題解決のための働きでもある。

課題解決のために筆者がどんな思考を働かせているかを考えていくことは、「筆者の論理」を解明することにつながる。例えば、「筆者はどうしてこの順序にして事例を配列したのか」「筆者はここで比較を使って説明しているが、本当にわかりやすい説明だろうか」などと、筆者の課題解決のための行為やプロセスに対する意図や効果を考えることになる。

この筆者（学習者も含む）の思考に関しては多くの先行研究があるが、その中から小田迪夫（一九九六）、櫻本明美（一九九五）、吉川芳則（二〇一二）の研究を取り上げる。

小田は説明的文章の表現に着目し、次の一四通りの思考を項目化した。

1　事象の時間的空間的順序性、秩序性をとらえる思考
2　対比的表現において差異性を見いだす思考
3　並列、列挙の表現において、共通性や類似性を見いだす思考
4　事象と事由の関係をとらえる思考
5　事象の推移や変化に発展性や法則性を見いだす思考
6　類化、分類によって差異性、共通性を見いだす思考
7　帰納的に個別のそれぞれから共通性を見いだす思考
8　演繹的に共通性をそれぞれの個別性に及ぼして認める思考
9　原因と結果、前提と帰結の関係をとらえる思考
10　物事の成り立つ条件をとらえる思考
11　類推によって物事を想定する思考
12　仮定推理によって蓋然的に判断する思考
13　仮説を立て、それを証明（論証、実証）する思考
14　物事の相関的な関係をとらえる思考

次に櫻本明美は論理的思考力の構造として、次の六つの「関係づける力」を示した。

1　定義づける力
2　類別する力
3　比較する力
4　順序をたどる力
5　原因や理由を求める力
6　推理する力

さらに吉川芳則は、「説明文のクリティカルな読みの授業で育てたい、論理力としての『関係づける力』」として、次の五つの力を示した。

1　比較する　　2　類推・推論する　　3　順序立てる　　4　事象と理由・原因を結ぶ
5　部分と全体をつなぐ

以上、小田、櫻本、吉川の思考の各要素の共通性・類似性に着目すると、表1の通り「順序づける（時間、事柄、重要さなど）」「比較する（対比・類比、類別）」「因果を捉える（原因・結果、理由、根拠）」「関連づける（関係づけ）」「一般化する（定義づけ、意味づけ）」「推論する（推論、類推）」の六つの思考の要素にまとめることができる。

このことから、この六つの思考の要素を本書における「課題解決のための思考」の要素とする。

注：表1では、便宜上、小田、櫻本、吉川が示した各要素に該当する番号のみを記してある。

表1　思考の要素

本書における思考の要素	小田の思考（番号）	櫻本の思考（番号）	吉川の思考（番号）
順序づける（時間、事柄、重要さなど）	1	4	3
比較する（対比・類比、類別）	2、3、6、7、8	2、3	1
因果を捉える（原因・結果、理由、根拠）	4、9	5	4
関連づける（関係づけ）	14		5
一般化する（定義づけ、意味づけ）	5	1	
推論する（推論、類推）	10、11、12、13	6	2

「順序づける（時間、事柄、重要さなど）」とは、「時間の順序」、「事柄のわかりやすさの順序」、さらに事例を一つずつ提示していくことで最後に一番主張したいことを示す「重要さの順序」などの順序である。先行研究では、小田の「1事象の時間的空間的順序性、秩序性をとらえる思考」、櫻本の「4順序をたどる力」、吉川の「3順序立てる」が該当する。

「比較する」思考には、共通性・類似性を見出す「類比」と差異性を見出す「対比」がある。さらに物事を「類別」することは、その過程で「比較」を通して行われる思考であることから、本書では「比較」の要素と捉える。小田の「2対比的表現において差異性を見いだす思考」「3並列、列挙の表現において、共通性や類似性を見いだす思考」「6類化、分類によって差異性、共通性を見いだす思考」「7帰納的に個別のそれぞれから共通性を見いだす思考」「8演繹的に共通性をそれぞれの個別性に及ぼして認める思考」、櫻本の「2類別する力」「3比較する力」、吉川の「1比較する」が該当する。

「因果を捉える（原因・結果、理由、根拠）」とは、物事や事象に関わる原因や結果、その理由、さらに根拠は何かなどの関係を捉える思考である。因果関係の思考ともいえる。小田の「4事象と事由の関係をとらえる思考」「9原因と結果、前提と帰結の関係をとらえる思考」、櫻本の「5原因や理由を求める力」、吉川の「4事象と理由・原因を結ぶ」が該当する。

「関連づける（関係づけ）」とは、物事や事象がどんな関係にあるかを明確にする思考である。例えば、並列的な関係、上位・下位の関係などが該当する。相関関係ともいえるが、先の「因果を捉える（原因・結果、理由、根拠）」思考ではできない関係づけの思考でもある。小田の「14物事の相関的な関係をとらえる思考」、吉川の「5部分と全体をつなぐ」が該当する。

「一般化する（定義づけ、意味づけ）」とは、物事や事象を規定したり定義づけたりする思考である。さらにどんな意味や価値、機能があるのかを明確にする思考でもある。つまり、具体的な物事や事象を一般化する思考でもある。小田の「5事象の推移や変化に発展性や法則性を見いだす思考」、櫻本の「1定義づける力」が該当する。

「推論する」とは、物事や事象について推論したり、類推したりする思考である。なお「類推」とは、山祐嗣によると「2つの事物にいくつかの共通点があり、かつ一方の事物がある性質や関係をもつ場合に、もう一方の事物もそれと類似した性質や関係をもつであろうと推論すること」とあり、「推論」の一部である。先行研究では、小田の「10物事の成り立つ条件をとらえる思考」「11類推によって物事を想定する思考」「12仮定推理によって蓋然的に判断する思考」「13仮説を立て、それを証明（論証、実証）する思考」、櫻本の「6推理する力」、吉川の「2類推・推論する」が該当する。

以上から、本書における「課題解決のための思考」の要素を次の六つとする。

1　順序づける（時間、事柄、重要さなど）
2　比較する（対比・類比、類別）
3　因果を捉える（原因・結果、理由、根拠）
4　関連づける（関係づけ）
5　一般化する（定義づけ、意味づけ）
6　推論する（推論、類推）

【引用・参考文献】
・小田迪夫『二十一世紀に生きる説明文学習　情報を読み、活かす力を育む』東京書籍　一九九六年　九〜一五頁
・櫻本明美『説明的表現の授業　考えて書く力を育てる』明治図書　一九九五年　一八〜二二頁
・吉川芳則編著『クリティカルな読解力が身につく！　説明文の論理活用ワーク中学年編』明治図書　二〇一二年　一四〜一五頁
・西郷竹彦『ものの見方・考え方　教育的認識論入門』明治図書　一九九一年
・山祐嗣「帰納的推論」『認知心理学キーワード』森敏昭・中條和光編　有斐閣　二〇〇五年　一四九頁
・田中拓郎「論理的思考力を高める読みの指導についての基礎的研究」『読書科学』日本読書学会編　第四九巻第二号　二〇〇五年　六一〜七一頁

(2)学習者の「言葉による課題解決」のための思考や手立て、言語活動に結びつけるための観点

ここでは、筆者の「言葉による課題解決」のための課題解決内容、課題解決方法、課題解決過程といった思考・判断・表現のための行為やプロセスをもとに、学習者として「言葉による課題解決」を図るために、どんな思考や手立て、及びそのための言語活動（学習活動）を行うことが有効なのかを「読みの観点」として考えていく。

P　課題解決のための思考

先の「P課題解決のための思考」では、筆者の「言葉による課題解決」から学ぶために思考の要素として示したものであるが、この六つの思考の要素は学習者にとっても有効な「読みの観点」にもなる。そこで同じ要素を示す。

1　順序づける（時間、事柄、重要さなど）
2　比較する（対比・類比、類別）
3　因果を捉える（原因・結果、理由、根拠）
4　関連づける（関係づけ）
5　一般化する（定義づけ、意味づけ）
6　推論する（推論、類推）

Q　要点、要約、要旨

説明的文章を要点、要約、要旨に「まとめる」言語活動（学習活動）がある。この「まとめる」言語活動（学習活動）のよさは、筆者の課題解決を学習者が理解したりメタ化したりできることにある。

まず小学校国語教科書（令和二年度版）では、それらをどのように説明しているか光村図書の教科書をもとにする。すると、要点とは「物事や人の話などの中心となる、大事な事がらのこと」（四年上　一五九頁）、要約とは「目的や必要におうじて、話や本、文章の内容を短くまとめること。元の文章の組み立てや表現をいかしてまとめるものと、自分の言葉に言いかえてまとめるものとがある」（四年上　一六〇頁）、要旨とは「筆者が文章で取り上げている、内容や考えの中心となる事がら。文章全体をまとめている段落に表れることが多い」（五年　二九六頁）とある。

このことから端的には、「大事な事がら」が要点であり、「目的や必要におうじて」「文章の内容を短くまとめること」が要約である。また、要旨とは「筆者が文章で取り上げている、内容や考えの中心となる事がら」であるといえる。

では具体的にどのように「まとめる」とよいか、学校図書の令和二年度版小学校国語教科書を見てみると、まとめ方の例として次のように示してある。

〈だん落の要点の見つけ方〉

①文しょうをだん落ごとに分ける。
②主語やくりかえし出てくる言葉にちゅうもくして、だん落ごとに中心となる文を見つける。
③中心となる文をもとに言葉をならべかえ、かんたんにまとめる。
前後の文しょうを参考にして、書きかえたり文や言葉をおぎなったりすることもあります。

（三年上　四五頁）

②は形式段落の中から「中心となる文」の見つけ方であり、③は中心となる文をもとにした具体的なまとめ方である。さらにここにはないが別の考え方として、形式段落の中の事例を省き、一般化されている言葉や文を「中心となる文」と考え要点としてまとめることもある。

なお要約は、要点や要旨と同じ「まとめる」言語活動だが、異なる点もある。それは、要約とは「目的や必要におうじて」「文章の内容を短くまとめること」から、学習者によって目的や必要性が異なれば、要約の内容が異なる点である。

さらにこの「まとめる」言語活動に関して、植山俊宏（二〇一五）は表現のしかたについて課題を指摘する。

要点、要約、要旨の学習における大きな問題点は、文章の記述をどの程度利用するかという判断に迷うことである。学習者の言葉で表現してしまうと解釈が入り込む恐れがあるし、また筆者の言葉の引用だけで組み立てると文章をなぞっただけの要旨になってしまう。文章中の表現をできるだけ活かしながら、必要最小限の自分の表現（日常言語レベルで一般化が認められる表現）を用いることが肝要である。

さらに、この「まとめる」言語活動には根源的な問題がある。それは、何をもって「大事な言葉や文」とするかである。本来、学習者によって「大事な言葉や文」は異なるのではないかと指摘したのが小田迪夫（一九八六）である。小田は次のように、要点について述べる。

結局、段落内の大事なところは、読み手学習者によっても指導者にとってもさまざまで、一義的には決められない。指導要領の指示する要点とは、学年目標に示された〈事柄の大体→事柄の順序→段落の要点→要点相互の関係→要旨〉という読みとり能力の段階的系列の中に位置づけられたもののことである。したがって、それは、各段落内にあって、文章全体の要約的理解ないしは要旨の把握・確認の拠点になるもの、という意味で重要視されるべきものなのである。

小田は、説明的文章を学習者が情報として知りたいことを得るために読むと考えると、「大事な言葉や文」は異なるから、学習指導要領が示す「段落の要点」は読みとり能力を段階的に育てていくための一つとして捉えるべきであると述べている。

なお平成二九年版小学校学習指導要領解説国語編では、「要約」は〔読むこと〕領域の三・四年生及び中学校一年生の指導事項にあり、「要旨」は〔読むこと〕領域の五・六年生及び中学校一年生の指導事項にある。しかし「要点」は、平成二〇年版の〔読むこと〕領域の三・四年生の指導事項にあったが、平成二九年版には見られない。学習指導要領に「要点」という学習用語（指導用語）が消えてしまったのである。そのためか、東京書籍の国語教科書では「要点」という用語は見られない。ただし、「要点」にまとめる学習は系統的に必要なことと思われることから、東京書籍（平成二年度版）では「要点」にまとめることと同じ言語活動として、三年生の説明的文章「自然のかくし絵」の「学習の手引き」の中で、「だいじだと思う言葉や文に気をつけて読み、それぞれのだん落に書いてあることをみじかくまとめましょう」という言語活動を設定している。（ただし、光村図書、教育出版、学校図書には「要点」という学習用語〈指導用語〉はある。）

なお小田は「要約は、理解内容を整理し抽象化する一種の抽象化表現活動であり、認識を形成していく理解活動とは、ひとまず区別されるべきである」と述べている。ただし本書では、目的に応じた「要約」を学習者同士で共有することにより、確かな読みにつながるという考えから、理解活動の一つとして位置づけている。


【引用文献】

・植山俊宏「要点・要旨」『国語科重要用語事典』髙木まさき他編著　明治図書　二〇一五年　一三九頁
・小田迪夫『説明文教材の授業改革論』明治図書　一九八六年　七八頁、八二頁

R　筆者を受容・共感する読み、批判的・批評的に読む読み（批判読み）

筆者の「言葉による課題解決」に学習者がどう関わるべきか。それは、筆者を「鵜呑み」にする受け身的な読みではなく、筆者を「受容・共感する読み」や、「批判的・批評的に読む」読みを行い、〈主体的な学習者〉として課題解決を図る読みを行うことが必要となる。

特に「批判的・批評的に読む」読みは、PISA型読解力の育成が求められる以前から多くの研究者や実践家が主張しているが、本書では、森田信義（二〇一一）、河野順子（二〇一七）、吉川芳則（二〇一七）の考えを取り上げる。

森田信義は、「評価読み」を提案する。森田は「『評価読み』とは、『確認読み』として読み取ったもの（ことがら・内容、表現方法、論理）を、それらの妥当性や問題の有無という観点から吟味・評価することであり、また、問題があるものについては、その問題を解決する方途を探り、実際に解決、改善してみるという行為」を指す読みと定義する。

河野順子は、「批評読みとその交流」を提案する。河野の目指す説明的文章指導は、「学習者が自らの既有知識をもとに、他者（筆者、教材、教師、学習者）との意味的相互交渉の過程を通して、自らの既有知識を新たに再構成していく意味的〈対話〉を実現する学習指導」である。

吉川は「自立した読者」として「筆者に立ち向かう、力強い読者（読み手）」を目指し、「文章（ことば、論理）に反応する」「筆者について考える（読む）」「自分の考え・論理をつくる」の三つから成る批判的読みを提案した。

森田の「妥当性や問題の有無という観点から吟味・評価する」、河野の「再構成していく意味的〈対話〉を実現する」、吉川の「自分の考え・論理をつくる」などからは、学習者として筆者を受容・共感する読み、批判的・批評的に読む読み（批判読み）が求められていることがわかる。

【引用文献】
・森田信義『「評価読み」による説明的文章の教育』渓水社 二〇一一年 二三頁
・河野順子編著『小学校国語科「批評読みとその交流」の授業づくり』明治図書 二〇一七年 三九頁
・吉川芳則『論理的思考力を育てる！批判的読み（クリティカル・リーディング）の授業づくり』明治図書 二〇一七年 一七～一八頁

S　単元のゴールとなる言語活動

「単元のゴールとなる言語活動」とは、学習者が説明的文章教材単元において、「学習のまとめ」として行う言語活動である。

この「単元のゴールとなる言語活動」の先行研究として、吉川芳則（二〇一六）と水戸部修治（二〇一四(a)(b)）の研究がある。

吉川芳則は、言語活動を「大きな言語活動」と「小さな言語活動」に大別した。この二つの言語活動の違いを次のように述べる。

「大きな言語活動」というのは、当該言語活動そのものを充実させることに向かって（目標として）、ことばの学習を展開するタイプのものを指します。対する「小さな言語活動」というのは、学習活動を活性化させるための手立てとして位置づけられるタイプのものです。

さらに吉川は「大きな言語活動」の事例として、「調査・研究」「ディベート・討論」「発表・報告・プレゼンテーション」「朗読・群読」を示した。また「小さな言語活動」の事例として、「ペア・グループでの話合い」「多様な書くこと」「音読」を示した。

吉川が例示した「ディベート・討論」などの「大きな言語活動」は、「ことばの学習を展開するタイプ」で学習者にとって、単元の終わりに行う「目標」となる言語活動である。一方、「ペア・グループでの話合い」などの「小さな言語活動」は、「学習活動を活性化させるための手立て」となる言語活動であり、各授業時間において行われる言語活動である。なお吉川は、単元の終わりに行う言語活動を「言語活動」とし、各授業時間で行う言語活動を「学習活動」と区別している。

本書の「単元のゴールとなる言語活動」は、吉川の「大きな言語活動」の枠組に近い。ただし留意すべき点として、説明的文章指導における言語活動は、あくまでも指導事項を達成させるための手段であるということである。読むことの授業の目標は、読むことの指導事項の達成にある。

さらに、本書の「単元のゴールとなる言語活動」と似た用語として、水戸部修治（二〇一四ⓐ）の「単元を貫く言語活動」がある。水戸部は「単元を貫く言語活動」を次のように定義する。

単元を貫く言語活動とは、当該単元で付けたい国語の能力を確実に子供たちに身に付けるために、子供たちの主体的な思考・判断が生かされる課題解決の過程となるよう、言語活動を、単元全体を通して一貫したものとして位置付けるものである。

また、水戸部（二〇一四(b)）は「単元を貫く言語活動」の目的を次のように述べる。

単元を貫く言語活動は、国語科における言語活動の充実を具体化したものである。この言語活動の充実は、あくまでも当該教科等の指導のねらいを十分に実現するための手立てとして行うものである。

（傍線引用は田中）

傍線部に見られるように、水戸部は「単元を貫く言語活動」を「指導のねらいを十分に実現するための手立て」とした。しかし、山中吾郎（二〇一五）が「本来は読む力を育むための手段であるはずの言語活動が、目的と化してしまったように見受けられる」と指摘するように、学校現場では教材の読みを軽視し、言語活動が目的となった授業が見られるようになった。ここに水戸部の意図と現場の授業実践との乖離が見られる。

本書での「単元のゴールとなる言語活動」は、学習を総括する言語活動であることが言語活動を授業の主軸とした「単元を貫く言語活動」とは異なる。読みの授業において、単元を貫くものは「課題」や「問い」であって、言語活動ではないからである。

【引用文献】

・吉川芳則 編著『アクティブ・ラーニングを位置づけた中学校国語科の授業プラン』明治図書 二〇一六年 一七～一八頁

・水戸部修治「単元を貫く言語活動を位置付けた授業づくり」「初等教育資料」第九一四号 東洋館出版社 二〇一四年(a) 六月号 六二頁

・水戸部修治編著『「単元を貫く言語活動」を位置付けた小学校国語科学習指導案パーフェクトガイド 一・二年』明治図書 二〇一四年(b) 八頁

・山中吾郎「『単元を貫く言語活動』は国語科授業の『改善』につながるか～小学校文学教材の授業を中心に考える～」「国語の授業」第二四七号 児童言語研究会編 二〇一五年 七四～七九頁

第三節　単元の類型化の先行研究（河野順子　古賀洋一）

本節では、学習者の「言葉による課題解決力」が身につくような単元構成の在り方を構想するために、令和二年度版小学校国語教科書にある説明的文章単元をもとに「単元の類型」について検討する。

説明的文章単元の中には、説明的文章の「内容」を読み取ることを重点とした教材もあれば、筆者の認識や課題解決のためのプロセスの工夫などといった「筆者の論理」を読み取ることを目的とした教材もある。さらに、課題解決のために説明的文章を「情報」として活用する教材もある。

この「単元の類型」を検討することで、例えば、「この単元は内容読解に重点をあてればいいのだな」「この単元の教材は情報活用として扱っている。最後は表現活動につなげるのだな。ただし学習者の実態を考えると、教科書会社とは異なる言語活動にしてみよう」などと、教師自身の指導に対するメタ化に役立つ。また一年間の指導、さらには六年間の長期的な視点に立った俯瞰的な指導にもつながる。さらに学習者に「主体的・対話的で深い学び」を実現させせようとする教科書会社の指導の指針（意図）が見えてくるとともに、説明的文章単元における説明的文章そのものの教材特性が一層浮かび上がる。

このように「単元の類型」に関わる検討を通して、深い教材研究がなされ、学習者の「言葉による課題解決力」を育成するための方策が見えてくる。

しかし本来、授業というものは教科書に頼るのではなく、教師が学習指導要領の指導目標（指導事項）と学習者の実態をもとに教材開発を行い、単元を構成し授業を行うのが本筋である。だが、そのような自主的な教材開発に基づく単元構成を多忙な教師が日々行うことは現実にはかなり難しい。学期に一度、年間二、三度もできれば十分ではないか。とすれば、指導目標等に応じて教科書の説明的文章単元の類型を踏まえて授業を行うことは、効果的な指導につながるはずである。大事なことは、単元をどう考え、どう教材を指導するかである。こうした指導のヒントとして、「単元の類型」を踏まえた指導は教科書会社の指導の指針（意図）を鵜呑みにした指導ではなく、そこから自分自身の新たな指導を考えることにつながり、教師自身の主体的な指導になるはずである。そのことが、学習者の「言葉による課題解決力」の育成につながっていく。

そこで、まず説明的文章単元の類型を研究した先行研究として、河野順子と古賀洋一を取り上げる。

①河野順子[1]

河野（二〇〇六）は、寺井正憲（一九九八、二〇〇一）が指摘した「一九九〇年代以降の説明的文章の学習指導では、学習者の既有知識を意識的に活用する実践」が増えた点や、さらにこの年代が「情報教育の必要性」が求められたことを踏まえ、一九九〇年代の実践事例を「学習者観」「目標観」「方法」「育てるべき論理・構造についての教師の捉え方の有無」を観点として分析し、概括して次の五つに類型化した。

なお河野の次の類型は、先の四つの観点の中の「目標観」を主としてまとめたものである。以下は河野の論考から引用する。

一九九〇年代以降にみられる実践を、本章第三節（稿者注：先行実践の検討のこと）で取り上げる先行実践事例の分析に基づいて概括すると、次のようなものが見られる。

A　内容把握の技能育成型学習（内容、要点、要旨を正しく読み取る学習）
B　文章構成、叙述などについての知識獲得型学習
C　筆者の世界・論理・構造の捉え方の読み取りを通した世界観形成型学習

D　情報活用能力育成型学習

E　理解の後に表現を関連させた表現育成型学習

Aは書かれてあることを正しく読み取る学習である。（以下略）（注：これ以降の各類型の説明は、それぞれの冒頭文のみを示す。）

Bは、説明的文章の学習指導でつける技能面の知識である文章構成、指示語・接続語・中心語句などに着目した指導である。

Cの実践で目指されていることは、筆者との対話を行い、自分なりの論理的認識と認識方法の形成を促すことである。

Dは、教材の読み取りをもとに、表現活動を促したり、複数教材の重ね読みをしたり、比べ読みしたりすることによって、情報活用能力を育成しようとするものである。

Eは、読み取ったことをもとに表現に生かす学習である。自ずとその取り扱いは、理解学習の後に表現学習へという二元的なものとなる。

このように、実践現場において、一九九〇年代以降は、「学習者の側に立つ」新たな説明的文章の学習指導が目指されてきた時代と捉えることができる。（以下略）（一四〜一五頁）

以上、河野は一九九〇年代に見られる実践事例を、主として「目標観」をもとにAからEの五つに分類している。

②古賀洋一（2）

古賀（二〇二〇）は、二〇〇〇年以降の実践事例を「指導目標」「読解方略の階梯的性質」「学年段階」の観点から類型化した。一つ目の観点である「指導目標」を分析の観点としたことに対して、古賀は次のように述べる。

授業実践においては、「論理」の読解のみが指導目標に据えられるわけではない。むしろ、意見文や説明文を表現することや、複数の情報を取捨選択して意見を産出することなど、様々に指導目標が掲げられることで実践が拡充してきた面がある。ただし、表現や情報活用を目標に掲げた授業実践であっても文章の読みが起点となる以上、読解指導の側面も含まれていると考えることができる。「指導目標」の観点から分析を行うことは、読解方略指導が授業のなかでどのように位置づけられているのかを明らかにすることにつながると考えられる。

（五六頁、傍線引用は田中）

傍線部にあるように、古賀は「指導目標」を実践事例の分析の観点とすることで、「読解方略」指導が授業のなかでどのように位置づけられているのかを明らかにできると示した。

注：「読解方略」とは、「『読み手の目標に向けて、意識的かつ柔軟に活用される読み方』と規定され、批評的な読解を行うための手段[3]」

次に古賀は、小田迪夫[4]（一九九六）や先の河野（二〇〇六）の指導目標をもとに、次の五つに類型化した。

「指導目標」の観点から授業実践を分析するための類型を次のように設定する。

A：内容読解型……各段落の要点や、文章全体の要旨の読み取りを重視した実践
B：形式読解型……文章構成や、接続詞、文末表現の機能や効果の理解を重視した実践
C：論理読解型……筆者の「認識の方法」や結論を導出する過程を推論させたり、批判的に読ませたりすることを重視した実践
D：情報活用型……複数の文章から情報を取捨選択し、意見を産出することを重視した実践
E：表現型……読みとった内容や形式、「論理」を活かして、説明文や意見文を表現することを重視した実践

（五七～五八頁）

古賀は以上のように「指導目標」の観点から五つに類型化している。

河野と古賀の類型を見ると、ともに目標の観点から五つに類型化していることが共通している。また、両者

の五つの類型の内容に大きな違いはない。そこで、この河野と古賀の類型をまとめると次のように捉えることができる。

Aは要点、要旨など説明的文章の内容を正確に読み取ることを目的としたものである。

Bは「はじめ・中・終わり」の構成や、「このように」「しかし」「また」などの接続表現、「～からです」「～のです」などの文末表現に着目し、その機能や効果を考えていくことを目的としたものである。いわゆる「形式」や「表現」を読むことにあたる。

CはAやBを踏まえ、筆者のものの見方・考え方や筆者の論証過程について、学習者としてその効果や是非について考えることである。例えば、批判的・批評的な読みがこれにあたる。

Dは文章を情報として読むことである。比べ読み、重ね読み、場合によっては必要に応じて教科書以外から情報を求め、学習者として目的に応じた読みを行うことである。

Eは説明的文章で学んだ内容・事柄、形式・表現、論理を文字表現や音声表現にして表すことである。「読むこと」と、「書くこと」や「話すこと・聞くこと」の複合単元がこれにあたる。

以上、河野の「目標論」をもとにした類型化と古賀の「指導目標」を観点とした類型化は、このように五つの類型として整理することが可能である。

なお河野の場合は、「学習者観」「目標観」「方法」「育てるべき論理・構造についての教師の捉え方の有無」を分析の観点としているが、先の河野の五つの類型は「目標論」を主としてまとめたものであることから、古賀の「指導目標」を観点としたものと同義と捉え、以後論を進めていく。

第四節　単元の類型化の観点

河野と古賀は、指導目標をもとに五つの類型を考えた。指導目標は説明的文章単元の類型の観点として有効であると思われる。そこで本書でも河野と古賀の考えを援用し、指導目標を類型の視点の一つとして考えることとする。

(1)観点①　指導目標

・観点①　指導目標としての「読解型」と「表現型」

さて、河野と古賀は指導目標をもとに五つに分類したが、さらにこの五つの指導目標をラベリングすると、二つに大別することができる。

一つは、河野のA、B、Cと古賀のA、B、Cの指導目標である。Aはテキストの内容を読み取る読み、Bは形式を読み取る読み、Cは筆者の論理（ものの見方・考え方や課題解決のプロセス）を読み取る読みであり、全て読解に関係することから「読解型」と名づける。

もう一つは、河野のDとEと古賀のDとEの指導目標である。Dの情報活用能力を育成する「情報読み」は、学習者が説明的文章を情報として読み、その後、例えば意見を構築し最終的には「書くこと」「話すこと・聞くこと」の文字言語や音声言語にして表現するなど、情報を表現活動につなげる（活かす）ことから、「表現型」の一つと捉えることができる。またEは、ともに読み書き関連指導などを通して表現能力を育成することを求めている。したがって、DとEは「表現型」と名づける。

そこで、この「読解型」と「表現型」を類型化の観点①とする。

さらに、「読解型」と「表現型」はそれぞれ細分化することができる。

「読解型」は、「内容重視」「形式重視」「論理重視」の三つに分類できる。「内容重視」とは、説明的文章の内容を読み取ることを重視したもので、要点・要約・要旨など内容を的確に理解することを目的とした指導目標が該当する。「形式重視」とは、文章構成や接続語や指示語など文章形式の機能やその効果を読みとることを重視した指導目標が該当する。「論理重視」とは、筆者のものの見方・考え方や課題解決のプロセスの工夫を読み取ることを指導目標としたものである。

次に「表現型」であるが、「情報活用重視」と「能力関連重視」の二つに分類できる。「情報活用重視」とは、説明的文章を情報として読む「情報読み」を行うことを指導目標としたものである。「読解型」は説明的文章の内容や形式、論理を読み取ることに目的があるが、「情報活用重視」は学習者の課題解決のために説明的文章を情報（資料）として活用することが「読解型」と異なる点である。

「能力関連重視」は、説明的文章で学んだ「関連する言語能力（筆者による論理）」を表現活動に活かしたり関連させたりすることから「表現型」とした。複合単元（複合教材単元、複合領域単元）がこれにあたる。また他教材や他領域と複合させることで、説明的文章教材で習得する「関連する言語能力（筆者による論理）」と他教材・他領域で習得する言語能力育成の相乗効果も狙っている。

以上から、類型化の観点①としての指導目標を「読解型」と「表現型」に大別する。さらに「読解型」は「内容重視」「形式重視」「論理重視」の三つに細分化でき、また「表現型」は「情報活用重視」と「能力関連重視」に細分化することが可能である。

これらのことを表にすると、表2の通りになる。

・観点①　本書における指導目標とは何か

本書では実践事例結果の類型化ではなく、教科書の説明的文章単元を指導する立場から類型化を図ることを目的としていることから、例えば、古賀のように教師の発問や学習者の感想など「授業実践」の分析をもとにした類型化を考えていない。あくまでも「授業実践」に役立つ「教材研究」として、国語教科書の説明的文章単元を類型化することである。さらにいえば、この類型化を図ることで「言葉による課題解決力」育成のための指導の方向性が見えてくる。

そこで本書における「指導目標」とは、教科書に示された「単元名」や「読みの視点」をもとにする。「単元名」とは、単元のはじめに示されたもので、例えば、「大事な言葉や文に気をつけて要約しよう」（「ウミガメの命をつなぐ」）など、学習者がどんなことを学べばよいかを示したものである。この「単元名」は、学習者にとって学習の目標となる一方、教師にとっては「指導目標」ともなる。先の「単元名」を教師側から見ると、「目的に応じて大事な言葉や文をもとに要約することができる資質・能力」を求めていることがわかる。

次に、「読みの視点」とは、教科書にある「たいせつ」（光村図書）、「言葉の力」（東京書籍）、「ここが大事」（教育出版）といった学習で大事な内容や事柄としての学習用語に関わる説明内容である。

指導目標である「単元名」と「読みの視点」の具体例を、次に示す。

表2　指導目標の類型

指導目標	読解型	内容重視
		形式重視
		論理重視
	表現型	情報活用重視
		能力関連重視

「たんぽぽ」（東京書籍二年）という説明的文章教材がある。ここでの「単元名」は「たんぽぽのひみつを見つけよう」である（詳しくは本書九五頁 表3）。たんぽぽのひみつを見つけることは、本文の内容を詳しく正確に読み取らなければならないから、「読解型」の「内容重視」にあたる指導目標である。

本来であれば、この単元名だけで判断してよいが、確認の意味で「言葉の力」（「読みの視点」）を見てみる。

☆ことばの力（注：二年生までは「言葉の力」ではなく、「ことばの力」と表記されている。）

せつめいのじゅんじょ

せつめいの文しょうを読むときは、じゅんじょに気をつけることがたいせつです。

・時間のじゅんじょにそって書かれているときは、時をあらわすことばに気をつける。

・どんなことがらが、どんなじゅんじょでせつめいされているかをたしかめると、書いてあることがよくわかる。

（四三頁）

この「言葉の力」からは、時間の「順序」や事柄「順序」に気をつけて、内容理解を促そうとしていることがわかる。つまりここからは、この教材は本文の内容を順序などに気をつけて正確に読み取ることで、たんぽぽのひみつを見つけることを意図した「読解型」の「内容重視」を指導目標とした類型に該当することが改めて確認できる。

注：「読みの視点」となる「たいせつ」「言葉の力」「ここが大事」を表7・表10・表13に示す時は、より具体的な内容や事柄を抽出して示すことにする。

「単元名」だけではっきりしない時は、「読みの視点」もあわせて考えると指導目標が明確になる。

注：ここでは強調する目的で「単元名」としたが、一般的な用語であることから、以後、単元名と記す。

(2) 観点②　「単元のゴールとなる言語活動」

① 「単元のゴールとなる言語活動」の必要性

先に類型化の観点①を指導目標とし、さらにその指導目標を「読解型」と「表現型」に大別した。また指導目標を、単元名と「読みの視点」をもとにして考えた。

しかし、指導目標だけで類型化を図ることは不十分である。なぜなら、指導目標のそれぞれの類型の中にも、質的な違いが存在するからである。

河野は、指導目標（「目標論」）の他に、「学習者観」「方法」「育てるべき論理・構造についての教師の捉え方の有無」も観点として実践事例を分析していた。また古賀は、「読解方略の階梯的性質」として実践における「意識性」「選択性」「統合性」も観点として、実践事例の中の教師の発問や学習者の感想などを分析していた。

そこで教科書の説明的文章単元に示された単元名や「読みの視点」をもとにした指導目標の他に、もう一つ類型化の観点②を示す。それは、単元全体の学習を総括する「単元のゴールとなる言語活動」である。この「単元のゴールとなる言語活動」とは、学習者が説明的文章教材単元において、「学習のまとめ」として行う言語活動である。

国語科授業は図1のように、「指導目標」（言語能力、資質・能力）、「言語教材」（主として教科書）、「言語活動」の三つの構成要素から成り立つ(5)。

図1の「指導目標」とは教師が学習者に達成させたい目標である。換言すれば学習者に育成させたい言語能力であり、資質・能力でもある。本書の「指導目標」と同義である。「言語教材」とは主として教科書であり、本書では説明的文章単元になる。そして授業は、「指導目標」（言語能力、資質・能力）を達成（育成）さ

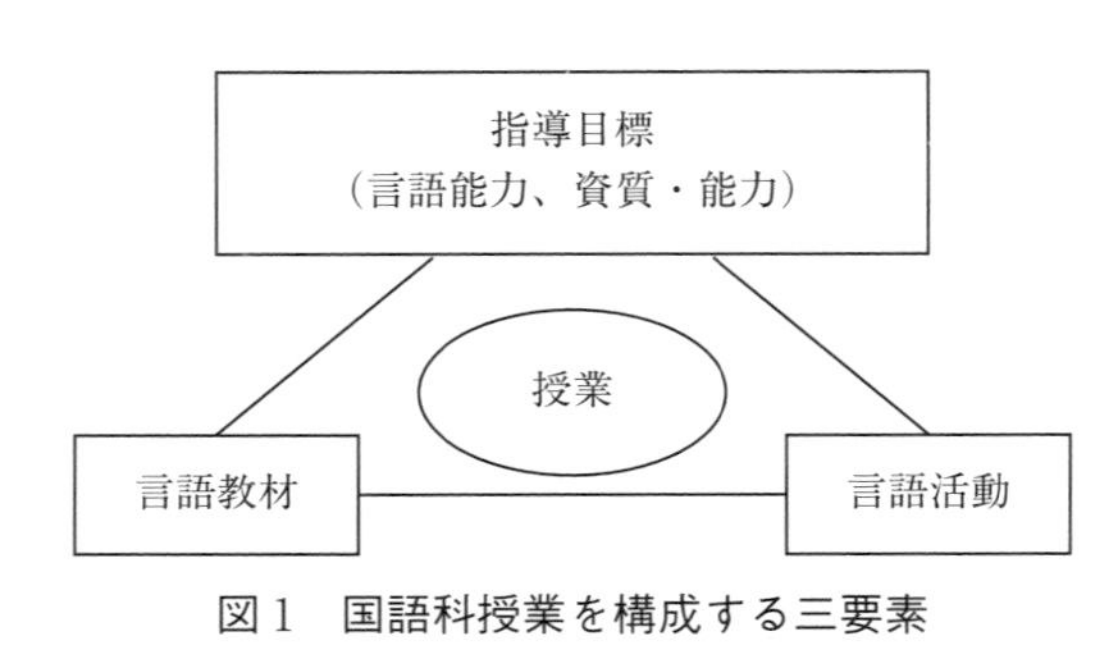

図１　国語科授業を構成する三要素

せるために、「言語教材」をもとに「言語活動」を通して行われる。

したがって、「言語教材」である説明的文章単元の類型化を図るためには、「指導目標」（類型化の観点①）と、もう一つの授業の構成要素である「言語活動」が重要となる。この「言語活動」の中で、本書では第二章第一節・第二節の「読みの観点」でも示したが、単元全体の学習を総括する「単元のゴールとなる言語活動」に着目する。

それでは、なぜ類型化を図ることに指導目標だけでなく、単元全体の学習を総括する「単元のゴールとなる言語活動」もあわせるかを先の「たんぽぽ」（東京書籍二年）を例にして説明する。

単元全体の学習を総括する「単元のゴールとなる言語活動」（詳しくは本書九七頁 表４）は、「たんぽぽのひみつを伝え合う」言語活動であるが、さらに教科書の「学習の手引き」を詳しく見ると、次のように示されている。

●たんぽぽのひみつをつたえ合おう。
　文しょうを読んで見つけた、たんぽぽのひみつを、友だちとつたえ合いましょう。
▼たんぽぽがどのようにしてなかまをふやすのかを、まとめましょう。
▼じぶんがいちばんつたえたいたんぽぽのひみつは、どんなことですか。
　・友だちが見つけたひみつはどんなことでしたか。
（四二頁）

この「学習の手引き」の「たんぽぽのひみつ」とは、本文のたんぽぽの内容である。そして、その内容から

「ひみつ」を選び友だちに伝えさせようとしている。このことを学習者の読みの活動として時系列に表すと、本文の「たんぽぽのひみつ」を見つけ、その「ひみつ」の中からどれがいいか選び、さらに選んだ「ひみつ」を友だちに伝える言語活動となる。つまり、これらは全て本文の内容を理解することを目的とした言語活動である。換言すると、筆者の認識・思考を「習得する」言語活動でもある。

　このことから、ここでの学習者が行う「たんぽぽのひみつを伝え合う」という単元全体の学習を総括する「単元のゴールとなる言語活動」は、筆者の認識・思考を受容する「習得ベース」の言語活動を行うことを意図した活動であるといえる。

　したがって、この教材は「読解型」の「内容重視」の指導目標のもと、「たんぽぽのひみつを伝え合う」という筆者の認識・思考を受容する「習得ベース」の「単元のゴールとなる言語活動」を行うことを求めているといえる。

　次に、「あなのやくわり」（東京書籍二年）という説明的文章教材を、児玉忠[6]（二〇一九）の論考をもとにして説明する。ここでの単元名は「あなのやくわりを考えよう」（本書九五頁 表3）である。本文を読み、「あなのやくわり」を考えることであるから、先の「たんぽぽ」と同じ「読解型」の「内容重視」の教材である。「単元のゴールとなる言語活動」（本書九七頁 表4）は、「身の回りの穴の役割を考え、文章にしてまとめる」言語活動であり、さらに教科書の「学習の手引き」では次のような書き方の書式が示されている。

［はじめ］　わたしたちのみの回りには…

［中］　おろし金には、あなのあいているものがあります。…

なべのふたには…

おわり

このように…

一見すると、この型をもとに「自分の身の回りのあな」について書けばいいかと思われる。とすれば、先の「たんぽぽ」同様、筆者の認識を受容する「習得ベース」の言語活動とそれほど大きな違いはない。既有知識や経験を働かせて「自分の身の回りのあな」について、「何のために」という問いに答える形で書けばよいのである。先の書式を使うと、例えば次のようになる。

はじめ

わたしたちのみの回りには、あなのあいているものがたくさんあります。あなは、何のためにあいているのでしょうか。あなのやくわりを考えてみましょう。

中

おろし金には、あなのあいているものがあります。これは必要なものだけを取り出すためのあなです。リンゴからジュースを作る時は、おろし金のあなから落ちたものがジュースになります。

なべのふたには、あなのあいているものがあります。これは食べ物を煮る時に、なべのゆげをあなから逃がすためです。ゆげを逃がしながら、なべの中で食べ物がじっくりとおいしくできあがるのです。

おわり　このように、あなにはいろいろなやくわりがあります。

また、「中」の「おろし金」と「なべのふた」には、次のような書き方も考えられる。

おろし金には、あなのあいているものがあります。これは必要でないものを取り出すためのあなです。大根おろしを作るときは、このあながないと、必要でない水分までもおろし金に残ってしまい、しぼりなおさなければなりません。

中

なべのふたには、あなのあいているものがあります。これは、なべの中のゆげを外に出すためのあなです。このあながないと、なべのお湯がふきこぼれたりカタカタと音とたててしまったりするからです。

初めと後の「中」の事例の違いは何だろうか。

初めの事例はともに、「あながあることのよさ」である。「おろし金」のあなのよさは「必要なものだけを取り出す」ことであり、「なべのふた」のあなのよさは「なべのゆげをあなから逃がす」ことである。あながあることによって、ジュースができたり、ゆげを逃がしたりしながら食べ物がおいしくできあがるのである。

一方、後の事例はともに「あながないと困る」ことである。あながないと、「必要でない水分までもおろし金に残って」しまうことであり、「なべのお湯がふきこぼれたりカタカタと音とたててしまったりする」のである。

このことは、児玉忠が指摘するように、「あながあることのよさ」と「あながないと困る」の二つを学習者が意識して書かなければならない。書式にしたがって書いたら、それがたまたま「あながあることのよさ」、または「あながないと困る」ことになるかもしれない。しかし、大切なのはどちらかを意識して書くことである。

とすれば、先の「たんぽぽ」のように本文の「たんぽぽのひみつを伝え合う」といった筆者の認識を受容する「習得ベース」というよりは、既有知識や体験をもとに本文の「あながあることのよさ」と「あながないと困る」といった「あなの機能」に着目して書くことから、「たんぽぽ」とは質的に異なる「活用ベース」の「単元のゴールとなる言語活動」といった方が適切である。

総括すると、「あなの機能」（あながあることのよさ、あながないと困ること）を、学習者が自分の身の回りの「あな」について該当するのはどれかと改めて既有知識や経験をもとに意識して思考する言語活動を行っている。学習者が自らの認識・思考を再生産・再構築した「活用ベース」の言語活動ともいえる。同じ「内容重視」の「読解型」であっても、先の「たんぽぽ」とは質的に異なる言語活動を求めている。

とすれば、教師は本文の「あな」の役割としての二つの機能（あながあることのよさ、あながないと困ること）を学習者に意図的にスキルとして指導しなければ、学習者が二つの機能を意識して「身の回りのあな」について文章にして表すことはできない。教師には二つの機能を意識して指導することが求められる。

以上、なぜ教材の類型化を図ることに指導目標だけでなく、「単元のゴールとなる言語活動」もあわせて考えたかについて、「学習の手引き」を詳しく検討した。

したがって、「単元のゴールとなる言語活動」を検討する際は、説明的文章に内在する筆者の認識・思考も含めて、「この説明的文章はこんな教材特性があるからこんな言語活動を求めているのだな」などと考えることが重要となる。

そこで次では、「習得ベース」や「活用ベース」などの「単元のゴールとなる言語活動」そのものについて、さらに整理を図ることとする。

②「単元のゴールとなる言語活動」の整理

説明的文章単元の類型化を図ることは、「言葉による課題解決力」を育成するための指導の方向性に役立つことは本章の冒頭で述べた。そのための手立てとして、指導目標と「単元のゴールとなる言語活動」をあわせて考えるのである。

また先に「単元のゴールとなる言語活動」の中で、「たんぽぽ」は「習得ベース」、「あなのやくわり」は「活用ベース」であると述べたが、ここでは「習得ベース」や「活用ベース」などの概念規定を改めて行い、「単元のゴールとなる言語活動」の整理を図ることとする。

まず「単元のゴールとなる言語活動」とは、学習者が説明的文章単元において単元全体の学習を総括する「学習のまとめ」として行う言語活動である。説明的文章単元の理解を確かにするため、また深めるための「単元のゴールとなる言語活動」もあれば、説明的文章単元で学んだことを活かしたり、さらに発展させたりするための「単元のゴールとなる言語活動」もある。

そこで「単元のゴールとなる言語活動」を、「(筆者の認識・思考)受容的言語活動」と「(筆者の認識・思考)再生産・再構築的言語活動」の二つに大別する。

「(筆者の認識・思考)受容的言語活動」とは、筆者の認識・思考を学習者が学び、その理解を確かにするため、また深めるための言語活動である。具体的には、説明的文章の内容や形式・表現について考えたり、論理

書籍	教育出版		
教材名	No	単元名	教材名
①さとうとしお	1	（表示なし）	①すずめのくらし
②どうやってみをまもるのかな	2	（表示なし）	②だれが、たべたのでしょう
③いろいろなふね	3	かかれていることをたしかめよう	③はたらくじどう車 「のりものカード」でしらせよう（※2）
④子どもをまもるどうぶつたち	4	ぶんしょうとえをあわせてよもう	④みぶりでつたえる
⑤たんぽぽ	5	じゅんじょに気をつけて読み、つながりを見つけよう	⑤すみれとあり
⑥サツマイモのそだて方	6	しゃしんをくらべて、考えよう	⑥この間に何があった？
⑦ビーバーの大工事	7	じゅんじょや様子に気をつけて読もう	⑦さけが大きくなるまで
⑧あなのやくわり	8	わかりやすくせつめいするための、くふうをたしかめよう	⑧「しかけ絵本」を作ろう おもちゃのせつめい書を書こう（※2）
⑨自然のかくし絵	9	だんらくの要点をつかもう	⑨うめぼしのはたらき ⑩めだか
⑩「ほけんだより」を読みくらべよう	10	絵文字の特長をとらえよう	世界の人につたわるように（※1） ⑪くらしと絵文字 絵文字で表そう（※2）
⑪パラリンピックが目指すもの ⑫人をつつむ形—世界の家めぐり	11	図や写真と文章を、むすびつけて読もう	⑫川をさかのぼる知恵
⑬ヤドカリとイソギンチャク ⑭広告を読みくらべよう	12	けっかとけつろんのつながりをとらえよう	⑬ぞうの重さを量る ⑭花を見つける手がかり 分類をもとに本を見つけよう（※3）
⑮くらしの中の和と洋	13	大事な言葉や文に気をつけて要約しよう	⑮ウミガメの命をつなぐ
⑯数え方を生みだそう	14	自分の経験と結びつけて考えよう	身のまわりの「便利」なものを考えよう（※1） ⑯「便利」ということ 調べてわかったことを発表しよう（※2）
⑰動物たちが教えてくれる海の中のくらし ⑱新聞記事を読み比べよう	15	事例と解説をもとに、言葉と事実の関係を考えよう	人とねずみの「はい、チーズ！」（※1） ⑰言葉と事実
⑲和の文化を受けつぐ—和菓子をさぐる ⑳「弱いロボット」だからできること	16	多様な情報を読み、根拠となる資料にもとづいて、考えを深めよう	⑱世界遺産　白神山地からの提言 —意見文を書こう
	17	「まんがの方法」とその効果について、自分の考えをもとう	⑲まんがの方法 ひみつを調べ発表しよう（※2）
㉑イースター島にはなぜ森林がないのか ㉒インターネットの投稿を読み比べよう	18	筆者の考えを読み、説明の仕方の特徴をとらえよう	⑳雪は新しいエネルギー
㉓町の幸福論—コミュニティデザインを考える ㉔プロフェッショナルたち	19	「心の世界」について考え、自分の考えを伝え合おう	あなたはどう感じる？（※1） ㉑ぼくの世界、君の世界 「うれしさ」って何？—哲学対話をしよう（※2）

表3　三社の単元名と教材名一覧

	光村図書			東京	
	No	単元名	教材名	No	単元名
一年生	1	(表示なし)	①くちばし	1	(表示なし)
	2	よんでたしかめよう	②うみのかくれんぼ	2	(表示なし)
	3	せつめいする文しょうをよもう (せつめいする文しょうをかこう)	③じどう車くらべ	3	のりもののことをしらべよう
			じどう車ずかんをつくろう(※2)		
	4	くらべてよもう	④どうぶつの赤ちゃん	4	くらべてよもう
二年生	5	じゅんじょに気をつけて読もう	⑤たんぽぽのちえ	5	たんぽぽのひみつを見つけよう
	6	読んで考えたことを話そう	⑥どうぶつ園のじゅうい	6	文しょうのちがいを考えよう
	7	せつめいのしかたに気をつけて読み、それをいかして書こう	⑦馬のおもちゃの作り方	7	どうぶつのひみつをさぐろう
			おもちゃの作り方をせつめいしよう(※2)		
	8	だいじなことばに気をつけて読み、分かったことを知らせよう	⑧おにごっこ	8	あなのやくわりを考えよう
三年生	9	段落とその中心をとらえて読み、かんそうをつたえ合おう	⑨言葉で遊ぼう	9	文章を読んで感そうをつたえ合おう
			⑩こまを楽しむ		
	10	れいの書かれ方に気をつけて読み、それをいかして書こう	⑪すがたをかえる大豆	10	書き手のくふうを考えよう
			食べ物のひみつを教えます(※2)	11	パラリンピックについて調べよう
	11	読んで感想をもち、つたえ合おう	⑫ありの行列	12	世界の家のつくりについて考えよう
四年生	12	筆者の考えをとらえて、自分の考えを発表しよう	⑬思いやりのデザイン	13	説明のまとまりを見つけよう
			⑭アップとルーズで伝える	14	表し方のちがいを考えよう
	13	中心となる語や文を見つけて要約し、調べたことを書こう	⑮世界にほこる和紙	15	くらしの中の「和」と「洋」について調べよう
			伝統工芸のよさを伝えよう(※2)	16	日本語の数え方について考えよう
	14	きょうみをもったことを中心に、しょうかいしよう	⑯ウナギのなぞを追って		
五年生	15	文章の要旨をとらえ、自分の考えを発表しよう	⑰見立てる	17	筆者の伝えたいことをまとめよう
			⑱言葉の意味が分かること	18	書き手の意図を考えよう
	16	資料を用いた文章の効果を考え、それをいかして書こう	⑲固有種が教えてくれること	19	和の文化について調べよう
			グラフや表を用いて書こう(※2)	20	テクノロジーの進歩について考えよう
	17	事例と意見の関係をおさえて読み、考えたことを伝え合おう	⑳想像力のスイッチを入れよう		
六年生	18	筆者の主張や意図をとらえ、自分の考えを発表しよう	㉑笑うから楽しい	21	筆者の論の進め方を確かめよう
			㉒時計の時間と心の時間	22	インターネットの議論を考えよう
	19	表現の工夫をとらえて読み、それをいかして書こう	㉓『鳥獣戯画』を読む	23	町の未来をえがこう
			日本文化を発信しよう(※2)	24	さまざまな生き方について考えよう
	20	筆者の考えを読み取り、社会と生き方について話し合おう	㉔メディアと人間社会		
			㉕大切な人と深くつながるために		

教材名にある説明的文章は、丸数字でナンバリングをした。したがって、光村図書の説明的文章は25、東京書籍の説明的文章は24、教育出版の説明的文章は21となる。

※1は、説明的文章を読むための導入教材

※2は、説明的文章で学んだことを表現(「書くこと」または「話すこと・聞くこと」)にして表すための教材

※3は、読書指導に関わる教材

書籍	教育出版		
教材名	No	単元のゴールとなる言語活動	教材名
①さとうとしお	1	（表記なし）	①すずめのくらし
②どうやってみをまもるのかな	2	（表記なし）	②だれが、たべたのでしょう
③いろいろなふね	3	知らせたい乗り物を決め、「乗り物カード」を書き、友達と読み合う	③はたらくじどう車
			「のりものカード」でしらせよう（※2）
④子どもをまもるどうぶつたち	4	生活の中にある身振りを考え、文章と絵で書き、友達と読み合う	④みぶりでつたえる
⑤たんぽぽ	5	文章を読み、面白いな、不思議だなと思ったことを書き、発表し合う	⑤すみれとあり
⑥サツマイモのそだて方	6	二枚の写真の間には何がおこったか一番よいと思った考えを言葉で書く	⑥この間に何があった？
⑦ビーバーの大工事	7	さけが大きくなる様子について、わかったことや考えたことをノートに書き、発表し合う	⑦さけが大きくなるまで
⑧あなのやくわり	8	おもちゃの説明書を書き、友達と読み合う	⑧「しかけ絵本」を作ろう
			おもちゃのせつめい書を書こう（※2）
⑨自然のかくし絵	9	「めだか」を読んでわかったことを文章にまとめ、友達と読み合う	⑨うめぼしのはたらき
			⑩めだか
⑩「ほけんだより」を読みくらべよう	10	学校や町の施設を絵文字で表し、感想を伝え合う	世界の人につたわるように（※1）
			⑪くらしと絵文字
			絵文字で表そう（※2）
⑪パラリンピックが目指すもの	11	見沼通船堀を考えた人たちの知恵について考え、感想を交流する	⑫川をさかのぼる知恵
⑫人をつつむ形—世界の家めぐり			
⑬ヤドカリとイソギンチャク	12	日高先生たちと一緒に実験しているような気持ちになるのは、この文章のどんな書き方によるのか考え、ノートに書き発表し合う	⑬ぞうの重さを量る
			⑭花を見つける手がかり
⑭広告を読みくらべよう			分類をもとに本を見つけよう（※3）
⑮くらしの中の和と洋	13	自分が興味をもったことを要約に取り入れて紹介文を書き、読み合う	⑮ウミガメの命をつなぐ
⑯数え方を生みだそう	14	身の回りの道具や設備から「便利」について考えた文章を書き、感想を話し合う	身のまわりの「便利」なものを考えよう（※1）
			⑯「便利」ということ
			調べてわかったことを発表しよう（※2）
⑰動物たちが教えてくれる海の中のくらし	15	「言葉と事実」を読み、日常生活の様々な言葉を「事実」だと受け止めていたことに関して考えたことを書き、発表し合う	人とねずみの「はい、チーズ！」（※1）
⑱新聞記事を読み比べよう			⑰言葉と事実
⑲和の文化を受けつぐ—和菓子をさぐる	16	白神山地についての様々な情報を読み、意見と根拠をわけて意見文を書く	⑱世界遺産　白神山地からの提言—意見文を書こう
⑳「弱いロボット」だからできること	17	漫画に対する自分の考えを「まんがの方法」を読む前と比べて書き、友達と読み合う	⑲まんがの方法
			ひみつを調べ発表しよう（※2）
㉑イースター島にはなぜ森林がないのか	18	筆者の考えや説明の仕方について、考えたことを書き、感想を話し合う	⑳雪は新しいエネルギー
㉒インターネットの投稿を読み比べよう			
㉓町の幸福論—コミュニティデザインを考える	19	「ぼくの世界、君の世界」を読んだことをもとに「心の世界」について考えたことを書き、友達と読み合い、自分の考えと比べる	あなたはどう感じる？（※1）
㉔プロフェッショナルたち			㉑ぼくの世界、君の世界
			「うれしさ」って何？—哲学対話をしよう（※2）

表4　三社の「単元のゴールとなる言語活動」一覧

	光村図書			東京	
	No	単元のゴールとなる言語活動	教材名	No	単元のゴールとなる言語活動
一年生	1	一番驚いた嘴はどれか、わけと一緒に話す	①くちばし	1	（表記なし）
	2	海の生き物はどんな隠れ方をしていたか友達に話す	②うみのかくれんぼ	2	（表記なし）
	3	自動車図鑑をつくる（※4）	③じどう車くらべ	3	他の乗り物のことを調べて、カードに書く
			じどう車ずかんをつくろう（※2）		
	4	他の動物の赤ちゃんの本を読んで、わかったことを友達に知らせる	④どうぶつの赤ちゃん	4	他の動物の知恵について、本を読んで調べる
二年生	5	たんぽぽの知恵で賢いと思うところをわけと一緒に書き抜く。自分が思ったことも書く	⑤たんぽぽのちえ	5	たんぽぽのひみつを伝え合う
	6	身の回りのことと比べて考えたことをノートに書き、グループで話す	⑥どうぶつ園のじゅうい	6	二つの文章を違いを考える
	7	「馬のおもちゃの作り方」で学んだ説明の工夫を使っておもちゃの作り方を書く	⑦馬のおもちゃの作り方	7	動物の秘密を調べて紹介する
			おもちゃの作り方をせつめいしよう		
	8	おにごっこや他の遊び方について書かれた本を読み、遊び方をグループの友達に説明する	⑧おにごっこ	8	身の回りの穴の役割を考え、文章にしてまとめる
三年生	9	一番遊んでみたいこまについてグループで話す	⑨言葉で遊ぼう	9	文章を読んだ感想を友達と伝え合う
			⑩こまを楽しむ		
	10	姿を変える食品になる材料について、説明する文章を書く	⑪すがたをかえる大豆	10	二つの文章を読み比べて、どちらの「ほけんだより」にするか考え、理由をノートに書く
			食べ物のひみつを教えます（※2）	11	パラリンピックについて本や資料を読んで調べ、リーフレットを作る
	11	本文と「もっと読もう」を読んで、引きつけられたこと、もっと知りたいと思ったことを書き、友達と読み合う	⑫ありの行列	12	「人をつつむ形」をもとに、日本の家のつくりについて考える
四年生	12	「アップとルーズで伝える」ということについて考えたことを発表する	⑬思いやりのデザイン	13	筆者の説明の仕方について考える
			⑭アップとルーズで伝える	14	身の回りの広告から表し方の工夫を見つける
	13	伝統工芸のよさについて調べ、理由や例とともにリーフレットにしてまとめ友達に知らせる	⑮世界にほこる和紙	15	くらしの中の「和」と「洋」について調べ、紹介文を書く
			伝統工芸のよさを伝えよう（※2）	16	筆者の考えを参考にして、新しい数え方について考える
	14	「ウナギのなぞを追って」を紹介する文章を書き、友達と読み合う	⑯ウナギのなぞを追って		
五年生	15	筆者の考えに触れながら自分の考えを発表する	⑰見立てる	17	文章の構成を捉え、筆者の伝えたいこと（要旨）をまとめる
			⑱言葉の意味が分かること	18	新聞を持ちより、記事と写真に合った見出しを書く
	16	生きている社会が暮らしやすい方向に向かっているか、グラフや表などの統計資料を用いて自分の考えを書く	⑲固有種が教えてくれること	19	情報を整理して報告の文章を書き、パンフレットを作る
			グラフや表を用いて書こう（※2）	20	テクノロジーと私達の関わりについて、自分の考えをまとめる
	17	メディアとの関わり方について自分の考えを書き、感想を伝え合う	⑳想像力のスイッチを入れよう		
六年生	18	「時計の時間」と「心の時間」に対する自分の考えを発表する	㉑笑うから楽しい	21	筆者の論の進め方について自分の考えをまとめる
			㉒時計の時間と心の時間	22	投稿を読み比べて説得の工夫を考え、自分の意見をまとめる
	19	日本文化について調べ、構成や絵、写真の見せ方を工夫してパンフレットにまとめる	㉓『鳥獣戯画』を読む	23	町づくりについて調べ提案を考え、プレゼンテーションをする
			日本文化を発信しよう（※2）	24	自分が考える「プロフェッショナルたち」について文章にまとめる
	20	「これからの社会でどう生きていくか」について筆者の考えを示しながら自分の考えをまとめ、グループで話し合う	㉔メディアと人間社会		
			㉕大切な人と深くつながるために		

教材名にある説明的文章は丸数字でナンバリングをした。
※1は、説明的文章を読むための導入教材
※2は、説明的文章で学んだことを表現（「書くこと」または「話すこと・聞くこと」）にして表すための教材
※3は、読書指導に関わる教材
※4は、複合教材単元と捉え、表現活動を「単元のゴールとなる言語活動」として示した。

や課題解決プロセスについて感想を話し合ったりと、筆者に学ぶ姿勢を重視した言語活動である。先の事例でいえば「たんぽぽのひみつをつたえ合おう」という言語活動である。別の事例を示すと、「言葉で遊ぼう」「こまを楽しむ」（光村図書三年）（表4）では、「学習の手引き」を見ると「単元のゴールとなる言語活動」として「一番遊んでみたいこまについてグループで話す」言語活動が計画されている。これは、「こまを楽しむ」に出てきた六つのこまの中から一つ選択し、その理由とあわせて遊んでみたいこまについて話し合うことを求めている。この「単元のゴールとなる言語活動」は、筆者のこまの楽しみ方を受容する言語活動であり、いわば筆者の認識・思考を習得する「習得ベース」の言語活動である。そこで「習得ベース」と名づける。

次に、「（筆者の認識・思考）再生産・再構築的言語活動」とは、筆者の認識・思考を活かして自分自身の身の回りに関わる題材で新たな言語活動をしたり、筆者の認識・思考を素材として学習者自身が「新たな筆者」となって自分の考えを再構築したりする言語活動である。そこで、「活用ベース」と「探究ベース」と名づける。

「活用ベース」とは、筆者の認識・思考をもとに自分自身の身の回りにあてはめて考えたり、新たな言語活動に活かしたりすることである。受容するのではなく、あくまでも筆者の認識・思考を「活かす」ことが重要となる。例えば、「おにごっこ」（光村図書二年）での「単元のゴールとなる言語活動」（表4）では、「おにごっこや他の遊び方について書かれた本を読み、遊び方をグループの友達に説明する」言語活動を計画している。説明的文章「おにごっこ」の遊び方を踏まえ、他の本から遊び方を探して話し合う活動であり、これは筆者の見方・考え方を「活かした」言語活動である。また、先の「あなのやくわり」での「身の回りの穴の役割を考え、文章にしてまとめる」言語活動と同質である。

「探究ベース」とは、筆者の認識・思考を素材として学習者自身が「新たな筆者」となって言語活動を行う

表5　類型化の観点②「単元のゴールとなる言語活動」

<table>
<tr><td colspan="3">単元のゴールとなる言語活動</td></tr>
<tr><td>（筆者の認識・思考）
受容的言語活動</td><td colspan="2">（筆者の認識・思考）
再生産・再構築的言語活動</td></tr>
<tr><td>習得ベース</td><td>活用ベース</td><td>探究ベース</td></tr>
</table>

ことである。「新たな筆者」であるから、筆者の認識・思考を「参考にする」という扱いとなる。例えば、「メディアと人間社会」「大切な人と深くつながるために」（光村図書六年）では、「単元のゴールとなる言語活動」（表4）として「『これからの社会でどう生きていくか』について筆者の考えを示しながら自分の考えをまとめ、グループで話し合う」言語活動が計画されている。これは、筆者の見方・考え方を参考にしつつも、社会で自分たちがどう生きていくべきなのか学習者が「新たな筆者」となり、他者との関わりを通して意見をまとめる言語活動である。「活用ベース」は、筆者の認識・思考を「活かす」という再生産・再構築的言語活動であるが、「探究ベース」は筆者の認識・思考を「参考にする」という再生産・再構築的言語活動である。

以上、「単元のゴールとなる言語活動」は「（筆者の認識・思考）受容的言語活動」と「（筆者の認識・思考）再生産・再構築的言語活動」の二つに大別されること、さらに「（筆者の認識・思考）受容的言語活動」は「習得ベース」と言い換えることができること、また「（筆者の認識・思考）再生産・再構築的言語活動」は「活用ベース」と「探究ベース」に細分化される。

以上のことを表にすると、表5の通りになる。

なおここで留意していただきたいことがある。それは「読解型」のように一つの単元の教材が全て説明的文章の場合は問題がないが、「表現型」の「能力関連重視」の単元は、例えば、一つの単元に説明的文章と「書くこと」の教材で構成されているなど、説明的文章と他領域の教材が配列されていることがある。この場合の「単元のゴールとなる言語活動」とは、説明的文章と他領域の教材（複合教材）全てを含めた指導目標（単元名）に関わる言語活動とする。

したがって、例えば、光村図書六年の単元「表現の工夫をとらえて読み、それをいかして書こう」では、説明的文章「『鳥獣戯画』を読む」と「書くこと」の領域の教材「日本文化を発信しよう」で一つの単元を構成している。この場合の「単元のゴールとなる言語活動」（表4）は、指導目標となる単元名を達成させるために「日本文化について調べ、構成や絵、写真の見せ方を工夫してパンフレットにしてまとめる」ことになる。つまり、説明的文章「『鳥獣戯画』を読む」と「書くこと」の領域の教材「日本文化を発信しよう」の二つの教材をあわせた言語活動となる。説明的文章教材だけの「学習のまとめ」としての言語活動ではない。

第五節　指導目標と「単元のゴールとなる言語活動」をもとにした説明的文章単元の類型について

本節では、光村図書、東京書籍、教育出版の三社の説明的文章単元を指導目標と「単元のゴールとなる言語活動」をもとに類型化を図る。

なおこの後の本書の内容に関して、留意していただきたいことがある。

教科書会社は、学習指導要領に基づきテキストを編集している。平成29年版学習指導要領の「読むこと」の指導過程は、「構造と内容の把握」「精査・解釈」「考えの形成」「共有」であり、その各過程において指導事項が示されている。この指導過程や指導事項からは、学習者にテキストの「構造と内容の把握」「精査・解釈」といったテキストを理解したり解釈したりする読みだけでなく、学習者の既有知識や体験も大切にし、「考え

表6　指導目標と「単元のゴールとなる言語活動」をもとにした説明的文章単元の類型（東京書籍）

指導目標＼単元のゴールとなる言語活動		（筆者の認識・思考）受容的言語活動		（筆者の認識・思考）再生産・再構築的言語活動			
		習得ベース	読みの視点（言葉の力）	活用ベース	読みの視点（言葉の力）	探究ベース	読みの視点（言葉の力）
読解型	内容重視	②たんぽぽ	説明の順序	②あなのやくわり	知ってることと結びつける		
読解型	形式重視	③自然のかくし絵	段落の内容				
読解型	論理重視					⑥プロフェッショナルたち	考えを広げたり深めたりする
表現型	情報活用重視						
表現型	能力関連重視			③パラリンピックが目指すもの	要約してまとめる		

※教材名の前の丸数字は、配当学年を表している。

の形成」につながる読みや他者との「共有」を通しての読みも求めている。

しかし本書は、学習者がまずテキストの内部の「構造と内容の把握」や「精査・解釈」を行い、筆者の認識を受容したり再生産・再構築したりする読みが、説明的文章の読みの基本となるという立場をとっている。タイトルにある「言葉による課題解決力」育成の起点もそこにある。つまり、学習指導要領やそれを踏まえた教科書会社の意図とは、多少の異なりがある。いわば軸足をどこにおくかの違いであり、本書ではテキストの「構造と内容の把握」や「精査・解釈」に重点をおいていることを断っておきたい。

(1) 類型表について

指導目標を縦軸に、「単元のゴールとなる言語活動」を横軸に据え、説明的文章単元にある説明的文章名を使って類型化したのが表6である。

表6の見方を説明する。まず縦軸の指導目標の観点から見る。なお指導目標であるが、単元名と「読みの視点」（東京書籍では「言葉の力」）をもとにしている。なお、この後の説明の際には先

に示した表3、表4も参照していただきたい。

例えば、「たんぽぽ」の単元名は、「たんぽぽのひみつを見つけよう」（表3）であり、「読みの視点」（言葉の力）（表6）は、「説明の順序」となっている。このことから「たんぽぽ」は、「たんぽぽのひみつ」を見つけるために、順序の視点をもとにして読むことを求めた「読解型」の「内容重視」の教材である。

次に、横軸の「単元のゴールとなる言語活動」の観点を見る。「たんぽぽ」の学習の手引き（表4）では「たんぽぽのひみつを伝え合う」とある。ここでの「たんぽぽのひみつ」とは、本文のたんぽぽの内容であることから筆者の認識・思考を受容する言語活動であり、「習得ベース」の教材である。したがって、「たんぽぽ」は、指導目標が「読解型」の「内容重視」で、「単元のゴールとなる言語活動」は「習得ベース」の教材である。

また、「あなのやくわり」の指導目標は、単元名（「あなのやくわりを考えよう」）（表3）から「読解型」の「内容重視」の教材である。しかし先の「たんぽぽ」と異なるのは、教材特性（あながあることのよさ、あながないと困ること）を理解するだけでなく、「単元のゴールとなる言語活動」（表4）にある「身の回りの穴の役割を考え、文章にしてまとめる」言語活動から、教材特性である二つの機能を自分ごととして「活かす」ことを求めている。このことから「活用ベース」の教材とした。したがって、「あなのやくわり」は指導目標が「読解型」の「内容重視」で、「単元のゴールとなる言語活動」は「活用ベース」の教材である。

このように、表6では縦軸の説明的文章単元の指導目標と横軸の「単元のゴールとなる言語活動」が合致するところに教材名を示した。したがって、例えば「自然のかくし絵」は指導目標が「読解型」の「形式重視」で、「単元のゴールとなる言語活動」は「習得ベース」の教材、「プロフェッショナルたち」は指導目標が「読解型」の「論理重視」で、「単元のゴールとなる言語活動」は「探究ベース」の教材、「パラリンピックが目指すもの」は指導目標が「表現型」の「能力関連重視」で、「単元のゴールとなる言語活動」は「活用ベース」の教材となる。

(2) 教科書会社別による説明的文章単元の類型

光村図書、東京書籍、教育出版の三社のそれぞれの説明的文章単元を、教科書会社ごとに指導目標と「単元のゴールとなる言語活動」をもとに説明的文章名を使って類型（表7、表10、表13）にして示した。また、その類型を数量的視点から捉えるために、説明的文章単元の単元数と教材数を数値化した表（表8、表11、表14）も示した。さらに類型を考察するにあたり、当該教科書会社の説明的文章単元の単元名と具体的な「単元のゴールとなる言語活動」もあわせて考察することが必要なため、表3、表4より抜粋してそれぞれ一つの表（表9、表12、表15）にまとめて示した。

以上、三つの表をもとに類型について分析していくこととする。

なお、この後は教科書会社ごとに分析していくが、説明的文章単元にある説明的文章教材を中心に説明していくので、文脈により「説明的文章単元（教材）」、「説明的文章教材」や「教材」、「説明的文章」として記す場合もある。

また「単元のゴールとなる言語活動」を考える際は、表には示していないが教科書の「学習の手引き」の具体的な内容も使って説明している場合もある。

①《光村図書》の説明的文章単元の類型

表7が指導目標と「単元のゴールとなる言語活動」をもとにした光村図書の説明的文章単元の類型である。

なおこの後、類型に関わり個別の説明的文章について言及することから、表7の類型には説明的文章単元の中の説明的文章教材名を示している。（以後、表10の東京書籍、表13の教育出版の場合も同様である。）

表7の考察を述べる前に、表7の中で二点説明を要する箇所と思われるところについて述べる。一つは教材名と教材名の間の「・」についてである。例えば、「読解型」の「内容重視」に「⑤見立てる・言葉の意味が分かること」とあるが、「見立てる」と「言葉の意味が分かること」の二つの説明的文章が一つの単元の中にあることを示す。つまり「・」から、一つの単元が二つの説明的文章で構成されていることがわかる。

もう一つは、「能力関連重視」に「じどう車くらべ」（「じどう車ずかんをつくろう」）の表記についてである。「じどう車くらべ」は説明的文章教材名であり、「じどう車ずかんをつくろう」は「書くこと」の教材名である。したがって、説明的文章と「書くこと」（場合によっては「話すこと・聞くこと」）の教材の二つで一つの単元を構成する複合教材単元であることを示す。

それでは表7を中心に、表9の単元名と「単元のゴールとなる言語活動」の内容も含めながら光村図書の主な特徴を三点と、それに関わる具体的な教材について〔特徴的な教材〕として示す。その後、表8の数量的な特徴について説明する。

一つ目の特徴は、指導目標が「読解型」の「内容重視」で、「単元のゴールとなる言語活動」が「習得ベース」の教材が七教材見られることである。その中で、特に低学年の教材が四教材と多い。さらに指導目標のみに着目すると、「読解型」の「内容重視」が九教材と一番多い。このことから、説明的文章を読むことの基本は、内容を正確に読み取る「読解型」の「内容重視」であるといえる。

次に〔特徴的な教材〕について見ていく。

表7　指導目標と「単元のゴールとなる言語活動」をもとにした説明的文章単元の類型（光村図書）

指導目標 ＼ 単元のゴールとなる言語活動		（筆者の認識・思考）受容的言語活動		（筆者の認識・思考）再生産・再構築的言語活動			
		習得ベース	読みの視点（たいせつ）	活用ベース	読みの視点（たいせつ）	探究ベース	読みの視点（たいせつ）
読解型	内容重視	①くちばし ①うみのかくれんぼ ②たんぽぽのちえ ②どうぶつ園のじゅうい ④ウナギのなぞを追って ⑤見立てる・言葉の意味が分かること	大事な言葉を見つけながら 順序、わけ 順序、比べる 感じ方の違いに気づく 要旨	①どうぶつの赤ちゃん ②おにごっこ	比べて読む 知りたいことは		
	形式重視	③言葉で遊ぼう・こまを楽しむ ④思いやりのデザイン・アップとルーズで伝える	「はじめ」「中」「おわり」 「問い」と「答え」 筆者の考え 段落同士の関係				
	論理重視	③ありの行列 ⑥笑うから楽しい・時計の時間と心の時間	驚いたこと、知りたいこと 筆者の主張、事例	⑤想像力のスイッチを入れよう	自分の考えを明確にし、伝え合う		
表現型	情報活用重視					⑥メディアと人間社会・大切な人と深くつながるために	複数の文章を読む
	能力関連重視	①じどう車くらべ（じどう車ずかんをつくろう） ②馬のおもちゃの作り方 （おもちゃの作り方をせつめいしよう） ③すがたをかえる大豆 （食べ物のひみつを教えます）	説明の順に気を付けて まとまり 順序 絵や写真 筆者の例の書き方　段落の役割	④世界にほこる和紙 （伝統工芸のよさを伝えよう）	要約	⑤固有種が教えてくれること（グラフや表を用いて書こう） ⑥『鳥獣戯画』を読む（日本文化を発信しよう）	文章以外の資料 図やグラフ、絵や写真 筆者の考え、表現の工夫

※　教材名の前の丸数字は、配当学年を表している。
※　「読みの視点」は、「たいせつ」の中から特に具体的な内容を抽出して示した。

表8　光村図書における単元数と教材数

指導目標 ＼ 単元のゴールとなる言語活動		受容的言語活動		再生産・再構築的言語活動							
		習得ベース		活用ベース		探究ベース					
		単元数	教材数	単元数	教材数	単元数	教材数	単元総数	割合	教材総数	割合
読解型	内容重視	6	7	2	2	0	0	8	40%	9	36%
	形式重視	2	4	0	0	0	0	2	10%	4	16%
	論理重視	2	3	1	1	0	0	3	15%	4	16%
表現型	情報活用重視	0	0	0	0	1	2	1	5%	2	8%
	能力関連重視	3	3	1	1	2	2	6	30%	6	24%
総数		13	17	4	4	3	4	20		25	
割合		65%	68%	20%	16%	15%	16%		100%		100%

〈特徴的な教材〉

表7の指導目標が「読解型」の「内容重視」で、「単元のゴールとなる言語活動」が「習得ベース」の七教材について、表9もあわせながら見ていく。

表9の単元名を見ると、「よんでたしかめよう」（教材名「うみのかくれんぼ」）、「じゅんじょに気をつけて読もう」（教材名「たんぽぽのちえ」）、「読んで考えたことを話そう」（教材名「どうぶつ園のじゅうい」）から、主として本文の内容を正確に理解することを目的とした単元名である（注：「くちばし」には単元名は表記されていない）。また、表7の「読みの視点」（たいせつ）からも、「大事な言葉を見つけながら」（「うみのかくれんぼ」）、「順序、わけ」（「たんぽぽのちえ」）、「順序、比べる」（「どうぶつ園のじゅうい」）と、本文の内容を正確に理解することを目的としていることがわかる。したがって、指導目標は「読解型」の「内容重視」となる。

次に「単元のゴールとなる言語活動」（表9）を見ると、「一番驚いた嘴はどれか、わけと一緒に話す」（教材名「くちばし」）、「海の生き物はどんな隠れ方をしていたか友達に話す」（教材名「うみのかくれんぼ」）、「たんぽぽの知恵で賢いと思うところをわけと一緒に書き抜く。自分が思ったことも書く」（「たんぽぽのちえ」）、「身の回りのことと比べて考えたことを

表9　単元名と「単元のゴールとなる言語活動」（光村図書）

	光村図書			
	No	教材名	単元名	単元のゴールとなる言語活動
一年生	1	くちばし	（表示なし）	一番驚いた嘴はどれか、わけと一緒に話す
	2	うみのかくれんぼ	よんでたしかめよう	海の生き物はどんな隠れ方をしていたか友達に話す
	3	じどう車くらべ じどう車ずかんをつくろう（※）	せつめいする文しょうをよもう せつめいする文しょうをかこう	自動車図鑑をつくる
	4	どうぶつの赤ちゃん	くらべてよもう	他の動物の赤ちゃんの本を読んで、わかったことを友達に知らせる
二年生	5	たんぽぽのちえ	じゅんじょに気をつけて読もう	たんぽぽの知恵で賢いと思うところをわけと一緒に書き抜く。自分が思ったことも書く
	6	どうぶつ園のじゅうい	読んで考えたことを話そう	身の回りのことと比べて考えたことをノートに書き、グループで話す
	7	馬のおもちゃの作り方 おもちゃの作り方をせつめいしよう（※）	せつめいのしかたに気をつけて読み、それをいかして書こう	「馬のおもちゃの作り方」で見つけた説明の工夫を使っておもちゃの作り方を書く
	8	おにごっこ	だいじなことばに気をつけて読み、分かったことを知らせよう	おにごっこや他の遊び方について書かれた本を読み、遊び方をグループの友達に説明する
三年生	9	言葉で遊ぼう こまを楽しむ	段落とその中心をとらえて読み、かんそうをつたえ合おう	一番遊んでみたいこまについてグループで話す
	10	すがたをかえる大豆 食べ物のひみつを教えます（※）	れいの書かれ方に気をつけて読み、それをいかして書こう	姿を変える食品になる材料について、説明する文章を書く
	11	ありの行列	読んで感想をもち、つたえ合おう	本文と「もっと読もう」を読んで、引きつけられたことや、もっと知りたいと思ったことを書き、友達と読み合う
四年生	12	思いやりのデザイン アップとルーズで伝える	筆者の考えをとらえて、自分の考えを発表しよう	「アップとルーズで伝える」ということについて考えたことを発表する
	13	世界にほこる和紙 伝統工芸のよさを伝えよう（※）	中心となる語や文を見つけて要約し、調べたことを書こう	伝統工芸のよさについて調べ、理由や例とともにリーフレットにしてまとめ友達に知らせる
	14	ウナギのなぞを追って	きょうみをもったことを中心に、しょうかいしよう	「ウナギのなぞを追って」を紹介する文章を書き、友達と読み合う
五年生	15	見立てる 言葉の意味が分かること	文章の要旨をとらえ、自分の考えを発表しよう	筆者の考えに触れながら自分の考えを発表する
	16	固有種が教えてくれること グラフや表を用いて書こう（※）	資料を用いた文章の効果を考え、それをいかして書こう	生きている社会が暮らしやすい方向に向かっているか、グラフや表などの統計資料を用いて自分の考えを書く
	17	想像力のスイッチを入れよう	事例と意見の関係をおさえて読み、考えたことを伝え合おう	メディアとの関わり方について自分の考えを書き、感想を伝え合う
六年生	18	笑うから楽しい 時計の時間と心の時間	筆者の主張や意図をとらえ、自分の考えを発表しよう	筆者の主張に対して、あなたはどのように考えたのか、自分の意見をまとめる
	19	『鳥獣戯画』を読む 日本文化を発信しよう（※）	表現の工夫をとらえて読み、それをいかして書こう	日本文化について調べ、構成や絵、写真の見せ方を工夫してパンフレットにまとめる
	20	メディアと人間社会 大切な人と深くつながるために	筆者の考えを読み取り、社会と生き方について話し合おう	「これからの社会でどう生きていくか」について筆者の考えを示しながら自分の考えをまとめ、グループで話し合う

※は「書くこと」の教材名

ノートに書き、グループで話す」（「どうぶつ園のじゅうい」）と、内容を正確に理解するための「単元のゴールとなる言語活動」であることがわかる。したがって、これらの教材は「習得ベース」にあたる。

次に五年生の教材「見立てる・言葉の意味が分かるること」は、単元名（表9）が「文章の要旨をとらえ、自分の考えを発表しよう」であり、「読みの視点（たいせつ）」（表7）では「要旨」とある。ともに「要旨」とあることから、この教材は「要旨」のまとめ方を学ぶ教材である。「要旨」をまとめるには、本文の内容を正確に読み取ることが求められる。したがって、「読解型」の「内容重視」とした。

また「単元のゴールとなる言語活動」（表9）を見ると、「筆者の考えに触れながら自分の考えを発表する」とある。さらに教科書の「学習の手引き」を詳しく見ると、自分の考えをまとめる視点として、「共感・納得」「疑問」の視点を提示している。ここでの「単元のゴールとなる言語活動」は、筆者の考えを「要旨」にまとめ、さらに筆者の認識・思考に対し学習者として「共感・納得」「疑問」の視点から自分の考えを発表することで正確に理解するための言語活動である。「共感・納得」「疑問」の視点から批判的・批評的な読みとも考えられるが、あくまでもここでは、筆者の考えに対して自分の考えをもつための視点である。いわば筆者に学ぶ学習であり、「習得ベース」にあたる。

二つ目の特徴は、「読解型」の「論理重視」で「単元のゴールとなる言語活動」が「習得ベース」に三教材、「活用ベース」に一教材見られることである。

〔特徴的な教材〕

「読解型」の「論理重視」の教材とした三年生の「ありの行列」の教材特性は、課題解決型の論理展開にある。この教材では、「ありの行列ができるわけ」を「実験・観察」（一回目）→「実験・観察」（二回目）→

「研究」を通して、課題解決をしていく筆者の論理（ものの見方・考え方や課題解決プロセス）を学ぶことが大切となる。「単元のゴールとなる言語活動」（表9）を見ると、「本文と『もっと読もう』を読んで、引きつけられたことや、もっと知りたいと思ったことを書き、友達と読み合う」と一見「内容重視」に見えるが、学習者が書く「引きつけられたこと」の予想される例として、「えさをもって帰るときに、道しるべに特別の液を出すことがわかった。『はじめ』の『ありの巣から、えさのある所まで』の時は、既に別のありが特別の液を出してありの巣に帰った後だったんだな」などというように、「はじめ」にでは道のりの中の「往」だけを提示し、後になって「復」の秘密を示すという課題解決プロセスを踏まえた内容となる場合も考えられる。これは教材の「内容」というよりは、論理展開に関わることである。したがって、「内容重視」というよりは「論理重視」であり、「ありの行列」の「論理」を学ぶ言語活動となることから「習得ベース」とした。[7]

もう一つの六年生の「笑うから楽しい・時計の時間と心の時間」の単元名（表9）は「筆者の主張や意図をとらえ、自分の考えを発表しよう」であり、「読みの視点」（表7）は「筆者の主張」「事例」とある。このことから、この二教材では、「筆者の主張」と「事例」の関係から「筆者の論理」を考えることになる。したがって、「読解型」の「論理重視」とした。

さらに「単元のゴールとなる言語活動」（表9）を見ると、「筆者の主張に対して、あなたはどのように考えたのか、自分の意見をまとめる」言語活動となっている。この「筆者の主張に対して自分の意見をまとめる」という言語活動は、筆者に学ぶ言語活動であることから「習得ベース」とした。

なお「活用ベース」に「想像力のスイッチを入れよう」を入れたのは、「単元のゴールとなる言語活動」（表9）が「メディアとの関わり方について自分の考えを書き、感想を伝え合う」とする言語活動による。この言語活動は、「想像力のスイッチを入れよう」における筆者の認識・思考をもとに、自分の身の回りにある「メディア」との関わり方について自分の考えを書くこととなる。これは、筆者の認識・思考を「活かした」言語活動になる。

三つ目の特徴は、「表現型」の「能力関連重視」で、「習得ベース」「活用ベース」「探究ベース」にそれぞれ教材が見られることである。

なお、この「表現型」の「能力関連重視」に見られる六つの単元は、全て説明的文章で学んだ「関連する言語能力（筆者による論理）」を「書くこと」の教材に活かす複合教材単元となっている。

〔特徴的な教材〕

「習得ベース」にある一年生の「じどう車くらべ」の単元名は「せつめいする文しょうをよもう」（表9）であり、書くことの教材「じどう車ずかんをつくろう」の単元名は「せつめいする文しょうをかこう」である。それぞれに単元名があり、独立した単元に見えるが、実際は説明的文章「じどう車くらべ」を学習し、そのまま「じどう車ずかん」をつくる学習が行われることが考えられる。そこで一つの単元として扱うことにする。

ここでの「単元のゴールとなる言語活動」は、「自動車図鑑をつくる」ことである。この言語活動は、説明的文章「じどう車くらべ」で学んだ「関連する言語能力（筆者による論理）」である「仕事」（形態）と「つくり」（機能）を、「書くこと」の教材「じどう車ずかんをつくろう」において、救急車など他の自動車を題材にした図鑑作りを通して習得させることを目的としている。

「活用ベース」とした四年生の「世界にほこる和紙」は、「書くこと」の教材「伝統工芸のよさを伝えよう」とともに、単元「中心となる語や文を見つけて要約し、調べたことを書こう」（表9）を構成している教材である。一見、和紙と伝統工芸といった題材の関連に目が行くが、「世界にほこる和紙」での「中心となる語や文」（抽象）とそのための「説明のしかた」（具体）といった「関連する言語能力（筆者による論理）」を「書くこと」の教材「伝統工芸のよさを伝えよう」において習得させるだけでなく、「新たな説明のしかた」としてリーフレット作りに関わる他の要素（見出し・小見出しのつけ方、説明のための写真や図をどう選択するかなど）も含めてリーフレットを作成しなければならない。したがって、筆者に学ぶ言語活動というよりは筆者の認識・思考を「活かす」言語活動と捉え、「活用ベース」とした。

六年生の「『鳥獣戯画』を読む」は、「書くこと」の教材「日本文化を発信しよう」とともに、単元「表現の工夫をとらえて読み、それをいかして書こう」（表9）を構成している教材である。「単元のゴールとなる言語活動」は、「日本文化について調べ、構成や絵、写真の見せ方を工夫してパンフレットにまとめる」（表9）ことである。「『鳥獣戯画』を読む」で学ぶ「関連する言語能力（筆者による論理）」は、「学習の手引き」を見ると「論の展開」「表現の工夫」「絵の示し方」である。一方、「書くこと」の教材「日本文化を発信しよう」のパンフレット作りで求められるものは、割りつけ（構成）や表現技法（体言止めや強調表現、文末表現）及び非連続テキストの使い方である。「論の展開」が割りつけ（構成）に関わり、また「表現の工夫」と「絵の示し方」が表現技能に関わる。したがって、「『鳥獣戯画』を読む」で学んだ「関連する言語能力（筆者による論理）」をパンフレット作りにつなぐことはできる。しかし、このパンフレット作りでは他の資料を使って日本文化について調べ、パンフレットとしての割りつけや構成を考えるなど、「『鳥獣戯画』を読む」で学んだ「関連する言語能力（筆者による論理）」の発展・応用となる言語活動が求められる。学習者が「新たな筆者」となってパンフレット作りをしなければならないことから、「探究ベース」とした。

なお補足となるが、表7の「単元のゴールとなる言語活動」に着目すると、「習得ベース」が「活用ベース」

「探究ベース」に比べて圧倒的に多い。このことは、まずは指導目標を確実に習得させる「単元のゴールとなる言語活動」となっていることがわかる。

次に表8の「光村図書における単元数と教材数」について述べる。光村図書の単元総数は二〇単元、教材総数は二五教材である。

指導目標では、「読解型」の「内容重視」が八単元・九教材、「形式重視」が二単元・四教材、「論理重視」が三単元・四教材である。「表現型」の「情報活用重視」が一単元・二教材、「能力関連重視」が六単元・六教材である。以上からは、「読解型」の「内容重視」が多いこと、次いで「表現型」の「能力関連重視」となる。

続いて「単元のゴールとなる言語活動」から単元数（教材数）を見ると、「習得ベース」が全体の65％（68％）を占める。このことから、指導目標を確実に習得させる「単元のゴールとなる言語活動」が多いことがわかる。次いで「活用ベース」が20％（16％）、「探究ベース」が15％（16％）となっている。

指導目標と「単元のゴールとなる言語活動」をあわせてみると、「内容重視」の「習得ベース」が最も多い。また「形式重視」の「習得ベース」や、「論理重視」の「習得ベース」も多く見られる。このことは六年間のスパンで見ると、本文の「内容」を読み取ることが基本であり、それを踏まえて「形式」や「論理」を学ぶという配列となっていることがわかる。

なお「表現型」の「能力関連重視」は、「習得ベース」「活用ベース」「探究ベース」の全てに教材が見られた。説明的文章で学んだ「関連する言語能力（筆者による論理）」を、「書くこと」の表現活動につなぐことで、それぞれの教材を通して「言葉による課題解決力」を一層確かなものにしようとしていることがうかがわれる。

②《東京書籍》の説明的文章単元の類型

表10が東京書籍の説明的文章単元の類型である。また、単元数と教材数を数値化したものが表11である。さらに、表10の説明的文章単元の単元名と具体的な「単元のゴールとなる言語活動」を示したものが表12である。

表10を中心に、東京書籍の特徴を三点と、それに関わる具体的な教材について〔特徴的な教材〕として示す。その後、表11の数量的な特徴について説明する。

一つ目の特徴は、「読解型」で「論理重視」の教材が九教材と多いこと、またその中で「単元のゴールとなる言語活動」の「活用ベース」の教材が五教材見られることである。この「論理重視」の「活用ベース」の教材は、光村図書では一教材のみであり、教育出版では一教材も見られなかった。

〔特徴的な教材〕

四年生の「広告を読みくらべよう」の単元名（表12）は、「表し方のちがいを考えよう」である。この教材では、初めに説明的文章が二ページにわたって示されている。そこでは広告が「どのような人に向けられていて、どのようなくふうがされているのかをたしかめ、広告を作った人の意図や目的を考えてみましょう」（教科書八七頁）と、広告の主たる対象者は誰か、その対象者に応じた工夫とは何かといった筆者（広告を作った人）の意図や目的を考えることを学習者に投げかけている。その後、「家族の健康チェックに、やさしい体温計」と、「子どもの急な発熱に、やさしい体温計」の二つの広告が示される。同じ体温計でも使用目的に応じて表し方の順序が異なっていたり、写真（非連続テキスト）の使い方に工夫が見られたりするなど、目的や意図に応じて「表し方のちがい」があることを学ぶ。さらに「表し方のちがい」の具体として、教科書の「言葉の力」に見られる「どのような事がらが取り上げられているか」「写真や図などが、どのように使われている

表10　指導目標と「単元のゴールとなる言語活動」をもとにした説明的文章単元の類型（東京書籍）

指導目標 ＼ 単元のゴールとなる言語活動		（筆者の認識・思考）受容的言語活動		（筆者の認識・思考）再生産・再構築的言語活動			
		習得ベース	読みの視点（言葉の力）	活用ベース	読みの視点（言葉の力）	探究ベース	読みの視点（言葉の力）
読解型	内容重視	①さとうとしお ①どうやってみをまもるのかな ②たんぽぽ ②サツマイモのそだて方 ⑤動物たちが教えてくれる海の中のくらし	説明の順序 説明の違い 要旨をとらえる	①子どもをまもるどうぶつたち ②あなのやくわり	比べて考える 知っていることと結びつける		
	形式重視	③自然のかくし絵 ④ヤドカリとイソギンチャク	段落の内容 文章のまとまり				
	論理重視	③「ほけんだより」を読みくらべよう ③人をつつむ形 ⑥イースター島にはなぜ森林がないのか	書き手の工夫 ものの見方や考え方（理由、事例） 論の進め方をとらえる	④広告を読みくらべよう ④数え方を生みだそう ⑤新聞記事を読みくらべよう ⑤「弱いロボット」だからできること ⑥インターネットの投稿を読み比べよう	表し方の違い 筆者の考えから自分の考えを広げる 記事の書き手の意図 多角的にとらえる 説得の工夫	⑥プロフェッショナルたち	考えを広げたり深めたりする
表現型	情報活用重視			⑤和の文化を受けつぐ―和菓子をさぐる（※1「読むこと」「書くこと」）	必要な情報を見つける 資料を使って説明する	⑥町の幸福論―コミュニティデザインを考える（※1「読むこと」「話すこと・聞くこと」）	情報を関係付ける プレゼンテーションをする
	能力関連重視	①いろいろなふね	何について説明しているか	②ビーバーの大工事 ③パラリンピックが目指すもの ④くらしの中の和と洋	知りたいことを本で調べる 要約してまとめる 調べたことを関係付ける		

※教材名の前の丸数字は、配当学年を表している。
※1の教材は、1つの教材に2つの領域（「読むこと」「書くこと」、「読むこと」「話すこと・聞くこと」）の指導目標がある複合領域単元の教材である。

か」「書かれている事がらが、どのような順でならべられていて、どんなことが強調されているか」（教科書九四頁）を学ぶ。以上のことから、目的や意図に応じて「表し方のちがい」があることを学ぶことから、「論理重視」の教材である。

次に学習を総括する「単元のゴールとなる言語活動」（表12）は、「身の回りの広告から表し方の工夫を見つける」ことである。この言語活動では、学習者自身が選んだ広告を先の「言葉の力」の三点に基づきながらも、個々の広告に応じて柔軟な見方・考え方が求められることから、習得というよりは活用に関わる思考が働く。そこで「活用ベース」とした。以上のことから、「広告を読みくらべよう」は「読解型」の「論理重視」で、「単元のゴールとなる言語活動」は「活用ベース」の教材とした。

五年生の「『弱いロボット』だからできること」は、「読みの視点」（表10）にあるように「多角的にとらえる」ことを指導目標としている。一般的には「ロボット」とは便利なことをしてくれると考えるが、筆者は『弱いロボット』には、周りの人の協力を引き出したり、行動をさそったりする力」（教科書二一九頁）があり、さらにそのことが人間との「心地よい関係」（教科書二二〇頁）を生み出すと述べる。この筆者の認識・思考は学習者にとって、まさに多角的な視点であり論理重視の教材といえる。この多角的な視点をさらに明確にするために、「単元のゴールとなる言語活動」（表12）として「テクノロジーと私達の関わりについて、自分の考えをまとめる」のである。この言語活動は、これまでの学習者の「テクノロジー」に対する認識・思考を見つめなおすことになり、これまでの認識・思考が揺らぐ可能性がある。場合によっては新たな認識・思考を生み出したり、メタ認知的思考が働いたりすることも考えられることから「活用ベース」とした。

六年生の「インターネットの投稿を読み比べよう」は、先の「広告を読みくらべよう」と同様に最初に説明的文章が二ページある。その中には、インターネットの投稿を「読み比べる観点」が四点提示されている。学習者は、その「読み比べる観点」をもとにインターネットの投稿文を読み、「学習の手引き」に見られる書き手（投稿者）の説得の工夫にはどんな点があるかを考える。このことは、書き手の論理を学ぶことでもある。そこで論理重視の教材とした。また「単元のゴールとなる言語活動」（表12）では、「投稿を読み比べて説得の工夫を考え、自分の意見をまとめる」ことが計画されている。この言語活動の具体は、「インターネットの投稿文」に対する意見の他に、「スポーツに関するテーマ（例として、スポーツの楽しみ方など）を選んで、意見文を書く」（「学習の手引き」より）ことである。投稿文の題材である「野球」から「スポーツ」へと題材が一般化されていることから、「野球」の投稿文で学んだ「説得の工夫」を「活かす」ことが必要となる。そこで「活用ベース」の教材とした。

二つ目の特徴は、「表現型」の「情報活用重視」に二教材見られることである。その一つである「町の幸福論—コミュニティデザインを考える」は、課題解決のために説明的文章を資料として活用する複合領域単元である。「読みの視点」（表10）では、「情報を関係付ける」とあり、「情報活用」を重視する指導目標であることがわかる。

次にこの単元では、教科書に課題解決過程が次の通り示されている。

自分たちの町の未来について考えを広げ、プレゼンテーションをしよう。

■学習の見通し

①「町の幸福論」を読んで、自分たちの町について考える。

②町づくりについて調べて、提案を考える。

☆情報を関係付けて活用する。

③　構成と使う資料を考えて、プレゼンテーションをする。
☆プレゼンテーションをする。

（教科書一三九頁）

この課題解決過程からは、「町の幸福論」を自分たちの町づくりのための「情報」として扱い、さらに他の資料を使って必要な情報を調べ、プレゼンテーションをする学習の流れがわかる。また表12の「単元のゴールとなる言語活動」は、「町づくりについて調べ提案を考え、プレゼンテーションをする」とある。これらのことから、「町の幸福論」に示された筆者の認識・思考を「参考にする」こと、また町づくりのために自分が「新たな筆者」となって考えることが必要となることから、「探究ベース」とした。

三つ目の特徴は、一つ目の特徴と重複するところが多分にあるが「単元のゴールとなる言語活動」の視点で見ると「活用ベース」が多いことである。表10を見ると「内容重視」に二教材、「論理重視」に五教材、「情報活用重視」に一教材、「能力関連重視」に三教材見られる。光村図書と次に示す教育出版は「習得ベース」が多いが、東京書籍では「活用ベース」が多いのが特徴である。

〔特徴的な教材〕

「表現型」の「情報活用重視」で、「単元のゴールとなる言語活動」が「活用ベース」の教材に、五年生の「和の文化を受けつぐ」がある。この教材では、本論の課題解決のための説明のしかたとして、順序性（和菓子の「形の確立」から「人への享受の確立」へ）や、関係性（作る人と使う人との関係）を学ぶ。また「読みの視点」（表10）にある「必要な情報を見つける」「資料を使って説明する」ために、「単元のゴールとなる言語活動」（表12）として、「情報を整理して報告の文章を書き、パンフレットを作る」ことを求めている。説明的文章で学んだ説明のしかたを活かし、「書くこと」の領域の学習としてパンフレット作りのために「情報」

表11　東京書籍における単元数と教材数

指導目標＼単元のゴールとなる言語活動		受容的言語活動		再生産・再構築的言語活動							
		習得ベース		活用ベース		探究ベース					
		単元数	教材数	単元数	教材数	単元数	教材数	単元総数	割合	教材総数	割合
読解型	内容重視	5	5	2	2	0	0	7	29%	7	29%
	形式重視	2	2	0	0	0	0	2	8%	2	8%
	論理重視	3	3	5	5	1	1	9	38%	9	38%
表現型	情報活用重視	0	0	1	1	1	1	2	8%	2	8%
	能力関連重視	1	1	3	3	0	0	4	17%	4	17%
総数		11	11	11	11	2	2	24		24	
割合		46%	46%	46%	46%	8%	8%		100%		100%

を取捨選択し、読み手に伝わる報告文を書くことが必要となることから「情報活用重視」の「活用ベース」とした。

次に表11の「東京書籍における単元数と教材数」について述べる。東京書籍の単元総数は二四単元、教材総数も二四教材である。つまり、一単元一教材である。光村図書や、この後示す教育出版に見られる「複合教材単元」はない。（「和の文化を受けつぐ」「町の幸福論」は、一つの単元（教材）に指導したい複数の領域があることから「複合領域単元」である。）

東京書籍の一番の特徴は、先の四つ目の特徴で述べたことと重複するが、「活用ベース」の「単元のゴールとなる言語活動」が他社と比べて多い。具体的には「習得ベース」と「活用ベース」が、ともに一一単元一一教材と同じになっている。

次に指導目標から見ると、一番多いのは「読解型」の「論理重視」が九単元・九教材、次いで「内容重視」七単元・七教材となる。そして「表現型」の「能力関連重視」が四単元・四教材と続く。

以上繰り返しになるが、「単元のゴールとなる言語活動」の中で「活用ベース」が多いこと、さらに「活用ベース」に関連する指導目標として、「読解型」の「論理重視」が他社と比べて多い。このことは、内容を読み取ることと同時に論理を学び、学習者に活用させようとしている。筆者の「言

表12　単元名と「単元のゴールとなる言語活動」(東京書籍)

	東京書籍			
	No	教材名	単元名	単元のゴールとなる言語活動
一年生	1	さとうとしお	(なし)	(表記なし)
	2	どうやってみをまもるのかな	(なし)	(表記なし)
	3	いろいろなふね	のりもののことをしらべよう	他の乗り物のことを調べて、カードに書く
	4	子どもをまもるどうぶつたち	くらべてよもう	他の動物の知恵について、本を読んで調べる
二年生	5	たんぽぽ	たんぽぽのひみつを見つけよう	たんぽぽのひみつを伝え合う
	6	サツマイモのそだて方	文しょうのちがいを考えよう	二つの文章の違いを考える
	7	ビーバーの大工事	どうぶつのひみつをさぐろう	動物の秘密を調べて紹介する
	8	あなのやくわり	あなのやくわりを考えよう	身の回りの穴の役割を考え、文章にしてまとめる
三年生	9	自然のかくし絵	文章を読んで感想をつたえ合おう	文章を読んだ感想を友達と伝え合う
	10	「ほけんだより」を読みくらべよう	書き手のくふうを考えよう	二つの文章を読み比べて、どちらの「ほけんだより」にするか考え、理由をノートに書く
	11	パラリンピックが目指すもの	パラリンピックについて調べよう	パラリンピックについて本や資料を読んで調べ、リーフレットを作る
	12	人をつつむ形—世界の家めぐり	世界の家のつくりについて考えよう	「人をつつむ形」をもとに、日本の家のつくりについて考える
四年生	13	ヤドカリとイソギンチャク	説明のまとまりを見つけよう	筆者の説明の仕方について考える
	14	広告を読みくらべよう	表し方のちがいを考えよう	身の回りの広告から表し方の工夫を見つける
	15	くらしの中の和と洋	くらしの中の「和」と「洋」について調べよう	くらしの中の「和」と「洋」について調べ、紹介文を書く
	16	数え方を生みだそう	日本語の数え方について考えよう	筆者の考えを参考にして、新しい数え方について考える
五年生	17	動物たちが教えてくれる海の中のくらし	筆者の伝えたいことをまとめよう	文章の構成を捉え、筆者の伝えたいこと(要旨)をまとめる
	18	新聞記事を読み比べよう	書き手の意図を考えよう	新聞記事を読み比べ書き手の意図を考える
	19	和の文化を受けつぐ—和菓子をさぐる	和の文化について調べよう	情報を整理して報告の文章を書き、パンフレットを作る
	20	「弱いロボット」だからできること	テクノロジーの進歩について考えよう	テクノロジーと私達の関わりについて、自分の考えをまとめる
六年生	21	イースター島にはなぜ森林がないのか	筆者の論の進め方を確かめよう	筆者の論の進め方について自分の考えをまとめる
	22	インターネットの投稿を読み比べよう	インターネットの議論を考えよう	投稿を読み比べて説得の工夫を考え、自分の意見をまとめる
	23	町の幸福論 —コミュニティデザインを考える	町の未来をえがこう	町づくりについて調べ提案を考え、プレゼンテーションをする
	24	プロフェッショナルたち	さまざまな生き方について考えよう	自分が考える「プロフェッショナルたち」について文章にまとめる

葉による課題解決」を受け止め、活かし、さらに「新たな筆者」となって、学習者として「言葉による課題解決力」の育成を図ろうとする意図がうかがわれる。

③《教育出版》の説明的文章単元の類型

表13が教育出版の説明的文章単元の類型である。また、単元数と教材数を数値化したものが表14である。さらに、表13の説明的文章単元の単元名と具体的な「単元のゴールとなる言語活動」を示したものが表15である。

表13を中心に、教育出版の特徴を二点と、それに関わる具体的な教材について〔特徴的な教材〕として示す。その後、表14の数量的な特徴について説明する。

一つ目の特徴は、「読解型」の「内容重視」で、「単元のゴールとなる言語活動」が「習得ベース」の教材が七教材見られることである。その中で特に、低学年の教材が多い。

〔特徴的な教材〕

三年生の「川をさかのぼる知恵」の単元名（表15）は、「図や写真と文章を、むすびつけて読もう」である。「読みの視点」（表13）でも「図と文章をむすびつける」とある。つまり、この教材では「図や写真」といった非連続テキストと本文を関係づけて正確に読むことをねらいとした「読解型」の「内容重視」の教材である。さらに本文を正確に読むために、「単元のゴールとなる言語活動」（表15）として、「見沼通船堀を考えた人たちの知恵について考え、感想を交流する」ことが計画されている。「内容重視」の「習得ベース」の教材であるといえる。

四年生の「ウミガメの命をつなぐ」の単元名は、「大事な言葉や文に気をつけて要約しよう」である。「読みの視点」も「要約」とあり、内容を正確に理解することが重要な指導目標となっている。「単元のゴールとなる言語活動」は、「自分が興味をもったことを要約に取り入れて紹介文を書き、読み合う」という学習者の「興味」を大切にしつつも、「要約」を行い紹介文を書くことを計画している。筆者の認識・思考に学ぶ言語活動であることから「内容重視」の「習得ベース」の教材であるといえる。

二つ目の特徴は、「表現型」の「能力関連重視」で、「単元のゴールとなる言語活動」が「習得ベース」「活用ベース」「探究ベース」にそれぞれ説明的文章教材が見られることである。またこの「能力関連重視」に見られる六つの教材は、全て複合教材単元の教材となっている。

〔特徴的な教材〕

三年生に説明的文章教材「くらしと絵文字」がある。この単元「絵文字の特長をとらえよう」（表15）では、「くらしと絵文字」を挟む形で二つの教材「世界の人につたわるように」と「絵文字で表そう」がある。

最初の教材である「話すこと・聞くこと」の領域に関わる教材「世界の人につたわるように」では、町に見かける「絵文字」の写真や男女の子供たちの「絵文字」に関わる会話を取り上げ、学習者に「絵文字」の形態や機能について興味・関心をもたせている。

次の説明的文章教材「くらしと絵文字」では、段落相互の関係や中心となる語や文を学ぶことを通して「絵文字」の特長に関わる説明のしかたを学び、さらに他の題材を使って自分の身の回りで見つけた絵文字を説明する文章を書く。

最後の教材「話すこと・聞くこと」の領域に関わる教材「絵文字で表そう」では、学校や町の施設を絵文字で表すための話合いがなされる。ここでは、説明的文章教材「くらしと絵文字」で学んだ絵文字の特長に関わ

表13　指導目標と「単元のゴールとなる言語活動」をもとにした説明的文章単元の類型（教育出版）

指導目標 ＼ 単元のゴールとなる言語活動		（筆者の認識・思考）受容的言語活動		（筆者の認識・思考）再生産・再構築的言語活動			
		習得ベース	読みの視点（ここが大事）	活用ベース	読みの視点（ここが大事）	探究ベース	読みの視点（ここが大事）
読解型	内容重視	①すずめのくらし ①だれがたべたのでしょう ②すみれとあり ②この間に何があった？ ②さけが大きくなるまで ③川をさかのぼる知恵 ④ウミガメの命をつなぐ	順序を読む 時、場所、大きさや様子 図と文章をむすびつける 要約	①みぶりでつたえる	文章と絵を合わせて読む		
	形式重視	③うめぼしのはたらき・めだか	段落の要点				
	論理重視	④ぞうの重さをはかる・花を見つける手がかり ⑤言葉と事実 ⑥雪は新しいエネルギー	結果と結論、事実と意見 事例と解説 考えを深めるために				
表現型	情報活用重視					⑤世界遺産　白神山地からの提言―意見文を書こう	意見文を書く
	能力関連重視	①はたらくじどう車 （「のりものカード」でしらせよう） ②「しかけ絵本」をつくろう （おもちゃのせつめい書を書こう）	何について書いてあるか、考える 順序を示す書き方	③くらしと絵文字 （世界の人につたわるように・絵文字で表そう） ④「便利」ということ （身のまわりの「便利」なものを考えよう） （調べてわかったことを発表しよう） ⑤まんがの方法（ひみつを調べて発表しよう）	段落と段落のつながり 経験と結びつけて読む 絵で文を補って読む	⑥ぼくの世界、君の世界 （あなたはどう感じる？） （「うれしさ」って何？―哲学対話をしよう）	要旨を読みとる

※教材名の前の丸数字は、配当学年を表している。
※「能力関連重視」の（　）の教材は、「書くこと」「話すこと・聞くこと」の関わる教材。
　ただし同じ「能力関連重視」にある6年生の「ぼくの世界、君の世界」に関わる「あなたはどう感じる？」は、「ぼくの世界、君の世界」を読むための「読むこと」に関わる導入教材である。
※「情報関連重視」の「世界遺産　白神山地からの提言―意見文を書こう」は、この1つの教材で「読むこと」と「書くこと」の2つの指導目標がある複合教材である。

表14　教育出版における単元数と教材数

指導目標＼単元のゴールとなる言語活動		受容的言語活動		再生産・再構築的言語活動							
		習得ベース		活用ベース		探究ベース					
		単元数	教材数	単元数	教材数	単元数	教材数	単元総数	割合	教材総数	割合
読解型	内容重視	7	7	1	1	0	0	8	42%	8	38%
	形式重視	1	2	0	0	0	0	1	5%	2	10%
	論理重視	3	4	0	0	0	0	3	16%	4	19%
表現型	情報活用重視	0	0	0	0	1	1	1	5%	1	5%
	能力関連重視	2	2	3	3	1	1	6	32%	6	29%
総数		13	15	4	4	2	2	19		21	
割合		68%	71%	21%	19%	11%	10%		100%		100%

る説明のしかたを「話すこと・聞くこと」の学習の中で活用することが求められることから、他に「活かす」言語活動と捉え「活用ベース」とした。なお「くらしと絵文字」で学んだ「関連する言語能力（筆者による論理）」としての三つの特長が、「絵文字で表そう」の中の話合いでの理由づけとなる考えとして示されている。説明的文章教材で学んだことを使って、「話すこと・聞くこと」で学ぶべき資質・能力の育成を図っている。ここに複合教材単元のもつよさがある。

　四年生の説明的文章教材「『便利』ということ」も、複合教材単元の教材文である。この教材も「話すこと・聞くこと」の領域に関わる二教材「身のまわりの『便利』なものを考えよう」と、「調べてわかったことを発表しよう」に挟まれた形で構成されている。

　一つ目の教材「身のまわりの『便利』なものを考えよう」では、学習者に「便利」なものについて「どういう人のため」（形態）に「どのような使いやすくなるくふう」（機能）があるか考えさせ、興味・関心をもたせている。

　次の説明的文章教材「『便利』ということ」では、本文にある「ある人にとっては便利だと思われている物でも、立場を変えてみると、その仕組みのままでは不便であることがわかります」（教科書八六頁）と、見方によっては便利でないこともあるという筆者の認識・思考を学び、身の回りの道具や設備を題材として考えたことを書く。

表15　単元名と「単元のゴールとなる言語活動」（教育出版）

	教育出版			
	No	教材名	単元名	単元のゴールとなる言語活動
一年生	1	すずめのくらし	（表示なし）	（表記なし）
	2	だれが、たべたのでしょう	（表示なし）	（表記なし）
	3	はたらくじどう車 「のりものカード」でしらせよう（※1）	かかれていることをたしかめよう	知らせたい乗り物を決め、「乗り物カード」を書き、友達と読み合う
	4	みぶりでつたえる	ぶんしょうとえをあわせてよもう	生活の中にある身振りを考え、文章と絵で書き、友達と読み合う
二年生	5	すみれとあり	じゅんじょに気をつけて読み、つながりを見つけよう	文章を読み、面白いな、不思議だなと思ったことを書き、発表し合う
	6	この間に何があった？	しゃしんをくらべて、考えよう	二枚の写真の間には何がおこったか、一番よいと思った考えを言葉で書く
	7	さけが大きくなるまで	じゅんじょや様子に気をつけて読もう	さけが大きくなる様子について、わかったことや考えたことをノートに書き、発表し合う
	8	「しかけ絵本」を作ろう おもちゃのせつめい書を書こう（※1）	わかりやすくせつめいするための、くふうをたしかめよう	おもちゃの説明書を書き、友達と読み合う
三年生	9	うめぼしのはたらき めだか	だんらくの要点をつかもう	「めだか」を読んでわかったことを文章にまとめ、友達と読み合う
	10	世界の人につたわるように（※1） くらしと絵文字 絵文字で表そう（※1）	絵文字の特長をとらえよう	学校や町の施設を絵文字で表し、感想を伝え合う
	11	川をさかのぼる知恵	図や写真と文章を、むすびつけて読もう	見沼通船堀を考えた人たちの知恵について考え、感想を交流する
四年生	12	ぞうの重さを量る 花を見つける手がかり 分類をもとに本を見つけよう（※2）	けっかとけつろんのつながりをとらえよう	日高先生たちと一緒に実験しているような気持ちになるのは、この文章のどんか書き方によるのか考え、ノートに書き発表し合う
	13	ウミガメの命をつなぐ	大事な言葉や文に気をつけて要約しよう	自分が興味をもったことを要約に取り入れて紹介文を書き、読み合う
	14	身のまわりの「便利」なものを考えよう（※1） 「便利」ということ 調べてわかったことを発表しよう（※1）	自分の経験と結びつけて考えよう	身の回りの道具や設備について調べ、「便利」だと感じる点を写真や図、表やグラフなどを使ってクラスで発表し合う
五年生	15	人とねずみの「はい、チーズ！」（※1） 言葉と事実	事例と解説をもとに、言葉と事実との関係を考えよう	「言葉と事実」を読み、日常生活の様々な言葉を「事実」だと受け止めていたことに関して考えたことを書き、発表し合う
	16	世界遺産　白神山地からの提言—意見文を書こう	多様な情報を読み、根拠となる資料にもとづいて、考えを深めよう	白神山地についての様々な情報を読み、意見と根拠をわけて意見文を書く
	17	まんがの方法 ひみつを調べて発表しよう（※1）	「まんがの方法」とその効果について、自分の考えをもとう	漫画に対する自分の考えを「まんがの方法」を読む前と比べて書き、友達と読み合う
六年生	18	雪は新しいエネルギー	筆者の考えを読み、説明の仕方の特徴をとらえよう	筆者の考えや説明の仕方について、考えたことを書き、感想を話し合う
	19	あなたはどう感じる？（※3） ぼくの世界、君の世界 「うれしさ」って何？—哲学対話をしよう（※1）	「心の世界」について考え、自分の考えを伝え合おう	「ぼくの世界、君の世界」を読んだことをもとに「心の世界」について考えたことを書き、友達と読み合い、自分の考えと比べる

※1は「書くこと」または「話すこと・聞くこと」の教材名。
※2は読書指導に関わる教材
※3は「ぼくの世界、君の世界」を読むための「読むこと」の教材名

最後の教材「調べてわかったことを発表しよう」では、「単元のゴールとなる言語活動」(表15)として「身の回りの道具や設備について調べ、『便利』だと感じる点を写真や図、表やグラフなどを使ってクラスで発表し合う」ことを求めている。説明的文章教材「『便利』ということ」で学んだ「便利」「不便」に関わる「関連する言語能力(筆者による論理)」を、「調べてわかったことを発表しよう」において活用したり、写真や図(非連続テキスト)などの引用のしかたを新たに学んだりして、それらをもとに発表し合うことから、筆者の認識・思考を活用する言語活動と捉え「活用ベース」とした。

六年生の説明的文章教材「ぼくの世界、君の世界」も、「読むこと」の領域の教材「あなたはどう感じる?」と「話すこと・聞くこと」の教材「『うれしさ』って何?—哲学対話をしよう」に挟まれた形で構成された複合教材単元の中の教材文である。

最初の教材「あなたはどう感じる?」では、「友達と自分の感じ方のちがいを、不思議に思ったことはありませんか。感じ方のちがいは、どこからくるのでしょう」(教科書七頁)と、学習者に「友達と自分の感じ方のちがい」について興味・関心をもたせていることは他の教材と同じである。

次の説明的文章教材「ぼくの世界、君の世界」では、「読みの視点」(表13)にあるように「要旨」を読み取り、筆者の認識・思考を理解させようとしている。さらに「『心の世界』について考えたことを書く」という言語活動を通して、自分自身の「心」についてメタ化を図ろうとしている。

最後の教材「『うれしさ』って何?—哲学対話をしよう」では、「単元のゴールとなる言語活動」(表15)として、「『ぼくの世界、君の世界』を読んだことをもとに『心の世界』について考えたことを書き、友達と読み合い、自分の考えと比べる」ことが計画されている。説明的文章教材「ぼくの世界、君の世界」で学んだ「関連する言語能力(筆者による論理)」は「ある事柄や内容に対して正対して考える」ことであり、この「『うれしさ』って何？―哲学対話をしよう」においても、学習者は「うれしさ」とは何かについて真正面から考えることが求められる。そのためには、抽象的な観念（「うれしさ」）を具体にして考えることが必要となる。「ぼくの世界、君の世界」における考え方を例にして、「うれしさ」（「心の世界」）を考えるという一段とレベルの高い「探究ベース」の言語活動を求めているといえる。

補足となるが、「単元のゴールとなる言語活動」の視点から見ると、「習得ベース」が多い。指導目標を確実に習得させようとしていることがわかる。なお、このことは光村図書と同様である。

次に表14の「教育出版における単元数と教材数」について述べる。教育出版の単元総数は一九単元、教材総数は二一教材である。

指導目標では、「読解型」の「内容重視」が八単元・八教材ある。「形式重視」は、一単元・二教材である。また「論理重視」が三単元・四教材である。さらに「表現型」の「情報活用重視」が一単元・一教材、「能力関連重視」が六単元・六教材であった。以上からは、「読解型」の「内容重視」が多いこと、次いで「表現型」の「能力関連重視」となる。なお、この「読解型」の「内容重視」や「表現型」の「能力関連重視」が多いことは、光村図書、東京書籍も同様である。

続いて「単元のゴールとなる言語活動」から単元数（教材数）を見ると、「習得ベース」が全体の68％（71％）を占める。次いで「活用ベース」が21％（19％）、「探究ベース」が11％（10％）となっている。

指導目標と「単元のゴールとなる言語活動」をあわせてみると、「読解型」の「内容重視」で「習得ベース」が最も多く、次いで「読解型」の「論理重視」で「習得ベース」となる。このことは、「内容」を読み取ることを基本とし、それを踏まえて「論理」などを学ぶことが求められていることがわかる。
さらに「表現型」の「能力関連重視」は、「習得ベース」「活用ベース」「探究ベース」の全てに教材が見られた。説明的文章で学んだ「関連する言語能力（筆者による論理）」を、他教材・他領域で学ぶべき資質・能力の育成に結びつけようとしていること、また相乗効果を見込んで複合単元を構成していることがわかる。

第六節　指導目標と「単元のゴールとなる言語活動」をもとにした説明的文章単元の類型の総括

ここでは、全体の傾向（表16「全体の総数と割合」）、三社の共通点・相違点（表16、表17、表13）をもとに説明的文章単元の類型の総括を行う。

(1) 三社の全体の傾向、共通点・相違点

①全体の傾向（表16「全体の総数と割合」）

全体の傾向は、単元総数ではなく教材総数に着目する。それは、次の理由による。

教科書会社によって一つの単元が二つの説明的文章で構成されている場合があり、単元総数（63単元）と教材総数（70教材）に異なりが見られる。このことは学習者の発達段階を考慮しつつ、一つの単元の指導目標を達成させるための手立てであることから、単元総数より教材総数に着目した方が全体の傾向を捉えることができると考えたことによる。

指導目標の視点、続いて「単元のゴールとなる言語活動」の視点、さらに指導目標×「単元のゴールとなる

言語活動」の視点から順に述べる。

・指導目標の視点から

「読解型」の「内容重視」の教材総教が二四教材（全体に占める割合が35％）、「形式重視」が八教材（11％）、「論理重視」が一七教材（24％）、「表現型」の「情報活用重視」が五教材（7％）、「能力関連重視」が一六教材（23％）であった。

教材数が多い順では、「読解型」の「内容重視」、「読解型」の「論理重視」、「表現型」の「能力関連重視」、「読解型」の「形式重視」、「表現型」の「情報活用重視」の順になる。

このことから六年間のスパンで考えると、「読解型」の「内容重視」が基本となり、それを踏まえて「論理重視」や「表現型」の「能力関連重視」の指導を行うことを求めているといえる。

・「単元のゴールとなる言語活動」の視点から

「習得ベース」の教材総数が四三教材（全体に占める割合が62％）、「活用ベース」が一九教材（27％）、「探究ベース」が八教材（11％）となっている。この順序は、教材総数の多い順でもある。

「習得ベース」「活用ベース」「探究ベース」の順になっていることは、指導目標を達成させるために、まず筆者の認識・思考を受容させる「習得ベース」を基本として、その後再生産・再構築させる「活用ベース」や「探究ベース」の言語活動へと発展的な言語活動に取り組ませようとしていることがわかる。

・指導目標×「単元のゴールとなる言語活動」の視点から

教材数が多い順では、「読解型」の「内容重視」で「単元のゴールとなる言語活動」が「習得ベース」の教材総教が一九教材、「読解型」の「論理重視」で「単元のゴールとなる言語活動」が「習得ベース」の教材総数が一〇教材、「読解型」の「形式重視」で「単元のゴールとなる言語活動」が「習得ベース」の教材が八教材、「表現型」の「能力関連重視」で「活用ベース」が七教材、「読解型」の「論理重視」で「活用ベース」と「表現型」の「能力関連重視」で「習得ベース」がともに六教材、「読解型」の「内容重視」で「活用ベース」が五教材、「表現型」の「情報活用重視」で「探究ベース」が四教材、「表現型」の「能力関連重視」で「探究ベース」が三教材、「読解型」の「論理重視」で「探究ベース」と「表現型」の「情報活用重視」の「活用ベース」がともに一教材であった。

このことから、内容を正確に読むことや筆者のものの見方・考え方や課題解決プロセスの工夫を読むことが説明的文章を読むことが基本であり、そのために「単元のゴールとなる言語活動」は「習得ベース」の言語活動を行うことが多い。

この他の特徴としては、四番目に多い「表現型」の「能力関連重視」で、「単元のゴールとなる言語活動」が「活用ベース」の教材が七教材見られたことが特筆される。説明的文章で学んだ「関連する言語能力（筆者による論理）」を他領域・他教材の表現に活かすには、「習得ベース」はもちろんのこと「活用ベース」の言語活動が求められる。また「探究ベース」にも三教材あることから、説明的文章で学んだ「関連する言語能力（筆者による論理）」を表現につなげる「能力関連重視」の指導が今後も重要となってくるのではないかと考えられる。

②三社の共通点・相違点

○三社の共通点（表16、表13）

共通点として、四点に集約できる。

一つ目は、「読解型」の「内容重視」で「単元のゴールとなる言語活動」が「習得ベース」の教材数が三社とも一番教材数が多い。また、東京書籍の「論理重視」に教材が多く見られるように、他の二社も「論理重視」に教材を多く配置している。内容や筆者の論理を確実に学ぶことが重視されている。

二つ目は、「表現型」の「能力関連重視」で「単元のゴールとなる言語活動」が、「習得ベース」と「活用ベース」には、三社とも教材が見られる。

三つ目は、「表現型」の「情報活用重視」で「単元のゴールとなる言語活動」が「探究ベース」において、三社とも教材が見られる。本文を「情報」として読む場合、「単元のゴールとなる言語活動」は学習者の目的や意図に応じた課題になることが多く、そのために説明的文章を「素材」として扱うことによる。

四つ目は、逆に三社全てで一教材も見られないのは、「読解型」の「内容重視」で「単元のゴールとなる言語活動」が「探究ベース」、「読解型」の「形式重視」で「単元のゴールとなる言語活動」が「活用ベース」と「探究ベース」、「表現型」の「情報活用重視」で「単元のゴールとなる言語活動」が「習得ベース」の四つであった。「読解型」は本文を正確に読み取ることに重点がおかれるために「習得ベース」や「活用ベース」が多い。一方、「表現型」の「情報活用重視」は、学習者の意図や目的に応じて本文を「情報」として扱い、表現活動につなげることから、「活用ベース」や「探究ベース」に重点がおかれてくるものと思われる。

なおここで「読解型」の「形式重視」について補足することがある。「形式」は重視されていないのかということである。表16からは「内容」や「論理」の重視が目立つが、必ずしもそうとは言い切れないところもあ

表16　全体の総数と割合

指導目標 ＼ 単元のゴールとなる言語活動			受容的言語活動		再生産・再構築的言語活動							
			習得ベース		活用ベース		探究ベース					
			単元数	教材数	単元数	教材数	単元数	教材数	単元総数	割合	教材総数	割合
読解型	内容重視	光村図書	6	7	2	2	0	0	8		9	
		東京書籍	5	5	2	2	0	0	7		7	
		教育出版	7	7	1	1	0	0	8		8	
		総数	18	19	5	5	0	0	23	37	24	35
	形式重視	光村図書	2	4	0	0	0	0	2		4	
		東京書籍	2	2	0	0	0	0	2		2	
		教育出版	1	2	0	0	0	0	1		2	
		総数	5	8	0	0	0	0	5	8	8	11
	論理重視	光村図書	2	3	1	1	0	0	3		4	
		東京書籍	3	3	5	5	1	1	9		9	
		教育出版	3	4	0	0	0	0	3		4	
		総数	8	10	6	6	1	1	15	24	17	24
表現型	情報活用重視	光村図書	0	0	0	0	1	2	1		2	
		東京書籍	0	0	1	1	1	1	2		2	
		教育出版	0	0	0	0	1	1	1		1	
		総数	0	0	1	1	3	4	4	6	5	7
	能力関連重視	光村図書	3	3	1	1	2	2	6		6	
		東京書籍	1	1	3	3	0	0	4		4	
		教育出版	2	2	3	3	1	1	6		6	
		総数	6	6	7	7	3	3	16	25	16	23
総数			37	43	19	19	7	8	63		70	
割合			59	62	30	27	11	11		100		100

表17　三社の「習得ベース」「活用ベース」「探究ベース」の総数

	習得ベース	活用ベース	探究ベース	総数
光村図書	17	4	4	25
東京書籍	11	11	2	24
教育出版	15	4	2	21
総数	43	19	8	70

る。表16では教育出版に「形式重視」の教材が一単元二教材と少ないが、例えば、表13の「能力関連重視」にある「くらしと絵文字」は、教材特性から見ると段落と段落の関係を学ぶ教材であり、本来は「形式重視」に該当する教材である。しかし、「くらしと絵文字」で学ぶ「関連する言語能力

（筆者による論理）」を、次の「話すこと・聞くこと」の領域の教材につなげて双方の教材を指導することで相乗効果があると考え、あえて「能力関連重視」の教材として単元が構成されている。説明的文章の「内容」「形式」「論理」のいずれかを「関連する言語能力（筆者による論理）」として他領域の教材の指導に関連させるかは、教科書会社の単元構成による。

○三社の相違点（表16、表17）

表16からは、「習得ベース」の中で光村図書は、「内容重視」「形式重視」「論理重視」のいずれも満遍なく見られるが、教育出版は「内容重視」が他の「形式重視」「論理重視」と比べて特に多い。また東京書籍は、「内容重視」「論理重視」「情報活用重視」「能力関連重視」の「活用ベース」に教材が多く見られる。その中で、特に「論理重視」が特に多い。

次に表17を見ると、光村図書の「習得ベース」は一七教材、「活用ベース」と「探究ベース」はともに四教材ある。教育出版は「習得ベース」は一五教材、「活用ベース」は四教材、「探究ベース」は二教材であり、光村図書と同様「習得ベース」が多い。一方、東京書籍は「習得ベース」と「活用ベース」は、ともに一一教材と同じになっている。

このことから、一番の相違点は「習得ベース」に重点をおいているのが光村図書と教育出版であり、東京書籍は「習得ベース」を重視しつつも「活用ベース」にも力を入れていることがわかる。

(2) 光村図書の平成元年度版と令和二年度版教科書の比較

ここでは、光村図書の平成元年度版と先に示した令和二年度版の説明的文章単元の類型を比較する。そのことにより、説明的文章単元をどんな指導目標で、どのような「単元のゴールとなる言語活動」を行うことを求めていたかがわかる。

表18は平成元年度版の光村図書の説明的文章単元を類型化したものであり、また表18に示した説明的文章の単元名と「単元のゴールとなる言語活動」を表したものが表19である。

表18を見ると、「読解型」の「内容重視」で「単元のゴールとなる言語活動」が「習得ベース」の教材が全二二教材中の一二教材と50%を超えており、かなりの割合を占めている。また、表19の単元名や「単元のゴールとなる言語活動」を見ても、多くが内容を正確に理解させるための教材であることがわかる。

次に多いのは、「読解型」の「形式重視」で「単元のゴールとなる言語活動」が「習得ベース」の教材が五教材見られた。この五教材は、いずれも四年生の教材であり、学習指導要領第四学年の指導事項が段落相互の関係を学ぶことによるものと考えられる。

このことから、平成元年度版では「読解型」の「内容重視」で「単元のゴールとなる言語活動」が「習得ベース」と、「読解型」の「形式重視」で「単元のゴールとなる言語活動」が「習得ベース」の教材が説明的文章単元のほとんどを占めていたことがわかる。「読解型」の「論理重視」はわずかであり、また「表現型」は見られない。

令和二年度版では、指導目標が「表現型」であったり「単元のゴールとなる言語活動」が「探究型」であったりする単元が多く見られるが、平成元年度版には見られない。読み書き関連指導において「能力」が着目されたり、情報活用指導において「学習者」の視点がクローズアップされたりして「課題解決力」が時代を超えて脈々と求められてきてはいるものの、ここからはまだスタンダードな資質・能力として教科書に反映されていないことがうかがわれる。（その大きな転換点の一つは、ＰＩＳＡ型読解力への着目と取組であろう）

表18　指導目標と「単元のゴールとなる言語活動」をもとにした説明的文章単元の類型（平成元年度版光村図書）

指導目標 ＼ 単元のゴールとなる言語活動		（筆者の認識・思考）受容的言語活動		（筆者の認識・思考）再生産・再構築的言語活動			
		習得ベース	読みの視点	活用ベース	読みの視点	探究ベース	読みの視点
読解型	内容重視	①しっぽのやくめ ①じどう車くらべ ①どうぶつの赤ちゃん ②あきあかねの一生・たんぽぽのちえ ②きたきつねの子ども ③イルカの会話・ありの行列 ③ニホンザルのなかまたち ⑥ノグチゲラの住む森・自然を守る ⑥貝塚が教えるなぞ	要点 要点 要旨 要旨	⑤ねむりについて ⑥心をつなぐ	要旨 事例、要旨		
	形式重視	④カブトガニ・キョウリュウの話 ④長さをはかる・まん画 ④体を守る皮ふ	段落 段落どうし、小見出し				
	論理重視	⑤西之島新島・大陸は動く	筆者の工夫				
表現型	情報活用重視						
	能力関連重視	②作ってあそんだこと					

※教材名の前の丸数字は、配当学年を表している。
※読みの視点は、「学習の手引き」や赤刷り教科書をもとにして抜粋した。

表19　単元名と「単元のゴールとなる言語活動」（平成元年度版光村図書）

<table>
<tr><th rowspan="2"></th><th colspan="4">光村図書</th></tr>
<tr><th>No</th><th>教材名</th><th>単元名</th><th>単元のゴールとなる言語活動</th></tr>
<tr><td rowspan="3">一年生</td><td>1</td><td>しっぽのやくめ</td><td>よみましょう</td><td>（表示なし）</td></tr>
<tr><td>2</td><td>じどう車くらべ</td><td>よみましょう</td><td>（表示なし）</td></tr>
<tr><td>3</td><td>どうぶつの赤ちゃん</td><td>はじめてわかったことは</td><td>違うところ、似ているところを比べて読む</td></tr>
<tr><td rowspan="4">二年生</td><td rowspan="2">4</td><td>あきあかねの一生</td><td rowspan="2">じゅんじょに気をつけて</td><td rowspan="2">順序に気をつけて、たんぽぽがたおれたりするなどのわけを読み取る</td></tr>
<tr><td>たんぽぽのちえ</td></tr>
<tr><td>5</td><td>作ってあそんだこと</td><td>じゅんじょをきめて</td><td>作り方やその順序、遊んだ時の様子がわかるように作文に書き発表する</td></tr>
<tr><td>6</td><td>きたきつねの子ども</td><td>書いてあることを正しく</td><td>子ぎつねのことで、ふしぎだなあ、おもしろいなあと思ったところはどこか、ノートに書いて発表する</td></tr>
<tr><td rowspan="3">三年生</td><td rowspan="2">7</td><td>イルカの会話</td><td rowspan="2">大事なことを落とさずに</td><td rowspan="2">まとまりごとの大事なこと（要点）を読み取る</td></tr>
<tr><td>ありの行列</td></tr>
<tr><td>8</td><td>ニホンザルのなかまたち</td><td>書いてあることをたしかに</td><td>要点をまとめ、はじめて知ったことや感心させられたことをノートに書く</td></tr>
<tr><td rowspan="5">四年生</td><td>9</td><td>カブトガニ</td><td>段落に気を付けて</td><td>段落の要点と段落どうしのまとまりに気を付けて読む</td></tr>
<tr><td rowspan="3">10</td><td>キョウリュウの話</td><td rowspan="3">段落ごとのまとまりをとらえて</td><td rowspan="3">段落どうしのまとまりに小見出しを付ける</td></tr>
<tr><td>長さをはかる</td></tr>
<tr><td>まん画</td></tr>
<tr><td>11</td><td>体を守る皮ふ</td><td>文章の組み立てに気を付けて</td><td>文章の組み立てに気を付けて読み、面白いと思ったところをノートに書きぬく</td></tr>
<tr><td rowspan="3">五年生</td><td rowspan="2">12</td><td>西之島新島</td><td rowspan="2">文章の構成を考えながら</td><td rowspan="2">細かい点に注意して、筆者の工夫を読む</td></tr>
<tr><td>大陸は動く</td></tr>
<tr><td>13</td><td>ねむりについて</td><td>表現にそくして</td><td>正確に読み取り、文章の書き方を参考に作文に生かす</td></tr>
<tr><td rowspan="4">六年生</td><td rowspan="2">14</td><td>ノグチゲラの住む森</td><td rowspan="2">文章の要旨を確実に</td><td rowspan="2">文章全体を読んで要旨をまとめ、ノートに書く</td></tr>
<tr><td>自然を守る</td></tr>
<tr><td>15</td><td>貝塚が教えるなぞ</td><td>文章を要約しながら</td><td>段落の要点や文章の構成を参考にして文章全体を要約する</td></tr>
<tr><td>16</td><td>心をつなぐ</td><td>考えを深めながら</td><td>事例に注意しながら要旨をまとめ、お互いの心が通い合ったと感じたことはないか、それぞれの経験を話し合う</td></tr>
</table>

資質・能力の転換が求められている現在において、指導目標と「単元のゴールとなる言語活動」をあわせて「単元の類型」を検討してみると、「言葉による課題解決力」育成のための確かな「言葉の指導」の必要性が改めて浮かび上がってくる。

第七節　「読みの観点」×「単元の類型」から見える説明的文章の教材特性

本章ではこれまで、「言葉による課題解決力」を育成する際の視点となる「読みの観点」の具体と、「単元の類型」の枠組について示してきた。

そこで本節では、「読みの観点」と「単元の類型」を視点として、令和二年度版教科書の特徴的な教材を見ると、どのような教材特性が浮かび上がるかを一覧表（表20）にし、その考察を通して本章の総括を行う。

まず、表20（「読みの視点」×「単元の類型」から見える説明的文章の教材特性）の見方を説明する。

縦軸には「読みの観点」として、「筆者の言葉による課題解決から学ぶための観点」（以下、「筆者」）と、「学習者の言葉による課題解決のための思考や手立て、言語活動に結びつけるための観点」（以下、「学習者」）を据えた。次に「筆者」には、「内容」「形式・表現」「論理」の三観点を、「学習者」には「課題解決のための思考や手立て、言語活動」をまとめて「手立て」として示した。さらに、「読みの観点」の具体的要素として、「A題名」から「S単元のゴールとなる言語活動」を示した。

横軸には「単元の類型」として、「読解型」と「表現型」を据えた。次に「読解型」を細分化したものとして「内容重視」「形式重視」「論理重視」の類型を、また「表現型」を細分化したものとして「情報活用重視」

表20 「読みの観点」×「単元の類型」から見える説明的文章の教材特性

読みの観点 ＼ 単元の類型				読解型											表現型								
				内容重視				形式重視			論理重視				情報活用重視				能力関連重視				
				うみのかくれんぼ	ウミガメの命をつなぐ	自分の脳を知っていますか	たんぽぽのちえ【演習】	自然のかくし絵	アップとルーズで伝える	ヤドカリとイソギンチャク【演習】	ありの行列	イースター島にはなぜ森林がないのか	モアイは語る	言葉と事実【演習】	世界遺産白神山地からの提言	和の文化を受けつぐ	ニュースの見方を考えよう	『鳥獣戯画』を読む【演習】	じどう車くらべ	くらしと絵文字	固有種が教えてくれること	ぼくの世界、君の世界【演習】	
				光村	教出	教出	光村	東書	光村	東書	光村	東書	光村	教出	教出	東書	東書	光村	光村	教出	光村	教出	
				小1	小4	中1	小2	小3	小4	小4	小3	小6	中2	小5	小5	小5	中1	小6	小1	小3	小5	小6	
筆者		A	題名	○				○															A
筆者	内容	B	問いと答え	◎									◇						○				B
筆者	内容	C	事例の内容		◎						◇	◇	◇		◎								C
筆者	内容	D	抽象と具体		○								◇			◇	◇	◇					D
筆者	内容	E	事実と意見									◇	◇										E
筆者	内容	F	中心と付加			◎		○									○			○			F
筆者	内容	G	形態と機能	○			◎												◎				G
筆者	内容	H	挿絵、写真、図表	○					○						○					○	○		H
筆者	形式・表現	I	段落					◎	◎	◎										◎			I
筆者	形式・表現	J	文章構成	○		○					◇					◇					○		J
筆者	形式・表現	K	接続語、指示語		○			○			◇						○		○				K
筆者	形式・表現	L	助詞	○																			L
筆者	形式・表現	M	キーワード					○				◇				◇					○		M
筆者	形式・表現	N	文末表現								◇	◇							○				N
筆者	論理	O	課題解決のための論理								◎	◎	◎	◎	○	◎	◎	◎		○	○	◎	O
筆者	論理	P	課題解決のための思考			○	○	○	○		○		○						○		◎		P
学習者	手立て	P	課題解決のための思考	○											○	○							P
学習者	手立て	Q	要点、要約、要旨		○	○															○		Q
学習者	手立て	R	批判読み									○	○				○						R
学習者	手立て	S	単元のゴールとなる言語活動	○	○			○	○		○	○	○		○		○	○	○	○	○	○	S

◎…重点　◇…◎の中の要素　○…該当要素

と「能力関連重視」の類型を示した。さらに、令和二年度版教科書の中からそれぞれの類型にあてはまる特徴的な教材名を載せた。なお小学校と中学校の説明的文章の系統性や関連性を見るために、表には中学校の教材もいくつか載せてある。

具体的な教材を例にすると、横軸の「読解型」の「内容重視」の教材である「ウミガメの命をつなぐ」（教育出版　小四年）は、縦軸の「読みの観点」の重点が「筆者」の「内容」の「C事例の内容」となる。また、その他の「読みの観点」の要素として「D抽象と具体」「K接続語、指示語」が該当する。さらに学習者の手立てとして、「Q要点、要約、要旨」と「S単元のゴールとなる言語活動」が適切であるとした。

以上のように表20を見ると、いくつかのことがわかる。

一つは、「読みの観点」の重点（◎）を把握することで教材特性が一層明確になることである。例えば、先の「ウミガメの命をつなぐ」では「C事例の内容」が重点であり、「自分の脳を知っていますか」では「F中心と付加」が重点である。したがって、これらの重点を中心として指導にあたると教材特性を踏まえた読みの指導につながる。

また「表現型」の「情報活用重視」の教材であれば、何を「情報」とするかがわかる。複合領域単元である「世界遺産白神山地からの提言」であれば、ここでの「情報」は「読みの観点」の重点（◎）とした「C事例の内容」である。「内容」を読み取り、そこで理解した「内容」を学習者の目的に応じて「情報」として取捨選択させ、「書くこと」の指導につなげるとよい。同じ複合領域単元である「和の文化を受けつぐ」での重点（◎）は、「O課題解決のための論理」とした。「読むこと」の学習において「論理」を読み取り、その「論理」を「書くこと」の学習につなげるとよい。このように教材特性によって、「内容」が「情報」となることもあれば、「論理」が「情報」となることもある。

もう一つは、「読解型」の「論理重視」の教材には、「読みの観点」の重点（◎）である「O課題解決のための論理」と、それに関わる要素（◇）が「内容」「形式・表現」に複数あることがわかる。例えば、「ありの行列」の「読みの観点」の重点は「O課題解決のための論理」であるが、それに関わる要素として「C事例の内容」「J文章構成」「K接続語、指示語」「N文末表現」がある。「論理」を重点に指導するが、その具体として「内容」や「形式・表現」に関わるこれらの要素を関連させて指導していけばよい。

このように「読みの観点」と「単元の類型」をかけあわせて説明的文章を見ると、教材特性が明らかになるとともに、何に着目して指導すればよいかの方向性が見えてくる。また、学習者に言葉に対するこだわりやメタ認知を働かせるための観点として捉えることもできる。さらに、学習者の言語能力として本書で強調している「言葉を通して課題を設定し、言葉による課題解決を図るための思考力・読解力・表現力が相互に関係づけられて機能する資質・能力」としての「言葉による課題解決力」を育成するための手立てともなる。

そこで第三章では表20で示した「単元の類型」の「読解型」と「表現型」の教材について、「読みの観点」の具体となる要素を取り上げ、具体的な指導のポイントを見ていく。

注　引用文献

（1）河野順子『〈対話〉による説明的文章の学習指導』風間書房 二〇〇六年 九～六二頁
（2）古賀洋一『説明的文章の読解方略指導研究―条件的知識の育成に着目して―』渓水社 二〇二〇年
（3）ここに関しては、古賀洋一「説明的文章の読みの授業実践における読解方略指導の展開」『国語科教育』第七六集　全国大学国語教育学会編 二〇一四年 二三～三〇頁より引用
（4）小田迪夫『二十一世紀に生きる説明文学習　情報を読み、活かす力を育む』東京書籍 一九九六年
（5）児玉忠「弘前市教育委員会第一回国語研修講座　講演資料」（二〇一四年）より引用

（6）児玉忠「筆者とシンクロ（同調）する課題解決のための言語活動」「国語教育研究紀要」第五十六号　宮城県連合小学校教育研究会国語研究部会　二〇一九年　四〜一二頁

（7）「ありの行列」の「往復」の考えは、植山俊宏「説明文のマクロ読み」「月刊国語教育研究」日本国語教育学会編　第五二二号　二〇一五年　四二〜四三頁をもとにした。

参考文献

・犬飼龍馬『中学校・高等学校国語科「読解方略」習得ワーク&指導アイデア』明治図書　二〇二二年

・寺井正憲「説明的文章の読解指導論―認知的側面からみた形式主義・内容主義の検討―」『日本語と日本文学』第八号　筑波大学国語国文学会編　一九八八年　九〜一七頁

・寺井正憲「説明的文章教材の『テクスト生産的な学習指導』に関する一考察―相の概念を導入して―」『月刊国語教育研究』第三四七号　日本国語教育学会編　二〇〇一年　五〇〜五五頁

第三章
「言葉による課題解決力」を育てるための〈教材研究〉と〈授業づくり〉のポイント

本章では、第二章の表20で示した「読みの観点」×「単元の類型」から見える説明的文章の教材特性の具体を示すこととする。

第一節　「単元の類型」に基づく「読解型」の特徴的な説明的文章の〈教材研究〉と〈授業づくり〉のポイント

(1)「内容重視」の説明的文章

①「うみのかくれんぼ」（光村図書　一年）

〈教材について〉

・筆者

教科書のための書きおろしのため、筆者名は示されていない。

・概要

海には、「なにが」（どんな生き物が）、「どのように」隠れているか、はまぐり、たこ、かにのなかまのもくずしょいの三つの事例をもとに説明した文章である。

なお本教材は、平成二七年度版（二〇一五年）から掲載されている。

・教材の特色

全体に関わる問いと、その答えにあたる三つの事例で構成されている。したがって、問いに答える形で内容を読み取っていくことができる。

なお三つの事例は、一文目が「なにが」にあたる生き物の名前、二文目が体の特徴、三文目が隠れ方の説明である。二文目の体の特徴が先にあることで、三文目の隠れ方がより理解しやすくなる。したがって、二文目と三文目が「どのように」にあたる文といえる。

〈指導目標〉

指導目標は、「問いと答えの形で説明された文章の内容を読み取ることができる」とした。

一年生が説明的文章で学ぶべきことは、説明的文章とはある内容（事柄・事象）を説明した文章であること、その最も基本となる説明内容（課題解決内容）が本教材にある「なにが」と「どのように」である。

したがって、学習者は、「なにが」と「どのように」を説明した具体的な内容を読み取ることが必要となる。そのために、本教材では「問い」と「答え」の形で説明されている。

本教材の〈教材研究〉と〈授業づくりのポイント〉は、次の通りとなる。（◎は重点）

注：以後「筆者の『言葉による課題解決』から学ぶための観点」を、筆者の「言葉による課題解決」から学ぶ、と表記する。また、「学習者の『言葉による課題解決』のための思考や手立て、言語活動に結びつけるための観点」を、学習者の「言葉による課題解決」のための思考や手立て、言語活動、と表記する。

〈教材研究〉
☆筆者の「言葉による課題解決」から学ぶ
〔説明的文章全体に関わること〕
A　題名
〔内容〕
B　問いと答えの内容（事柄・事象）と関係（◎）
G　形態と機能
H　写真
〔形式・表現〕
J　文章構成
L　助詞（「が」と「は」）

〈授業づくりのポイント〉
☆学習者の「言葉による課題解決」のための思考や手立て、言語活動
P　課題解決のための思考（順序づける）
S　単元のゴールとなる言語活動

〈教材研究〉
☆筆者の「言葉による課題解決」から学ぶ
〔説明的文章全体に関わること〕
A　題名

初めてこの題名を見た一年生は、「うみのかくれんぼ」とは一体どういう内容なのか、はっきりとはわからないと思われる。したがって、例えば「海がかくれんぼするなんて、何か変だな」「お話を読んでみたいな」などの疑問や興味・関心をもつであろう。題名は学習に対する意欲づけを図る効果がある。

題名は、説明的文章の「顔」となるところである。丁寧に扱いたい。

〔内容〕

B　問いと答えの内容（事柄・事象）と関係（◎）

本教材の一番の特徴は、「問いと答えの内容（事柄・事象）と関係」にある。

そもそも説明的文章とは、筆者が学習者にある内容（事柄・事象）を伝えたい（説明したい）という目的（意図）のもとに、表現の工夫は勿論のこと、課題解決過程や課題解決方法などを工夫して説明したものである。その中で、基本的な工夫の一つとして「問い」と「答え」がある。したがって、説明的文章における「問い」と「答え」のそれぞれの内容を押さえたり、その対応関係を考えたりすることは最も基本とすべき、また重要な指導事項である。

本教材における「問い」は、「なにが、どのようにかくれているのでしょうか」（形式段落①、以後は番号のみの表記とする）であるが、この「問い」には課題解決の二つの視点から成る。「なにがかくれているのか」と「どのようにかくれているのか」である。つまり、「なにが」と「どのように」の二つの視点から、学習者に「答え」を説明しようとしている。

一つ目の事例の「なにがかくれているのか」の「問い」に対応する「答え」は、「はまぐりが、すなのなかにかくれています」（②）である。端的には、「はまぐり」である。したがって、「はまぐり」という海の生き物が隠れていることを教師は押さえることが必要となる。しかし、これだけでは不十分である。それは「すなのなかに」という場所を表す修飾語があることによる。その具体的な場所を示すことで、「なにが」にあたる「はまぐり」の様子がさらに具体的に考えることができる。例えば、「はまぐりは、海の中の砂の中に隠れているんだな。知らなかったなあ」などの学習者の反応が予想される。

次に「どのようにかくれているのでしょうか」に対応する「答え」は、「はまぐりは、大きくてつよいあしをもっています。すなのなかにあしをのばして、すばやくもぐってかくれます」（③）である。ここにも課題解決のための工夫が見られる。厳密にいえば、後の文の「すなのなかにあしをのばして、すばやくもぐってかくれます」が、「問い」の「どのように」と直接の対応関係にある。しかし、これだけだと唐突である。学習者が「どうして『あし』なのか」という疑問をもつからである。そこで最初に「はまぐりは、大きくてつよいあしをもっています」というはまぐりの体の特徴を説明することで、次の文にある「あしをのばして、すばやくもぐって」隠れることが納得できる。二文目は、三文目を納得させるための根拠となる文章である。

つまり、形式段落①の「問い」に対して形式段落②と③が「答え」にあたる内容であり、対応関係にあたることを学習者に理解させることが重要となる。さらに形式段落③は、「どのように」の「答え」の根拠となる文（体の特徴）と、直接「答え」となる文の二文になっているという相互関係も押さえることも大切となる。

このように、「はまぐり」の「かくれんぼ」を「なにが」「どのように」という課題解決の視点から説明している。「たこ」や「かに」についても、同様の課題解決の形である。

低学年の説明的文章は一文が特に短く、かつ少ない文章数で構成されているが、無駄な文は一文もない。「問い」に対する「答え」が説明的文章の最も基本的な課題解決の形であり、指導すべき重要な事項であることを本教材から見出すことができる。

G　形態と機能

「なにが」が形態にあたり、「どのように」が機能にあたる。

「たこ」の事例をもとにすると、形態は「たこが、うみのそこにかくれています」（④）であり、機能は「たこは、からだのいろをかえることができます。まわりとおなじいろになって、じぶんのからだをかくします」（⑤）にあたる。他の事例も形態が先であり、次に機能がくる。

つまり、本教材は事例が全て形態→機能となっている。形態（「なにが」）と機能（「どのように」）は説明の最も基本となる説明内容であり、全ての事例がこの形態と機能で説明できる。このことは、本教材の大きな特徴の一つである。

H　写真

各事例における三枚の写真は、「なにが、どのようにかくれているか」という課題解決の説明として、とても効果的である。それぞれの一枚目の写真は「なにが」にあたり、二枚目・三枚目は「どのように」を具体的に示している。

例えば、「はまぐりは、大きくてつよいあしをもっています」（③）という文章がある。一年生が、「はまぐりのあし」を写真などの非連続テキスト（視覚的資料）なしで想像することはかなり難しい。しかし二枚目の写真を見れば、貝からでている白いかたまりが「はまぐりのあし」であるだろうと推測できる。大きくて強そうな感じがする。本教材は、写真も活用して内容を説明しようとしている。

ただし注意したいこととして、あくまでも文章が主役であり、写真（非連続テキスト）は文章を理解するための補助的なものとして扱うようにすべきである。

〔形式・表現〕

J　文章構成

文章構成は、「はじめ」と「中」のみである。「終わり」はない。

「はじめ」は形式段落①の「問い」であり、「中」は形式段落②〜⑦の「答え」である。「問い」に対して「答え」がある。これで課題解決される。「終わり」は、この文章には特に必要ない。

「はじめ」の「問い」と「中」の「答え」で課題解決ができることを、本教材は端的に示している。

L　助詞（「が」と「は」）

全ての事例において、初めの文の主語は助詞「が」である。「は」ではない。

その理由として、品詞の違いがある。「が」は格助詞、「は」は副助詞である。格助詞は主に体言につき、下の語句との関係を示す。一方、副助詞はいろいろな語句につき、言葉にある意味をそえる働きをする。また副助詞の「は」は、別の助詞「を」などに置き換わることもある。例えば、「野菜はぼくが食べる」では、「は」は目的格の「を」に置き換えても文意は変わらない。しかし、「が」はあくまでも主格を表す。したがって、事例の初めの文の主語の助詞は「が」であるほうが、主語として揺るぎないものになる。

ちなみに主語・述語という学習用語を二年生で学習するが、教科書を見ると主語は「〜が（は）」と示されていることが多い。主語の助詞は、格助詞の「が」が基本となる。


〈授業づくりのポイント〉
☆学習者の「言葉による課題解決」のための思考や手立て、言語活動
P　課題解決のための思考（順序づける）
事例が「はまぐり」、「たこ」、「かにのなかまのもくずしょい」の順序になっている。

「はまぐり」は潜って隠れる。「たこ」はまわりと同じ色になって隠れることから、体をまわりの色に変化させる。「もくずしょい」は、海藻を小さく切り、あたかも海藻のように変身する。かくれ方のキーワードとして、「もぐって」（はまぐり）、「まわりとおなじいろになって」（たこ）、「へんしん」（もくずしょい）を取り上げ、隠れ方が複雑になっていく順序で示されていることから、発問として「どうしてこの順序で書かれているか」と問いかけたい。

ただし、簡単な隠れ方から複雑な隠れ方になっているものの、どの生き物にとってもその隠れ方は本能であり、生き物に優劣はないことを教師として押さえておきたい。

S　単元のゴールとなる言語活動

本教材は、「問い」と「答え」の内容を正確に読み取ることを目的とすることから、習得をめざす言語活動が適している。そこで「ペアになって、バラバラになった海の生き物（「はまぐり」、「たこ」、「もくずしょい」）の隠れ方が示された三枚の写真を、『なにが』と『どのように』の観点で隠れ方を説明する」言語活動を提案する。

学習者の一人が、「うみには、いきものがかくれています。なにが、どのようにかくれているのでしょうか」（①）と問い、もう一人が該当する写真を示しながら、例えば、「はまぐりが～。はまぐりは～」（②③）と説明する。終わったら役割を交代して、次の生き物について説明する言語活動を行う。

本教材は一年生の夏休み後に学習することから、学習者の実態によっては文字言語（ひらがな）を自由に扱えない可能性がある。そこで全員ができる言語活動として、音声言語を主とした海の生き物の隠れ方を説明する言語活動が適している。

評価基準は、例えば、次のように考えることができる。

Ａ「なにが」と「どのように」の観点で、「はまぐり」「たこ」「もくずしょい」の全ての隠れ方について、写真をもとに説明することができる。

Ｂ「なにが」と「どのように」の観点で、「はまぐり」「たこ」「もくずしょい」の隠れ方の中から一つ以上、写真をもとに説明することができる。

②「ウミガメの命をつなぐ」（教育出版　四年）

〈教材について〉

・筆者

筆者は、水族館飼育員の松田　乾（まつだ　つよし）氏である。

・概要

本教材は、名古屋港水族館がウミガメを保護するための取組を時系列に取り上げ、その上で水族館の役割の一つである生き物を保護することの大切さを説明した文章である。

なお本教材は教科書のための書き下ろしで、平成二七年度版（二〇一五年）から掲載されている。

・教材の特色

課題解決型の説明的文章である。

「名古屋港水族館は、ウミガメのほごのために、どんな研究に取り組んできたのでしょうか。そこには、解決すべきどんな課題があったのでしょうか」（形式段落④、以後は番号のみの表記とする）という課題を解決するために、産卵研究と子ガメを海に放流する研究が行われ、一定の課題解決が図られる。しかし本教材はここで終わらず、新たな課題に対する取組を行い、水族館の大切な役割の一つである生き物の保護の大切さを説明して終えている。

課題解決のためにいくつもの取組を重ね、課題解決を図る課題解決型の説明的文章であることが大きな特色である。

〈指導目標〉

指導目標は、「目的に応じて、大事な言葉や文をもとに要約することができる」とした。

本教材は、学習者の目的に応じた要約を通して内容を正確に理解したり、必要な内容に再構成したりすることに適した説明的文章である。

そこで学習者の目的に応じつつ、筆者の課題解決に関わる「内容」を正確に読み取る「内容重視」の指導目標を設定した。

本教材の〈教材研究〉と〈授業づくりのポイント〉は、次の通りとなる。（◎は重点）

〈教材研究〉	〈授業づくりのポイント〉
☆筆者の「言葉による課題解決」から学ぶ	☆学習者の「言葉による課題解決」のための思考や手立て、言語活動
〔内容〕	
C　事例の内容（◎）	Q　要約
D　抽象と具体	S　単元のゴールとなる言語活動
〔形式・表現〕	
K　接続語、指示語	

〈教材研究〉

☆筆者の「言葉による課題解決」から学ぶ

〔内容〕

C　事例の内容（◎）

本教材は、形式段落④において「名古屋港水族館は、ウミガメのほごのために、どんな研究に取り組んできたのでしょうか。そこには、解決すべきどんな課題があったのでしょうか」と、文章全体に関わる問いが提示される。端的には、〈研究の取組〉と〈解決すべき課題〉についてである。

この二つの問いに対する答えが、「さんらん研究」（⑥）と「子ガメを海に放流する研究」（⑩）の二つの事例の内容にあたる。この二つの事例は、ウミガメの保護のために絶え間なく研究を続ける筆者の課題解決のプロセスとして、わかりやすく説明されている。

一つ目の事例である「さんらん研究」では、まず〈解決すべき課題〉として「ウミガメが明るさや音にとてもびんかんで、少しでも気になると、たまごを産まない」（⑦）ことが提示される。そこで課題解決のための〈研究の取組〉として、「人工のすなはまに周りの明かりが入らないようにし、たまごを産む時期には見回りも注意して行う」ようにしたり、「えさの種類や栄養、水温、すなの種類などをくふうしたり、ウミガメの血液を調べて体調を管理したりするなどの研究」（いずれも⑧）を行う。その結果、「館内の人工のすなはまでたまごを産み」「そのたまごから子ガメをかえすことにも成功」（いずれも⑨）する。〈解決すべき課題〉と〈研究の取組〉、及びその結果の順序でわかりやすく説明されている。

二つ目の事例である「子ガメを海に放流する研究」では、まず〈研究の取組〉として「タグ」（⑪）をつけて放流する。その結果、「北太平洋に出たウミガメは、東に流れる海流に乗って成長しながらアメリカまで行ったあと、西に流れる海流に乗って、日本にもどってくる」⑫という一つの仮説が見出される。しかし、「とちゅうの行動は、想像するほかありません」⑬という〈解決すべき課題〉が浮かび上がる。そこで新たな〈研究の取組〉として、「ウミガメのせなかに送信機をつけて放流する調査」⑭を開始する。その結果、「海流に乗ってハワイの北西まで行き、しばらくそこにとどまって成長する」、「アメリカの近くまで行ったウミガメも、そこに（注：ハワイの北西の海のこと）もどってきます」、「成長すると海流には乗らず、自分の力で泳いで日本にもどってくる」（いずれも⑯）などが導かれる。〈研究の取組〉、〈解決すべき課題〉、新たな〈研究の取組〉、及びその結果という順序で説明されている。

本来であれば、「こうした二つの研究によって、ウミガメのさんらんや成長の様子が少しずつ明らかになってきました」⑰で事例の説明を終え、「終わり」のまとめに続いてもよい。取りあえず大きな二つの「問い」（〈研究の取組〉と〈解決すべき課題〉）に答える結果が導かれたからである。しかし、筆者は「日本にもどってきたウミガメが、その後、どこで成長して何さいくらいでたまごを産むのかは、まだなぞです」⑱と、さらに新たな〈解決すべき課題〉を提示する。この新たな〈解決すべき課題〉の具体例として「一ぴきのウミガメ」が「このまま、日本の近くにとどまって、いずれたまごを産むのでしょうか。また、日本の近くの海にもどってきてからたまごを産むまでに、どのような生活をするのでしょうか」（いずれも⑲）と提示する。そして〈研究の取組〉として「今度は、送信機をつけて、つかまえた海の近くからもう一度放流し、生活の様子をさぐる」⑳ことを行う。

以上のように、事例において問いに対する〈研究の取組〉や〈解決すべき課題〉、及びその結果を順序立て、また具体的に説明することでわかりやすく課題解決が図られている。

D　抽象と具体

文章構成における「はじめ」と「終わり」は抽象的なこと、「中」は具体的なことが説明されることが多いが、本教材も同様である。

「はじめ」の形式段落①②③は、ウミガメが絶滅の恐れがある動物に指定され、保護の取組が行われるようになったこと、「終わり」の形式段落㉒は水族館には保護も大事な役割であることを説明している。この双方には、名古屋港水族館については一言も触れていない。

一方、形式段落④から㉑までは、名古屋港水族館の保護の具体的な取組が説明されている。

したがって、本教材は抽象（①②③）→具体（④〜㉑）→抽象（㉒）となっている。

〔形式・表現〕

K　接続語、指示語

筆者は課題解決に向けて、接続語や指示語に工夫を凝らしている。

例えば、「この問題を解決するために」（⑭）、「こうした二つの研究によって」（⑰）、「これらのぎもんをとき明かすために」（⑳）など、課題解決に向けた取組がわかる表現が見られる。

〈授業づくりのポイント〉

☆学習者の「言葉による課題解決」のための思考や手立て、言語活動

Q　要約

要約には、二つの考え方がある。一つは文章の表現をそのまま使い内容を短くまとめる要約であり、もう一

つは学習者の目的に応じて、つまり興味・関心のある内容を自分の言葉で短くまとめる要約である。いずれも文章を正確に読みとることを前提とした言語活動である。

本教材では、学習者の興味・関心のある内容をまとめる要約を行いたい。学習者によって興味・関心のある内容は異なることが予想されること、また学習者同士がそれぞれの要約を共有することで、本文の読みが一層深まることが考えられる。例えば、「子ガメを海に放流する研究」では、タグから送信機に変えてどんな成果が出たかなどを要約することが考えられる。

S　単元のゴールとなる言語活動

「要約したことをもとに、筆者の課題解決のしかたについて感想を発表し合う」言語活動を提案する。どんなことを要約したのか、どうしてその要約をしたのかなどを発表し合うことで、筆者の課題解決内容はもちろんのこと、課題解決過程や課題解決方法といったプロセスの工夫についてさらに深めることができる。例えば、次のような文章が考えられる。

成長を知るためにタグから送信機へ

ぼくは、子ガメを海に放流する研究の中で、タグから送信機に変えて研究を行ったことに興味をもちました。はじめの研究では子ガメにタグをつけていましたが、それでは途中の行動がわかりませんでした。そこで送信機に変えて行うと、子ガメはハワイの北西まで行き、そこで成長することがわかりました。アメリカに行った子ガメも、ハワイの北西にもどってきました。送信機をつけることで成長の様子が明らかになってきたのです。さらに、日本にもどってきたウミガメにも送信機をつけて放流しました。詳しくウミガメの成長を知るために、どうすればよいかよく考えて研究をしていることがわかりました。

③「自分の脳を知っていますか」（教育出版　中学校一年）

〈教材について〉

・筆者

筆者は、脳研究者の池谷　裕二（いけがや　ゆうじ）氏である。

・概要

脳が素早い判断を行うために効率化を進めた結果、奇妙な癖ができた。しかし、その判断がいつでも正しいとは限らない。したがって、間違うこともある。とすれば、自分に対しても他人に対しても優しくなれるのではないかということを説明した文章である。

なお本教材は教科書のための書き下ろしで、令和三年度版（二〇二一年）から掲載されている。

・教材の特色

本教材の大きな課題（問い）である「脳の奇妙な癖」（形式段落②、以後は番号のみの表記とする）を解明するために、「その場で最も適切と思われる要素を、人はどのように選ぶのでしょうか。それには、脳のどのようなはたらきが関わっているのでしょうか」（②）と具体化した問いを提示し、クッキーの事例を中心にして課題解決を図っている。さらに結論として、「おとり効果」（⑭）以外の脳の癖が多数あることを示し、脳の癖を知ることでよりよい人間関係の構築ができる可能性を示唆している。

つまり本教材は、「脳の奇妙な癖」の解明を通して、脳の癖を踏まえた人間関係の構築まで見据えた課題解決型の説明的文章である。

〈指導目標〉

指導目標は、「文章の中心的な部分と付加的な部分を区別し、要約をしたり要旨にまとめたりすることができる」とした。
本教材は、文章の中心的な部分と付加的な部分を区別しながら読み取っていくことで、内容を正確に理解することができる。そこで内容を正確に読み取る「内容重視」の指導目標とした。その際の手立てとして、要約をしたり要旨にまとめたりする言語活動を行う。

本教材の〈教材研究〉と〈授業づくりのポイント〉は、次の通りとなる。（◎は重点）

〈教材研究〉
☆筆者の「言葉による課題解決」から学ぶ
〔内容〕
F　中心と付加（◎）
〔形式・表現〕
J　文章構成
〔論理〕
P　課題解決のための思考（一般化する）

〈授業づくりのポイント〉
☆学習者の「言葉による課題解決」のための思考や手立て、言語活動
Q　要約、要旨

〈教材研究〉
☆筆者の「言葉による課題解決」から学ぶ
〔内容〕
F　中心と付加（◎）
本文の内容を理解するためには、中心と付加の視点をもとに読むとよい。例えば、「この文は実験から明らかになったことや筆者が推論したことだから、中心的な部分である」「ここは事例の説明にあたる文であるか

ら、付加的な部分である」「ここは筆者の主張が端的に述べられている文だから、中心にあたる」などと、中心と付加の視点で読むことは内容理解に役立つ。

具体的に見てみると、本論部分（③～⑬）ではクッキーの実験、及び野生動物と幼児の事例が述べられている。クッキーの実験から、「判断をすばやく行うために、必要な要素を直感的に選び抜くのです」（⑦）や、「脳は、必ずしも合理的に物事を判断しているのではありません」（⑧）ということが明らかになった。これは、「脳の奇妙な癖」の中心となる部分である。なおクッキーの実験そのものは、「脳の奇妙な癖」を説明するための事例であり、付加的な部分である。

また野生動物と幼児の事例も含めると、「判断をすばやく行うための効率化を進めた結果、脳に奇妙な癖ができたと考えられます」（⑪）や、「すばやい判断のための直感は、長年の経験に基づいています」（⑫）は、筆者が推論したことであり、中心となる部分である。ライオンに狙われているシマウマの説明、「例えば、天敵のライオンに狙われているシマウマが、どの方角に逃げるべきかをじっくりと考えていたら、その間に命を落としてしまうかもしれません」（⑩）は、付加的な部分である。

結論部分（⑭～⑰）は、全てが筆者の主張に関わることだが、特に、「私たちの判断には脳の癖が影響するものだと互いに知っていれば、よけいな誤解を避ける予防策になります」（⑯）や、「ヒトは、物事を自分で決めたつもりでも、実は脳の仕組みによって知らぬまに決めてしまっています。脳は一生懸命にはたらいてくれてはいますが、だからといって判断が常に正しいわけではありません。まちがうこともあるのが人間なのです」（⑰）は、筆者の主張として最も重要な部分にあたり、中心にあたる。

このように本教材では、中心と付加に着目して読んでいくと内容理解に効果的である。

〔形式・表現〕

J　文章構成

序論（①②）・本論（③〜⑬）・結論（⑭〜⑰）から成る課題解決型の文章構成である。また筆者の主張の位置から見ると、尾括型でもある。

序論では、課題（問い）が示される。「その場で最も適切と思われる要素を、人はどのように選ぶのでしょうか」と「脳のどのようなはたらきが関わっているのでしょうか」という二つの課題（問い）である。さらに、この二つの課題（問い）を解決することで根源的な課題（問い）である「脳の奇妙な癖」（いずれも②）が理解できると述べる。解決すべき点を具体的に示していることは、学習者への配慮が感じられる。

本論では、クッキーの実験で明らかになったこととして、「判断をすばやく行うために、必要な要素を直感的に選び抜く」（⑦）こと、「脳は、必ずしも合理的に物事を判断しているのではありません」（⑧）の二点について述べる。しかし筆者はさらに課題解決を求め、野生動物や幼児の事例をもとに推論を働かせ、「判断をすばやく行うための効率化を進めた結果」（⑪）、「すばやい判断のための直感は、長年の経験に基づいて」（⑫）いることや、「直感はいつでも正しいとは限りません」（⑬）などと一層の課題解決を図る。

結論においては、「これまでに少なくとも数百種類の癖が発見されて」いること、「脳の癖は、脳が効率よく作動しようと努めたことの裏返し」（いずれも⑭）と課題（問い）に対する本論の総括を行う。さらに、これまでの課題解決を通して、「ヒトは、物事を自分で決めたつもりでも、実は脳の仕組みによって知らぬまに決めてしまっています。脳は一生懸命にはたらいてくれてはいますが、だからといって判断が常に正しいわけではありません」（⑰）と筆者の主張を述べる。

以上から、序論で示した課題（問い）を本論で課題解決を図り、結論において課題解決の総括を行い、さらに筆者の主張を述べるという構成となっている。また、序論・本論・結論の各過程において、それぞれの役割が明確に説明されており、文章構成を把握することでも内容理解につながる。

〔論理〕

P　課題解決のための思考（一般化する）

序論と本論では「脳の奇妙な癖」の解明を図っているが、結論では「脳の癖」となり「奇妙な」という言葉が抜けている。なぜなら、脳には「少なくとも数百種類の癖」⑭があり、脳の癖は「自然な現象」⑮であることによる。したがって、結論では「おとり効果」のような個別的・具体的な「脳の奇妙な癖」から、「脳の癖」や「脳の仕組み」と一般化して説明しているのである。

〈授業づくりのポイント〉

☆学習者の「言葉による課題解決」のための思考や手立て、言語活動

Q　要約、要旨

要約とは、学習者の目的に応じて必要な事柄をまとめたものである。例えば、「クッキーの実験からわかったこと」に興味をもち要約するとすれば、実験から明らかになったことをまとめればよい。とすると、「クッキーの実験でわかったことは、脳は判断をすばやく行うために必要な要素を直感的に選び抜くが、必ずしも合理的に物事を判断しているのではない」などとなる。

次に要旨とは、筆者の主張をまとめることである。結論部分に筆者の主張があるので、それぞれの段落の中心を確認し、まとめていくとよい。各段落の中心は次の通りである。

・「脳の癖は、脳が効率よく作動しようと努めたことの裏返しです」⑭

・「もし、この癖に気づかないまま生活していたとしたら、問題を起こすことになるかもしれません」⑮

・「私たちの判断には脳の癖が影響するものだと互いに知っていれば、よけいな誤解を避ける予防策になります」⑯

・「ヒトは、物事を自分で決めたつもりでも、実は脳の仕組みによって知らぬまに決めてしまっています」「まちがうこともあるのが人間なのです」（いずれも⑰）

これらをまとめると、要旨は「脳の癖は、脳が効率よく作動しようと努めたことの裏返しである。しかし、この癖に気づかないまま生活していたとしたら、問題を起こすことになるかもしれない。そこで判断には脳の癖が影響するものだと互いに知っていれば、よけいな誤解を避ける予防策になる。ヒトは、物事を自分で決めたつもりでも、実は脳の仕組みによって知らぬまに決めてしまっている。まちがうこともあるのが人間である」などとなる。

【演習】

「たんぽぽのちえ」（光村図書　二年）を読み、〈読みの観点〉の「筆者の『言葉による課題解決』から学ぶ」中から、「G形態と機能」と「P課題解決のための思考（順序づける）」をもとに、教材分析をしなさい。

（2）「形式重視」の説明的文章

ここでは、「形式」を学ぶことを重視する説明的文章について取り上げる。ただし、重視するといっても「形式」だけを学ぶのではなく、「形式」をもとにしながら「内容」や「内容や形式を統合する筆者の論理」に関わることも学ぶ。

①「自然のかくし絵」（東京書籍　三年）

〈教材について〉

・筆者

筆者は、群馬県立ぐんま昆虫の森名誉園長の矢島　稔（やじま　みのる）氏である。

・概要

昆虫の保護色はどんな場合でも役立つわけではないが、敵に囲まれながらも生き続けるために随分役立っており、いわば「自然のかくし絵」であることを二つの問いを解決する形で説明した文章である。

なお本教材は教科書のための書き下ろしで、昭和六一年度版（一九八六年）から掲載されている。

・教材の特色

段落の内容や役割が明確である。したがって、段落と段落の関係がわかりやすい。そこで形式段落の内容や役割を読み取り、次に意味段落ごとにまとめることで、「はじめ」・「中」・「終わり」の文章構成を考えることに適している。

〈指導目標〉

指導目標は、「段落の中心となる言葉や文に気をつけて読むことができる」とした。

本教材で特に学ぶべきことは、「段落」（形式段落と意味段落）の内容と役割、及び段落相互の関係である。

一つの形式段落には、一つの事柄（一段落一事項）が説明されていること、さらに形式段落には中心となる言葉や文（大事な言葉や文）と、それを支える付加的な説明があることを学ぶ。そして、形式段落を内容や役割ごとにまとめると意味段落が構成され、さらにその意味段落をもとにして文章構成を考えることができることを学ぶ。

本教材では段落を中心に学ぶことが文章全体を読むことにもつながることから、先の指導目標を設定した。

本教材の〈教材研究〉と〈授業づくりのポイント〉は、次の通りとなる。（◎は重点）

〈教材研究〉
☆筆者の「言葉による課題解決」から学ぶ
〔説明的文章全体に関わること〕
A　題名
〔内容〕
F　中心と付加
〔形式・表現〕
I　段落（◎）
K　接続語、指示語
M　キーワード
〔論理〕
p　課題解決のための思考（順序づける）

〈授業づくりのポイント〉
☆学習者の「言葉による課題解決」のための思考や手立て、言語活動
S　単元のゴールとなる言語活動

〈教材研究〉
☆筆者の「言葉による課題解決」から学ぶ
〔説明的文章全体に関わること〕

A　題名

題名にある「自然のかくし絵」という言葉は、最終段落の「ほご色は、自然のかくし絵だということができるでしょう」（形式段落⑫、以後は番号のみの表記とする）の文中にしか出てこない。

また「かくし絵」とは、「身をかくすのに役立つ色」である「ほご色」（いずれも②）を喩えた言葉である。

したがって、「かくし絵」と「ほご色」は同じ意味である。

とすれば、題名を「自然のほご色」としてもいいわけだが、これでは三年生が興味・関心をもつかというと疑問である。そこで、親しみやすい表現として「自然のかくし絵」としたと考えるのが妥当であろう。

題名は、学習者が一見して興味・関心をもつように工夫することが必要である。この題名は、まさに学習者の興味・関心をひく題名となっている。

〔内容〕

F　中心と付加

次の「Ⅰ段落」にも関わることであるが、段落には中心となる言葉や文（大事な言葉や文）とそれを支える付加的な言葉や文がある。

形式段落②を例にすると、中心は「身をかくすのに役立つ色のことをほご色といいます」という保護色の定義であり、付加は「セミやバッタは、木のみきや草の色と見分けにくい色をしています。まわりの色と見分けにくい体の色は、てきから身をかくすのに役立ちます」である。中心となる保護色とはどんな色のことかを言いたいが、それだけでは学習者にはわかりづらいので昆虫を例に付加的に丁寧に説明している。

形式段落⑥では、中心は「まわりの色がへんかするにつれて、体の色がかわっていくこん虫」がいることである。その「体の色がかわっていくこん虫」の付加的な説明として、「ゴマダラチョウのよう虫」を取り上げている。

なお、この形式段落⑥のような書き方をすれば、形式段落④は「体の形を枝に残ったかれ葉と見分けがつかないようにしているこん虫がいます。コノハチョウの羽は……」という書き方もある。ただし、この書き方だと形式ばっていること、また付加（具体例）をもとに説明すると学習者の興味をひくという考えからあえて「たとえば、……」（④）としたと考えられる。

〔形式・表現〕

Ⅰ　段落（形式段落と意味段落）（◎）

注：段落には形式段落と意味段落があるが、段落と表記した場合は形式段落のことを指す。

本教材では、特に段落の形態と意味や機能を指導したい。

段落の形態とは、一字分を下げて書き出したまとまりのことを指す。本教材では全部で一二の段落がある。いずれも一つの段落が一〜三文で構成されているため、学習者にとってわかりやすいので指導にそれほど問題はない。

問題となるのは段落の意味や機能である。学習者にとって、「どうして段落にまとめているのか」「段落にすることでどんなよさがあるのか」「段落にはどんな働きがあるか」などについて、具体的な教材をもとにしないと理解が難しい。そこで題材や内容、さらに形式や表現が学習者に理解しやすい本教材を使って指導していくとよい。

段落の意味として理解させたいことは、一つの段落には一つの事柄（一段落一事項）が書いてあることである。したがって、一つの段落には複数の事柄を書いてはいけない。さらに段落には、中心となる言葉や文（大事な言葉や文）とその具体的な説明があることも指導したい。なお中心となる言葉や文とは、段落の内容をまとめたり一般化したりしている言葉や文である。また、問いに対する答えとなる言葉や文の場合もある。

段落の機能としては、段落にわけて書かれてあることで内容が理解しやすくなる。逆に段落をまとめて読むことで意味上のまとまりを考えることができ、全体の理解がしやすくなる働きもある。

本教材では、文章構成の「中」にあたる段落それぞれが二～三文と少ないながらも複数文あることから、段落の指導に適している。なお「中」は前半と後半にわかれるが、ここでは前半を取り上げる。

形式段落③に「こん虫は、ほご色によって、どのようにてきから身をかくしているのでしょうか」という問いがある。ここでは「どのように」という方法を問題としている。その答えとなる段落が「中」の形式段落④から⑦である。

例えば、形式段落⑤の中心となる文は、一文目の「トノサマバッタは、自分の体の色がほご色になるような場所をえらんですんでいるようです」である。形式段落④のコノハチョウの場合は羽の色や形であったが、形式段落⑤のトノサマバッタの場合は、体の色と場所が同じであることが大切となる。その二つが異なってはいけない。二文目、三文目はその付加的な説明となる。特に三文目の「緑色の草むらにいるのは、ほとんどが緑色のバッタで、かっ色のかれ草や落ち葉の上にいるのは、ほとんどがかっ色のバッタです」からは、一文目の「自分の体の色がほご色になるような場所をえらんですんでいる」ことの付加的な説明となっている。したがって、この説明から一つの段落には一つの事柄を書いていることがわかる。

形式段落⑥も中心が一文目であり、その付加的な説明が二文目、三文目にある。

このように、一つの段落には一つの事柄が書いてあること、さらにその説明として中心と付加に関わる言葉や文があることを理解させたい。

段落（形式段落）が理解できたら、次は意味段落を指導する。

意味段落とは、段落（形式段落）を内容や機能でまとめた段落のことである。この意味段落を理解することで、段落と段落の関係や文章構成を考えることに役立つ。つまり、文章全体を俯瞰して読むことができる。

本教材は、形式段落①②が「ほご色」の説明であり、形式段落④～⑦は形式段落③の「どのようにてきから身をかくしているのでしょうか」という方法について、複数の昆虫を例に説明している。さらに形式段落⑨⑩⑪は、形式段落⑧の「どんなときでもてきから身を守ることができるのでしょうか」という問いについての有効性と限界性について説明している。「終わり」の形式段落⑫は、「どんな場合でも役立つとはかぎりませんが、てきにかこまれながらこん虫が生きつづけるのに、ずいぶん役立っている」と、「中」の段落の内容をさらにまとめた説明をしている。そして、「ほご色は、自然のかくし絵だということができるでしょう」と題名と同じ比喩表現を使って結んでいる。

このように意味段落にまとめて読んでいくことで、「内容」や「内容と形式を統合する筆者の論理」にも関わりながら読んでいくことができる。

K　接続語、指示語

本教材にはたくさんの接続語や指示語があるが、特に接続語の文章全体に果たす役割は大きい。

例えば、形式段落⑤の「また」、⑥の「さらに」からは、形式段落④⑤⑥がひとつながりになっていること、つまり一つの意味段落をなすことがわかる。

形式段落⑧の「では」と、⑪の「ところが」からは、これまでの内容が転換していることがわかる。このように内容が転換している場合は、その段落を特に注意して読むことが必要である。

M　キーワード

本教材のキーワードは「ほご色」である。

文章構成の「はじめ」「中」「終わり」の視点で見ると、「はじめ」では、ほご色の定義を説明している。「中」の前半の事例は昆虫の「ほご色」の機能であり、後半は昆虫の「ほご色」の有効性と限界性についての説明である。「終わり」では、昆虫の「ほご色」とは「自然のかくし絵」であるとまとめている。

終始一貫、昆虫の「ほご色」についての説明がなされている。

〔論理〕

p　課題解決のための思考（順序づける）

本教材は、「はじめ」「中」「終わり」の典型的な文章構成となっている。ただし、「中」が二つの意味段落（形式段落③～⑦と⑧～⑪）から構成されるのだが、初めの意味段落と次の意味段落のつながりに、筆者が課題解決のために「積み重ねの順序」の思考を働かせていることが大きな特徴としてあげられる。

一般的には三年生の最初の説明的文章の「中」の意味段落は、並列の関係にあることが多い。その方が学習者にとってわかりやすい。しかし、この「自然のかくし絵」では、はじめの意味段落を踏まえて、次の意味段落が成立する。いわば「積み重ねの順序」の関係にある。

具体的に見てみると、はじめの意味段落は形式段落③の「こん虫は、ほご色によって、どのようにてきから身をかくしているのでしょうか」という問いと、それに対する答えとして形式段落④から⑦までで構成されている。「どのように」という問いに対しての答えは、三つの事例からコノハチョウを取り上げると、例えば、「コノハチョウは、羽のうらがかれ葉のような色と羽をとじたときに木の葉にそっくりな形をもつことで、てきから身をかくしている」となる。そして形式段落⑦「このほかにも、ほご色によって上手に身をかくして、てきから身を守っているこん虫はたくさんいます」と保護色によって身を守ることのできる昆虫がたくさんいることを一般化する。

そこで形式段落⑧において「では、こん虫は、どんなときでもてきから身を守ることができるのでしょうか」という次の問いが提出される。「どのように」という〈方法〉から「どんなときでも」といった〈状況〉（有効性と限界性）へと視点を変えて問うことで、昆虫の身の守り方をさらに深めていく。その答えとして、形式段落⑩では「じっとしているかぎり、ほご色は、身をかくすのに役立ちます」と条件つきで可能（有効性）であることが示され、形式段落⑪では「動いたときなどには、鳥やトカゲに食べられてしまう」という保護色の限界性を示している。保護色は身を守るのに役立つが条件があること、さらに限界もあることを示している。小学校三年生用の教材といえども、事象について厳密に述べている。このことを言いたいがために、「中」の展開を「積み重ねの順序」にしたと考えられる。

〈授業づくりのポイント〉

☆学習者の「言葉による課題解決」のための思考や手立て、言語活動

S　単元のゴールとなる言語活動

単元のゴールとなる言語活動として、「ほご色のよさをもとにして、自分の身を守る生き物について調べ発

表する」言語活動を提案する。

本教材では、主に段落を学ぶことを通して読みを深めてきた。そこで学んだ段落の書き表し方、つまり中心と付加の観点を使って、今度は学習者が実際に使って書いてみることは段落の理解をさらに深めることになる。また本教材は、「はじめ」「中」「終わり」の文章構成であることも学んだ。

そこで生き物について調べ書きまとめる際、「はじめに」は中心となる言葉や文を書き、「中」では付加的な説明を書く。「終わり」は、学習者の感想を書くという内容と構成で書かせてみる。

なお、その際には教師が見本となる文章を示すとよい。例えば、次のような文章が考えられる。

野ウサギのかくれかた

季節によって体の毛がかわっていく動物がいます。

例えば、野ウサギがいます。野ウサギの毛は、夏は茶色の毛で、冬は白い毛に変わります。夏は、まわりが茶色なので茶色の毛だと、てきから身をかくすのにちょうどよいからです。冬は、雪でまわりが白くなるので、白い毛だとえさをさがすとき、てきから見つかりにくいからです。

ぼくは、てきから身を守るために野ウサギが季節で毛の色がかわっていくことを知り、生き物は生きるためにいろいろなくふうがあるんだなと思いました。

この言語活動の留意点は、手段と目的を間違えないことである。調べる活動は、本単元においてあくまでも手段である。調べることが目的ではない。目的は、指導目標とした「段落の中心となる言葉や文に気をつけて読むことができる」ことである。段落の中心となる言葉や文、さらにそれを付加的に説明する言葉や文を「はじめ」「中」「終わり」の文章構成に基づいて書き、発表することである点に留意したい。

なお適切な資料を見つけることが難しい学習者がいる場合、教師はいくつかの資料を事前に準備しておくことが必要である。

②「アップとルーズで伝える」（光村図書　四年）

〈教材について〉

・筆者

筆者は、元ＮＨＫ解説委員で東京国際工科専門職大学教授の中谷　日出（なかや　ひで）氏である。

・概要

アップとルーズには、それぞれ伝えられることと伝えられないことがある。そこで、送り手は伝えたいことにあわせて、アップとルーズを選んだり組み合わせたりする必要があることをテレビのサッカーの事例を中心に説明した文章である。

なお本教材は教科書のための書き下ろしで、平成一七年度版（二〇〇五年）から掲載されているが、令和二年度版に改訂が行われ、現行の文章となった。

・教材の特色

アップとルーズのそれぞれの長所と短所が対比的に説明されていることをはじめとして、内容面や表現面から段落相互の関係が見られる教材である。

〈指導目標〉

指導目標は、「段落と段落の関係に気をつけて、筆者の考えを読み取ることができる」とした。

本教材で特に学ぶべきことは、段落相互の関係である。具体的には、アップとルーズの事例の関係、その事例と筆者の考えの関係、またサッカーの画面と新聞の写真の関係、さらに「はじめ」と「終わり」の意味段落の関係など、いくつかの段落相互の関係を読み取ることができる。

また段落相互の関係を学ぶことを通して、筆者の論理や主張を理解することになる。このことは、先の「自然のかくし絵」と同様に「形式」を学びの軸としつつも、「内容」と「内容と形式を統合する筆者の論理」を学ぶことにもなる。

以上から、本教材では段落相互の関係を中心に学ぶことで、筆者の論理や主張を読み取ることになると考え指導目標を設定した。

本教材の〈教材研究〉と〈授業づくりのポイント〉は、次の通りとなる。（◎は重点）

〈教材研究〉	〈授業づくりのポイント〉
☆筆者の「言葉による課題解決」から学ぶ	☆学習者の「言葉による課題解決」のための思考や手立て、言語活動
〔内容〕	S　単元のゴールとなる言語活動
H　写真	
〔形式・表現〕	
I　段落（◎）	
〔論理〕	
p　課題解決のための思考（比較する）	

〈教材研究〉

☆筆者の「言葉による課題解決」から学ぶ

〔内容〕

H　写真

三年生までの説明的文章教材と四年生で学習する本教材では、文章の表現上に大きな違いがある。それは文章中に写真の説明にあたる言葉や文を取り入れ、学習者の内容理解を図ろうとしていることである。光村図書の場合、このことは三年生までの説明的文章教材にはない。写真や挿絵などは、あくまでも編集者が学習者の理解を助けるために掲載したものとなっている。

本教材では、全部で五枚の写真がある。特に三枚目（アップ）と四枚目（ルーズ）は、本文の内容理解に大きく関わる。形式段落④では冒頭に「アップでとったゴール直後のシーンを見てみましょう」とあり、三枚目の写真を見ることを学習者に呼びかけている。さらに、次の文章「ゴールを決めた選手が両手を広げて走っています。ひたいにあせを光らせ、口を大きく開けて、全身でよろこびを表しながら走る選手の様子がよく伝わります」では、写真を見ないと文章の内容理解ができない。このことは形式段落⑤のルーズの説明でも同じようなことがいえる。ルーズの具体的な説明内容は、四枚目の写真と対応させて初めてその理解に至る。

写真は補助的なものではなく文章の一部として取り入れられており、文章を理解する上で大きな役割を果たしている。

〔形式・表現〕

I　段落（段落相互の関係）（◎）

本教材では、いくつかの段落相互の関係を学ぶことができるが、サッカーのアップとルーズの事例の関係、サッカーの事例と筆者の考えの関係、サッカーの画面と新聞の写真の関係、「はじめ」と「終わり」の意味段落の関係の四つに絞って述べる。

一つ目のサッカーのアップとルーズの事例の関係では、アップの長所はルーズの視点から見ると短所に、またアップの短所はルーズの視点から見ると長所になっている関係を理解させることが大切となる。本文では、アップの長所は「細かい部分の様子がよく分かります」（形式段落④、以後は番号のみの表記とする）であるが、ルーズの視点から見ると「各選手の顔つきや視線、それらから感じられる気持ちまでは、なかなか分かりません」（⑤）と短所になっている。同じようにアップの短所とした「走っている選手いがいの、うつされていない多くの部分のことは、アップでは分かりません」（④）は、ルーズにおいて「広いはんいの様子がよく分かります」（⑤）と長所となっている。長所と短所は、視点が変わると逆になる関係を理解させることが大切である。なお、この事例同士の関係は並列の関係にある。

二つ目のサッカーの事例と筆者の考えの関係であるが、形式段落⑥ではアップとルーズの事例をもとに「アップとルーズには、それぞれ伝えられることと伝えられないことがあります」とまとめ、さらに「目的におうじてアップとルーズを切りかえながら放送をしています」と、アップとルーズが「目的」に応じたものだと一般化を図っている。形式段落④⑤の事例を具体とすれば、この形式段落⑥の一般化は抽象と捉えることができる。

三つ目のサッカーの画面と新聞の写真の関係についてであるが、サッカーの画面によるアップとルーズは「目的におうじて」（⑥）切りかえられる。一方、新聞の写真でも「目的にいちばん合うもの」（⑦）を選んで使っていると説明している。このことから、「目的」に応じたものを選んで使っているという点では繰り返し同じことを説明していることがわかる。複数の事例を通して、繰り返し「目的」に応じてアップとルーズを使い分けることを説明することで、説明を補強する関係にある。

四つ目の「はじめ」と「終わり」の意味段落の関係については、双方とも同じことを主張している。つまり、本教材は双括型の文章構成である。「はじめ」の形式段落③には、「何かを伝えるときには、このアップとルーズを選んだり、組み合わせたりすることが大切です」という筆者の主張がある。一方、「終わり」の形式段落⑧でも「送り手は伝えたいことに合わせて、アップとルーズを選んだり、組み合わせたりする必要があるのです」と、伝える内容に即してアップとルーズを選択したり組み合わせたりすることの大切さを繰り返し主張している。なお、この形式段落⑧では「みなさんも、クラスの友達や学校のみんなに何かを伝えたいと思うことがあるでしょう。そのときには、ある部分を細かく伝える『アップ』と、広いはんいの様子を伝える『ルーズ』があることを思い出しましょう。そうすることで、あなたの伝えたいことをより分かりやすく、受け手にとどけることができるはずです」と、学習者に発信者の立場になった際に、自分ごととしてアップとルーズを使うことの大切さを伝え、筆者の結びの言葉としている。

〔論理〕

p　課題解決のための思考（比較する）

課題解決のために、文章中には図2の通り、Ⓐからⓕまでの六通りの比較する思考が働いている。

Ⓐとⓑは双方とも、内容の対比、表現の類比の関係である。Ⓐの内容の対比とは、形式段落①のルーズの内容と②のアップの内容が対比する形で説明されていることを指す。表現の類比とは、書き方（述べ方）が①②の段落とも初めの一文目、または二文目が全体の説明、後の文章が全体をさらに詳しく具体的に説明する形となっていることを指す。例えば、②の「いよいよ後半が始まります」は全体の説明であり、次の「画面は、コートの中央に立つ選手をうつし出しました。ホイッスルと同時にボールをける選手です。顔を上げて、ボールをける方向を見ているようです」は、後半開始の具体的な説明となっている。

Ⓑは Ⓐと同様である。④がアップ、⑤がルーズの内容である。さらにこの④⑤はともに、各段落の前半がそれぞれの長所を、後半が「しかし」と「でも」を使って短所を説明しており、内容の対比である。また、ともに学習者への呼びかけ→アップ（ルーズ）の長所→接続語（「しかし」「でも」）→アップ（ルーズ）の短所と説明のしかたが同じであり、表現においては類比関係にある。

Ⓒは内容の類比である。⑥ではテレビにおいて「目的におうじてアップとルーズを切りかえながら放送をしています」と説明され、⑦は新聞において「目的にいちばん合うものを選んで使うようにしています」と、目的に応じてアップにするかルーズにするか選んで使うことを説明していることから、内容の類比といえる。

Ⓓは表現の類比である。①②がルーズとアップと事例であり、③は①②のルーズとアップを定義づけ、さらに「何かを伝えるときには、このアップとルーズを選んだり、組み合わせたりすることが大切です」とまとめている。一方、④⑤はアップとルーズの具体的な説明を行い、⑥は「アップとルーズには、それぞれ伝えられることと伝えられないことがあります」とまとめている。事例の説明を行い、次にそれらをまとめるという説明のしかたが類比の関係にある。

Ⓔは内容の類比である。Ⓒの内容の類比で述べた⑥⑦と、⑧の「送り手は伝えたいことに合わせて、アップとルーズを選んだり、組み合わせたりする」という「目的」に応じて使うことはともに同じであり、内容の類比の関係にある。

Ⓕは内容（主張）の類比である。③における「何かを伝えるときには、このアップとルーズを選んだり、組み合わせたりすることが大切です」という主張が、⑧において「送り手は伝えたいことに合わせて、アップとルーズを選んだり、組み合わせたりする必要がある」と繰り返し、さらに「みなさんも、…（略）…あなたの伝えたいことをより分かりやすく、受け手にとどけることができるはず」と学習者に自分ごととして考えるこ

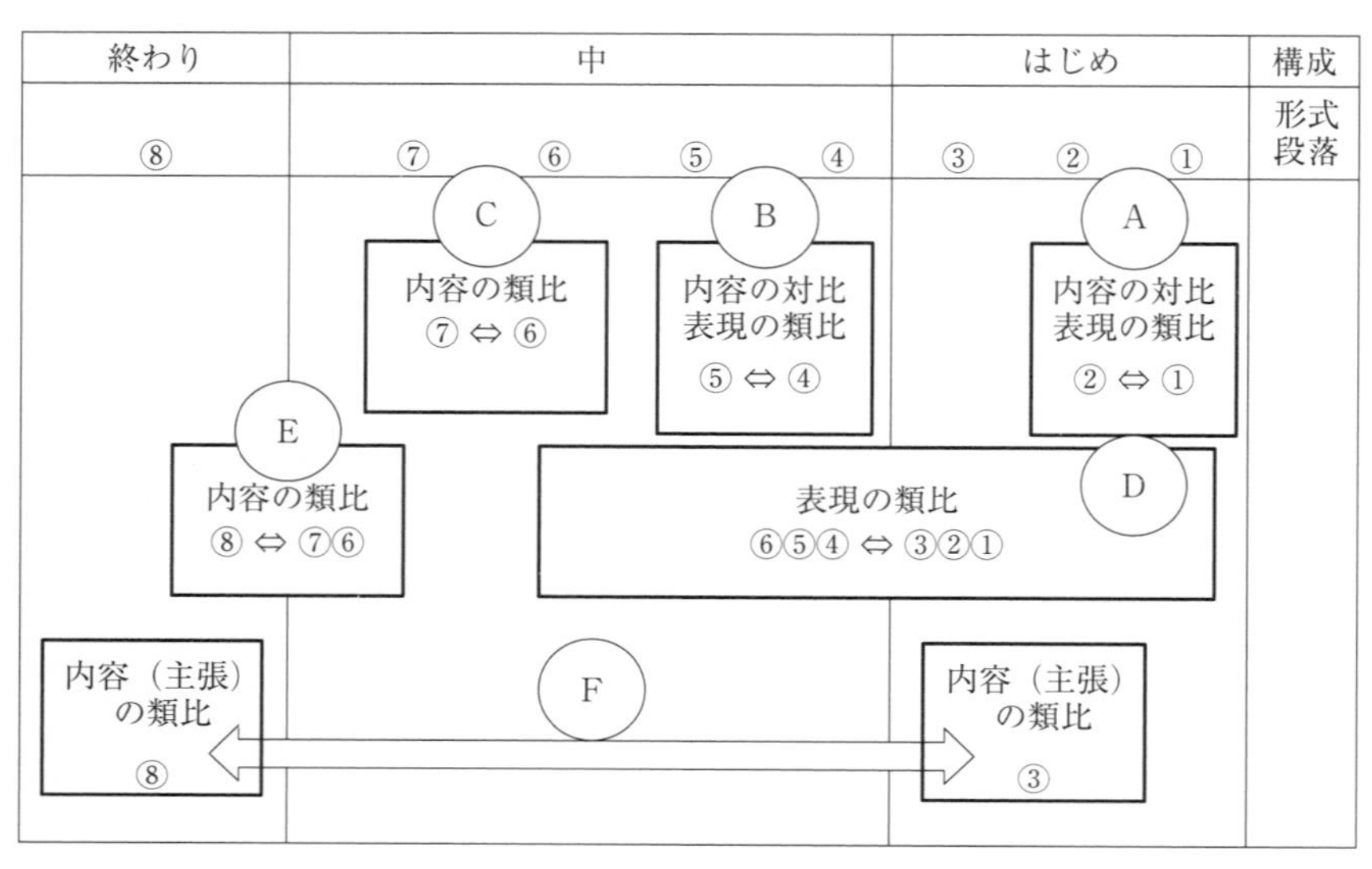

図2　「アップとルーズで伝える」の比較（対比・類比）場面

とを促すといった一般化を図っている。③の主張をさらに強化しているともいえる。

以上から、筆者の課題解決のための比較する（対比・類比）思考の理解が学習者にとって文章全体の把握にとても重要となる。

〈授業づくりのポイント〉

☆学習者の「言葉による課題解決」のための思考や手立て、言語活動

S　単元のゴールとなる言語活動

単元のゴールとなる言語活動として、「いろいろな視点でテレビと新聞のちがいがわかる説明文を書き、発表する」言語活動を提案する。

本教材では、アップとルーズを視点として段落相互の関係を学びつつ、筆者の論理や主張を読み取った。

そこで単元のゴールとなる言語活動として、本教材の事例とした取り上げたテレビと新聞を題材として言語活動を行う。そのことで、段落相互の関係を改めて自分ごととして考えることができる。

いろいろな視点とは、例えば、「すぐ情報を伝えることができるかどうか」「文字としてじっくり読めるかどうか」「番組案内など何を放送するか事前にわかるかどうか」などの視点がある。それらの視点をもとにした例文として、次のような文章が考えられる。

テレビと新聞の情報の速さ

テレビと新聞は情報の速さが違います。
テレビは急な出来事が起きた時、すぐに放送するので、私たちは情報をすばやく知ることができます。また、テレビの画面を見れば、どんな情報かおおよそがわかります。しかし、テレビは放送時間が決まっているので、もっと詳しく知りたいと思ってもなかなかできないことがあります。
新聞は、紙に印刷されているのでじっくりと読むことができます。したがって、詳しい情報を知ることができます。でも、新聞は急な出来事が起きた時、私たちの手元にすぐには届かないので、すばやく情報を知ることができません。
このように、急な出来事をすぐに知りたい時はテレビが便利です。しかし、もっと詳しく知りたい時は新聞が便利です。目的におうじて、テレビと新聞を使いわけましょう。

この言語活動の留意点は、双括型の文章構成にすること、段落内でテレビ（新聞）の長所と短所をそれぞれ対応させること、テレビの長所が新聞の短所になりテレビの短所が新聞の長所になるという段落相互の関係にさせること、「まとめ」では目的に応じた使い分けがなされることを説明するといった視点が大切となる。なお、本事例は、テレビと新聞のもつ「時間性」に着目している。

【引用文献】

田中拓郎「国語科説明的文章学習における『比較』の実相(2)―小学4年「アップとルーズで伝える」をもとにして―」弘前大学大学院教

を使って、教材分析をしなさい。

【演習】

「ヤドカリとイソギンチャク」（東京書籍　四年）を読み、〈読みの観点〉から「Ⅰ段落」（段落相互の関係）を使って、教材分析をしなさい。

（3）「論理重視」の説明的文章

ここでは、「論理」を学ぶことを重視する説明的文章について取り上げる。ただし、重視するといっても「論理」だけを学ぶのではなく、「論理」を学ぶことを通して「内容」や「形式」も学ぶ。「論理」は、「内容」と「形式」を統合する機能がある。

①「ありの行列」（光村図書　三年）

〈教材について〉

・筆者

筆者は、動物学者の大滝　哲也（おおたき　てつや）氏である。

・概要

ありの行列は、ありがおしりから出す液のにおいをたどってえさのある所へ行ったり、巣に帰ったりすることでできる。このことを、二つの実験（観察）（以下、実験とする）と研究を通して解明した理科的内容の課題解決型の説明的文章である。

なお本教材は教科書のための書き下ろしで、昭和四九年度版（一九七四年）から掲載されているが、平成二十三年度版（二〇一一年）において最終段落の削除等の改訂がなされ、現行の文章となった。

・教材の特色

問いに対し二つの実験を行い、その結果から一つの仮説を立て、さらにその仮説をもとに研究を行うという課題解決に向けた論理展開になっているところに特色がある。

〈指導目標〉

指導目標は、「筆者の論の進め方の工夫を考えることができる」とした。

筆者は、ありの行列ができるわけを学習者にわかりやすく説明するために、論の進め方を工夫している。その工夫とはどんなことかを考えることが、本教材を読むことになる。

次に本教材の〈教材研究〉と〈授業づくりのポイント〉であるが、「論理」は「内容」と「形式」を統合することから、ここでは「内容」と「形式」も含めて「課題解決のための論理」として述べる。

〈教材研究〉
☆筆者の「言葉による課題解決」から学ぶ
〔論理〕
O　課題解決のための論理（◎）
P　課題解決のための思考（関連づける）

〈授業づくりのポイント〉
☆学習者の「言葉による課題解決」のための思考や手立て、言語活動
S　単元のゴールとなる言語活動

〈教材研究〉

☆筆者の「言葉による課題解決」から学ぶ

〔論理〕

O　課題解決のための論理（◎）

二つの実験から仮説を導き、さらに研究を行い課題解決を図る論理が見出される。その具体として、次の四点について述べる。

◇　実験の妥当性・客観性を高める論の進め方（事例の内容とも関わる）

実験は、えさとして砂糖をおく実験（形式段落③、以後は番号のみの表記とする）と、大きな石をおいてありの行く手を遮る実験（④）の二つが行われる。なお巣からえさまでの道のりを往路、えさから巣までの道のりを復路とする。

一つ目の砂糖をえさとしておく実験では、「ふしぎなことに、その行列は、はじめのありが巣に帰るときに通った道すじから、外れていない」（③）と、たくさんのはたらきありの往路が初めに砂糖を見つけた一匹のはたらきありの復路と一致したことに着目している。このことを筆者は「ふしぎなこと」と疑問を示しながら論を進めている。確かに、この結果だけでは学習者によって「偶然でないのか」という疑問をもつことはありうる。

そこで筆者は、二つ目の大きな石をおいてありの行く手を遮る実験を行う。結果として、「ようやく、一ぴきのありが、石の向こうがわに道のつづきを見つけました」「またたんだんに、ありの行列ができていきました。目的地に着くと、ありは、さとうのつぶを持って、巣に帰っていきました。帰るときも、行列の道すじはかわりません」（いずれも④）と、大きな石という障害物があっても復路と往路は一致することを示す。

この二つの実験により、往路と復路は同じ「道すじ」になることが証明され、筆者の「ふしぎなこと」は解決される。実験の妥当性・客観性を高める論の進め方となっている。
また妥当性・客観性がある実験だからこそ、「ウイルソンは、はたらきありが、地面に何か道しるべになるものをつけておいたのではないか、と考えました」⑤という仮説が成り立つ。

◇「はじめ」（往路）と「終わり」（往路と復路）の性質・役割の違い（文章構成とも関わる）

「はじめ」①の二文目に、筆者は「その行列は、ありの巣から、えさのある所まで、ずっとつづいています」と、巣を起点とし、えさのある場所までのありの行列（往路）について述べている。この往路の提示は、学習者に自分自身の経験を振り返らせ、「ありの行列」という題材に引き込むとともに、三文目、四文目の「ありは、ものがよく見えません。それなのに、なぜ、ありの行列ができるのでしょうか」という問いを認識するための伏線となる重要な役割を果たしている。往路であれば、例えば、学習者が「ありはえさの場所を知らないはずなのに、どうして巣からえさのある所まで行列ができるのだろう」と疑問をもつことが予想される。仮にえさから巣までの復路であれば、例えば、「ありは、巣の場所を知っている。えさまで辿り着いたのだから、帰りは反対に歩けばいいから簡単だ」という考えが出てくることもありうる。往路は未知であり、復路は既知と捉えるのではないか。既知の復路では、学習者の興味・関心や、「問い」への橋渡しとはならない。「ありの巣から、えさのある所まで」の往路を提示したことは、筆者の論の進め方の工夫である。

「終わり」⑨では、「このように、においをたどって、えさの所へ行ったり、巣に帰ったりするので、ありの行列ができるというわけです」と、往路と復路について述べている。

「はじめに」では往路であったが、「終わり」では往路と復路について述べている。往路と復路については、「中」の実験で「道すじ」が一致すること、また研究では「はたらきありは、えさを見つけると、道しるべとして、地面にこのえきをつけながら帰るのです。他のはたらきありたちは、そのにおいをかいで、においにそって歩いていきます。そして、そのはたらきありたちも、えさを持って帰るときに、同じように、えきを地面につけながら歩くのです。そのため、えさが多いほど、においが強くなります」（⑧）と、復路での「ありの行列」ができる最大の理由が述べられている。復路は、絶対にはずすことのできない「道すじ」である。このことから、「終わり」では、往路と復路について重ねて述べている。

とすれば、「はじめに」の往路は興味・関心をもたせるため、「終わり」の往路と復路は実験と研究の成果によるものであり、性質・役割が異なる。ここからは「はじめ」と「終わり」のもつ典型的な性質・役割がわかる。

◇　接続語、指示語の効果

「はじめに」（③）と「次に」（④）は、実験の順序性を示す接続語である。したがって、この順序でなければならない。

また、「その」（①③⑧）、「この」（②④）など指示語がたくさん使われ、課題解決のプロセスに大きな効果をもたらしている。

◇　筆者の推論や理由がわかる文末表現

本教材は実験や研究などを通して「ありの行列」ができるわけを解決するため、文末表現が「～です」「～ます」「～ました」などの説明に関わる表現が多いが、その中で筆者の考えが強調されているものがいくつか見られる。例えば、「と考えました」（⑤）からは、筆者が実験結果から推論が行われていることがわかる。また、「というわけです」（⑨）からは、明確に理由を説明していることがわかる。文末表現の違いに着目することも、読みを深める一つの手立てとなる。
以上の四点から、筆者の課題解決のための論の進め方の工夫が見て取れる。

P　課題解決のための思考（関連づける）

実験結果から「はたらきありが、地面に何か道しるべになるものをつけておいたのではないか」（⑤）という仮説が立てられ、研究が行われる。研究結果として、「はたらきありは、えさを見つけると、道しるべとして、地面にこのえきをつけながら帰るのです。他のはたらきありたちは、そのにおいをかいで、においにそって歩いていきます。そして、そのはたらきありたちも、えさを持って帰るときに、同じように、えきを地面につけながら歩くのです。そのため、えさが多いほど、においが強くなります」（⑧）という結論が導かれる。

仮説が立てられなければ、研究結果（結論）は導かれない。実験と研究は関連し、かつ連続したものである。「順序づける」思考や「比較する」の思考も見られるが、実験と研究の関連性・連続性が課題解決に大きく寄与していることから、「関連づける」の思考が特筆される。

〈授業づくりのポイント〉

☆学習者の「言葉による課題解決」のための思考や手立て、言語活動

S　単元のゴールとなる言語活動

単元のゴールとなる言語活動として、「大滝さんの書き方の秘密を見つける」言語活動を提案する。

本教材では、筆者の論の進め方の工夫を学んだ。そこで筆者である「大滝さんの書き方の秘密を見つける」ことは、筆者の論の進め方の工夫を再確認するとともに、自分自身の考えを深めることにつながる。例えば、

次のような文章が考えられる。

大滝さんの書き方のすごいところ

大滝さんの書き方のすごいところは、ウイルソンの二つの実験が続けて行われたことをわかりやすく説明したことです。

一つ目のさとうをおく実験で、行きと帰りの道すじが同じであることがわかりました。そこで私は実験を終わりにして、研究に行ってもいいと思いました。でもウイルソンは、新たに大きな石をおく実験をしたのです。この実験でも、行きと帰りの道すじは同じであることがわかりました。しかも、「ありの行列は、さとうのかたまりがなくなるまでつづきました」とあることから、長時間の実験だったことがわかります。その後、ようやくウイルソンは研究へと進むのです。

私は、繰り返し時間をかけて実験を行ったことをわかりやすく説明したことがすごいと思いました。

【参考文献】

植山俊宏「真正な問題解決能力を育成する説明的文章の指導」「実践国語研究」第三五六号 明治図書 二〇一九年 四～五頁

②「イースター島にはなぜ森林がないのか」（東京書籍　六年）

〈教材について〉

・筆者

筆者は、東京大学名誉教授の鷲谷　いづみ（わしたに　いずみ）氏である。

・概要

人間による森林破壊と人間が持ち込んだラットによる生態系への影響によって、イースター島の森林がなくなった。この直接的・間接的な原因によるイースター島の森林消失を踏まえ、「今後の人類の存続」のために、「子孫に深く思いをめぐらす文化」の構築を主張した説明的文章である。

なお本教材は教科書のための書き下ろしで、平成一七年度版（二〇〇五年）から掲載されている。

・教材の特色

「はじめ」で課題（「イースター島の森林は、なぜ、どのようにして失われてしまったのだろうか」（形式段落③、以後は番号のみの表記とする）と提示し、「中」で課題解決を図り、「終わり」で今後の人類の文化」について主張する課題解決型の文章であり、筆者の主張がわかりやすく説明されているところに特色がある。

〈指導目標〉

指導目標は、「筆者の論の進め方や主張を読み取り、他者と意見交流をすることができる」とした。

筆者はイースター島に森林がなくなったことから、「祖先を敬う文化」の構築だけでなく「数世代後の子孫の幸せを願う文化」の構築を主張している。そこで、主張に至る論の進め方や、主張そのものを読み取り、他者と意見交流をすることは、読みの深まりが図られるとともに自立した学習者の育成につながる。

本教材の〈教材研究〉と〈授業づくりのポイント〉は、次の通りとなる。（◎は重点）

〈教材研究〉
☆筆者の「言葉による課題解決」から学ぶ
〔論理〕
O　課題解決のための論理（◎）

〈授業づくりのポイント〉
☆学習者の「言葉による課題解決」のための思考や手立て、言語活動
S　単元のゴールとなる言語活動
（R　筆者を受容・共感する読み、批判的・批評的に読む読み）

〈教材研究〉

☆筆者の「言葉による課題解決」から学ぶ

〔論理〕

Ｏ　課題解決のための論理（◎）

イースター島の森林が消失した事例（過去）から、現在、そして今後の人類の存続に思いをめぐらす（未来）という論理が見出される。

◇二段階に分けて提示した森林が失われた原因（事例の内容とも関わる）

文章構成は、「はじめ」「中」「終わり」から成る。「はじめ」（①②）では、イースター島に関する説明がある。次いで「中」（③〜㉔）では、問い（「イースター島の森林は、なぜ、どのようにして失われてしまったのだろうか」）と、問いに対する答えが具体的事象をもとに示される。「終わり」（㉕〜㉗）では、答えのまとめと筆者の主張が述べられる。

論の進め方の特徴として、まず「中」において森林が失われた原因を二段階にして提示したことがあげられる。初めは「大きな原因」（⑧）として、「農地にするため」（⑨）、「丸木船を作るため」（⑪）、「宗教的・文化的な目的」による「モアイ像の製作」（ともに⑬）のためであることを述べる。確かに、これらは「大きな原因」であると学習者に感じさせる。

次いで、「人間とともに島に上陸し、野生化したラットが、ヤシの木の再生をさまたげたらしい」（⑲）と、ラットが原因であることを述べる。このことは、学習者に驚きをもたせる効果がある。「モアイ像の製作」に代表される「大きな原因」だけでなく、「ラット」という小さな動物がイースター島の生態系を破壊し、森林を消失させた一因としたからである。筆者は「ラットの子孫が、ポリネシア人たちの子孫と島をおおう森林に大きなわざわいをおよぼすことになる」（⑦）と、ラットの存在について事前に触れてはいるが、ここにおいて学習者は改めて驚きをもつであろう。「モアイ像の製作」に代表される大きな原因と、「ラット」という小さな動物が原因とする論の進め方は、学習者に大きなインパクトを与える。

◇　事例と筆者の主張の関係（事実と意見）

「中」での事例は、イースター島の森林が失われてしまった原因とその過程、及び結果についてである。しかし筆者が主張したいことは、この事例の内容を踏まえた先にある。具体的には、モアイ像に見られる「祖先を敬う文化」（㉗）も大切であるが、「ひとたび自然の利用方法を誤り、健全な生態系を傷つけてしまえば、同時に文化も人々の心もあれ果ててしまい、人々は悲惨できびしい運命をたどる」（㉕）ことから、「数世代後の子孫の幸せを願う文化」や「子孫に深く思いをめぐらす文化」（いずれも㉗）の構築も考えていくべきではないかという点にある。未来に生きる子孫の繁栄のために、いかに自然と調和して日々を過ごすかということを主張している。

学習者に、イースター島の事例を他人ごとではなく、自分ごととして捉えさせることが大切であり、ここでの事例は筆者の主張を支える大きな役割を果たしている。

◇　モアイ像のもつ重要性（キーワード）

森林が失われた「大きな原因」は、「伐採という人間による直接の森林破壊」（㉑）である。

さらに、その森林破壊の目的は先述したが三つある。「農地にするため」「丸木船を作るため」「モアイ像の製作」のためである。「農地」と「丸木船」は食料生産が目的であり、「モアイ像」は「宗教的・文化的な目的」によるものである。

本文では「さらに、食りょう生産との関わりが深いこれらの目的に加え、宗教的・文化的な目的でも森林が伐採された」⑬と、二つの食料生産による目的と文化的・宗教的な目的が並列で列挙されている。「モアイ像の製作」が食料生産と同じ位置づけであることから、いかに宗教的・文化的な目的が大きいかがわかる。

また、文章構成の視点から考えてみると、「はじめ」でのモアイ像の記述は、イースター島に学習者の興味・関心をもたせるための事例である。一方、「終わり」では、「モアイ像は、西暦一〇〇〇年から一六〇〇年ごろの間に作られたとされている。祖先を敬うためにモアイ像を作った人々は、数世代後の子孫の悲惨なくらしを想像することができなかったのだろうか」㉖と、イースター島から森林が消失した原因の代表例として取り上げている。本教材では、「ラット」の役割も大きいが、「終わり」では一言も触れていない。また筆者は、「祖先を敬う文化」㉗の象徴としてモアイ像について述べている。モアイ像のもつ役割はとても大きく、本教材のキーワードといえる。

◇筆者の意図が伝わる文末表現

研究者らしい筆者の意図がわかる文末表現が随所に見られる。例えば、「広がっていったらしい」⑦、「推定されている」⑯、「さまたげたらしいのだ」⑲、「できなかったようなのである」⑳からは、推定・推量していることがわかる。

研究者として、厳密に説明しようとする筆者の意図がわかる。

◇ラットを取り上げる意味

本文では、ラットがイースター島の森林が失われた原因の一つとして大きく取り上げられている。形式段落㉑では、「このようにして、三万年もの間自然に保たれてきたヤシ類の森林は、伐採という人間による直接の森林破壊と、人間が持ちこんだ外来動物であるラットがもたらした生態系へのえいきょうによって、ポリネシア人たちの上陸後、わずか千二百年ほどで、ほぼ完ぺきに破壊されてしまったのである」と、直接的な原因である人間による森林破壊と、間接的な原因であるラットの及ぼした生態系への影響を示している。このことは直接的にも間接的にも、人間が大きく関わっていることがわかる。

〈授業づくりのポイント〉

☆学習者の「言葉による課題解決」のための思考や手立て、言語活動

S　単元のゴールとなる言語活動（R　筆者を受容・共感する読み、批判的・批評的に読む読み）

単元のゴールとなる言語活動として、「鷲谷さんの主張や論の進め方に対して、〈賛成、反対、どちらとも言えない〉の三つの立場から選んで、友達と話し合う」とする言語活動を提案する。

このことは、「R筆者を受容・共感する読み、批判的・批評的に読む読み」とも重なり、筆者と対峙する読みにつながる。例えば、次のような読みが考えられる。

鷲谷さんの論の進め方に〈どちらとも言えない〉立場から

私は、鷲谷さんの論の進め方に〈どちらとも言えない〉立場をとります。

確かに、鷲谷さんが「大きな原因」とした「農地にするため」「丸木船を作るため」「モアイ像を製作するため」には納得します。

しかし、「ラット」が原因とすることには納得できません。なぜなら「野生化したラットが、ヤシの木の再生をさまたげたらしいのだ」や、「ラットたちがヤシの実を食べてしまったために、新しい木が芽生えて育つことができなかったようなのである」など、言い切った表現ではないからです。なぜ「〜さまたげたのである」や「〜できなかったのである」と言えないのでしょうか。理由の説明としては弱いと思います。誰かの意見であれば、「〜氏の説によると」など、そのことをはっきり書けばいいと思います。逆に正確に説明しようとしているともいえますが、何かものたりません。

だから、私は〈どちらとも言えない〉立場をとります。

③「モアイは語る」（光村図書　中学校二年）

〈教材について〉

・筆者

筆者は、環境考古学者の安田　喜憲（やすだ　よしのり）氏である。

・概要

人類は現在「異常な人口爆発の中」で生きており、やがて「食料不足や資源の不足が恒常化する危険性は大きい」といえる。そこで「人類の生き延びる道」として、「有限の資源をできるだけ効率よく、長期にわたって利用する方策」を考えるべきであるという主張をモアイの秘密を踏まえて説明（論説）した文章である。

なお本教材は教科書のための書き下ろしで、平成一四年度版（二〇〇二年）から掲載されている。掲載当初は、読書教材であった。現在のように論理を読むことを目的として教材文が整備されたのは、平成一八年度版（二〇〇六年）からである。

・教材の特色

モアイの秘密に関わる問いを提示し、その問いを一つずつ解決し、さらに筆者の主張へと導く課題解決型の説明的文章（論説）である。その中で、答え（筆者の意見）を裏づけする根拠（事実）を丁寧に提示している点が特色といえる。

〈指導目標〉

指導目標は、「筆者の論の進め方の効果について考え、他者と意見交流をすることができる」とした。

筆者は、モアイの秘密から、人類が生き延びるためには現在の有限な資源を効率よく長期にわたって利用する方策を考えるべきであると主張している。この主張に至るまでの筆者の論の進め方の効果について考え、他者と意見交流をすることは、論理展開や文章構成に着目したり、現在の自分たちの生活環境や自然環境について見直したりすることになる。また、自分が発信者となって相手に説得力をもたせるための論の進め方の素地を学ぶことにもなる。

本教材の〈教材研究〉と〈授業づくりのポイント〉は、次の通りとなる。（◎は重点）

〈教材研究〉
☆筆者の「言葉による課題解決」から学ぶ
〔論理〕
O　課題解決のための論理（◎）
P　課題解決のための思考（関連づける）

〈授業づくりのポイント〉
☆学習者の「言葉による課題解決」のための思考や手立て、言語活動
S　単元のゴールとなる言語活動
（R　筆者を受容・共感する読み、批判的・批評的に読む読み）

〈教材研究〉

☆筆者の「言葉による課題解決」から学ぶ

〔論理〕

○　課題解決のための論理（◎）

モアイに関わる四つの課題（問い）を、事例をもとにその根拠を示しながら解決するプロセスを通して、人類が生き延びるための方策を考えるべきであるという、具体（事例）から抽象（主張）への論理が見出される。このことに関わり、次の四点について述べる。

◇　提示した問いの順序に即して解決する論の進め方（問いと答えとも関わる）

序論において、筆者は「いったいこの膨大な数の巨像を誰が作り、あれほど大きな像をどうやって選んだのか。また、あるときを境として、この巨像モアイは突然作られなくなる。いったい何があったのか。モアイを作った文明はどうなってしまったのだろうか」（形式段落②、以後は番号のみの表記とする）と、四つの問いを提示している。

本論では、この問いの順序に即してそれぞれの課題解決を図っている。特に、四つの問いのうちの三つに関しては、段落の冒頭で序論と同じ内容の問いを提示している。例えば、「絶海の孤島の巨像を作ったのは誰か」（③）や、「それにしても、ラノ・ララクの石切り場から、数十トンもあるモアイをどのようにして海岸のアフまで運んだのだろうか」（⑦）などがある。このことにより、課題解決のためのプロセスを学習者にわかりやすく説明しようとする筆者の意図が見て取れる。

◇　問い、答え（意見）、根拠（事実）が一つの事例として提示されている（事例の内容とも関わる）

四つの問いがあり、それに対する答え（意見）、根拠（事実）が提示される。この問い、答え（意見）、根拠（事実）の三つは一つの事例としてまとめることができる。各事例に見出しをつけるとすれば、「モアイの作り手」「モアイの運び方」「モアイが作られなくなった理由」「モアイを作った文明の結末」となる。

◇序論・本論（具体）と結論（抽象）における説明内容の変化（抽象と具体）

序論（①②）、本論（③～⑮）、結論（⑯～⑳）から成る文章構成と考えれば、序論と本論は具体にあたり、結論は抽象にあたる。

本教材はモアイの秘密を通して、地球の未来について主張している。

序論と本論では、四つの問いからモアイ像の秘密やイースター島の文明の崩壊について説明している。その際、具体的な事実をもとに根拠として答え（筆者の意見でもある）を説明している。具体的な説明内容であるといえる。

しかし結論になると、イースター島の運命から地球全体のこれからの課題を示しつつ、今後の人類のとるべき方策について主張している。本論までの具体的な内容から、地球全体に関わる抽象的な内容へと変化している。説明内容（具体から抽象）の変化が見てとれる。

◇答え（意見）を裏づけする根拠（事実）（事実と意見）

問いに対して答えが提示される。この答えは、筆者の意見でもある。さらに、この答え（意見）を裏づけるための根拠（事実）も提示されている。例えば、問いの「では、モアイを作った文明は、いったいどうなったのだろうか」（⑬）に対する答え（意見）は、「イースター島の文明は崩壊してしまった」「千体以上のモアイの巨像を作り続けた文明は、十七世紀後半から十八世紀前半に崩壊したと推定されている」（いずれも⑮）から成る。この答え（意見）を裏づける根拠（事実）は、「かつて島が豊かなヤシの森に覆われていた時代には、土地も肥え、バナナやタロイモなどの食料も豊富だった。しかし、森が消滅するとともに、豊かな表層土壌が雨によって侵食され、流失してしまった。火山島はただでさえ岩だらけだ。その島において、表層土壌が流失してしまうと、もう主食のバナナやタロイモを栽培することは困難となる。おまけに木がなくなったため船を造ることもままならなくなり、たんぱく源の魚を捕ることもできなくなった」⑭である。答え（意見）を裏づけする根拠（事実）があることによって、答え（意見）に説得力をもたせている。

P　課題解決のための思考（関連づける）

本論の四つ目の事例に見出しをつけるとすれば、「モアイを作った文明の結末」である。その後、結論へとつながる。結論では、地球の文明を守るための筆者の主張となる。モアイの文明が崩壊したことを受けて、地球の文明を守るためへとつながっていることは学習者にとってわかりやすい。ここでは、筆者が事例と主張を関連づけようとする思考が読み取れる。

〈授業づくりのポイント〉

☆学習者の「言葉による課題解決」のための思考や手立て、言語活動

S　単元のゴールとなる言語活動（R筆者を受容・共感する読み、批判的・批評的に読む読み）

単元のゴールとなる言語活動として、「鷲谷いづみさんが書いた『イースター島にはなぜ森林がないのか』と読み比べ、安田さんの論の進め方について意見交流を行う」とする言語活動を提案する。

「イースター島にはなぜ森林がないのか」（鷲谷いづみ　東京書籍六年）の論の進め方と比較することで、「モアイは語る」における論の進め方に対して、受容・共感、批判的・批評的な読みができる。例えば、次の

ような読みが考えられる。

鷲谷さんと安田さんの論の進め方の違い

両者の相違点は、モアイの取り上げ方である。鷲谷さんは、イースター島に森林がなくなった複数の原因の一つとしてモアイの製作を取り上げている。農地や丸木船などを作ったことやラットの影響も大きな原因であることから、全ての原因を正確に取り上げようとする態度が見える。その中で、特に人間とともに上陸したラットの影響は大きく、モアイの製作に関わる森林破壊とラットによる生態系への影響という二本立てで論を進めている点はおもしろい。

一方、安田さんは特にモアイに注目している。モアイに関わる問いを四点提示し、その問いを本論において一つずつ解決する。一つの問いと答えやその根拠で一つの事例となっている。したがって、モアイに関わる四つの事例がある。このことは、モアイの秘密やモアイを作った文明がなくなった原因を多角的に考えることができるので効果的だと思う。

その中で特に四つ目の事例は、「モアイを作った文明の結末」についてであるが、それをもとに結論では現代に生きる私たちがどうすべきなかを主張している。本論と結論とのつながりという観点では、わかりやすい論の進め方である。

次に、両者に共通な点は今後の人類の存続に向けた取組への主張である。いずれもモアイがなくなったことを踏まえて主張を展開している。

以上から、同じような主張をしていながらも、主張に至る論の進め方が異なっていることがわかった。

【演習】

「言葉と事実」（教育出版　五年）を読み、〈読みの観点〉から「O課題解決のための論理」を使って、筆者はどのような論理で課題解決をしているのか、教材分析をしなさい。

第二節　「単元の類型」に基づく「表現型」の特徴的な説明的文章の〈教材研究〉と〈授業づくりのポイント〉

(1)「情報活用重視」の説明的文章

ここでは説明的文章を「情報」として扱い、さらにその「情報」を活用して表現活動につなげる単元について考えていく。（以下、情報と記す）

その際、説明的文章（場合によっては、資料）の「何」を情報として扱うかは教材特性と指導目標による。そこで本書では、教材特性と指導目標をもとに、情報を概括的に「内容」、「形式・表現」、「（内容と形式・表現を統合した）論理」のいずれかと捉え、〈教材研究〉と〈授業づくりのポイント〉を示す。（以下、内容、形式・表現、論理と記す）

※（説明的文章や資料から取捨選択する）情報は、「内容」

①「世界遺産　白神山地からの提言――意見文を書こう」（教育出版　五年）

〈教材について〉

・筆者

説明的文章は二編ある。一つ目は、本資料（題名は『ブナの森が支える豊かな自然』）であり、筆者は植物学者の斎藤　宗勝（さいとう　むねかつ）氏である。二つ目の補助資料１（『白神山地の自然保護――「緩衝地域」の役割――』）の筆者は、環境学者の牧田　肇（まきた　はじめ）氏である。

・概要

白神山地に関わる本資料と七つの補助資料（1から7）をあわせた八つの資料から白神山地の課題を読み取ったり、意見文の根拠となる内容を取捨選択したりして、根拠と意見を区別した意見文を書く学習を行うことが計画された複合教材単元となっている。

特徴的な資料を幾つか示す。本資料では、「多様な生物」が暮らす場所だけでなく、水が飲料水や農業用水、発電にも使われるなど、白神山地のブナの森には「計り知れないめぐみ」があることを説明している。補助資料1では、「人の手を加えず、自然の推移に委ねる」核心地域と、「自由に入ることが許され、人間がたやすく自然とふれ合うことができる」緩衝地域があり、この緩衝地域があることで自然保護の気運を高める役割があることについて説明している。その他の補助資料としては、「核心地域」での違法伐採の状況が説明された新聞記事（資料3）、マタギの工藤光治さんへのインタビュー（資料6）、シカの食害について憂慮している弘前大学の石川幸男さんのお話（資料7）などがある。

なお本教材は、平成二三年度版（二〇一一年）から掲載されている。

・教材の特色

一つの説明的文章だけでなく、七つの補助資料をあわせた八つの資料から白神山地の課題を読み取るという構成になっていることが大きな特色といえる。

その八つの資料から「何」を情報として取捨選択するかといえば、資料の「内容」である。取捨選択した「内容」は意見文の根拠として適切なのか、さらにいえば読み手を納得させるものなのかを吟味しなければならない。根拠が適切でないと、（根拠を踏まえた）意見そのものも妥当性を欠くものとなるからである。

そのためには、まず資料を正確に読むことが必要となる。個々の資料にはどんなことが書いてあるのか、その資料からわかることは何かなどを資料から読み取らなければ、根拠とする「内容」を適切に取捨選択することはできない。

〈指導目標〉

指導目標は、「情報を正確に読み取り、目的に応じて必要な情報を選び、根拠と意見を区別した意見文を書くことができる」とした。

この指導目標は三つにわかれる。一つ目は資料を正確に読み取ること。二つ目は、意見文に必要な情報を資料から取捨選択すること。三つ目は、根拠と意見を区別して意見文にして書き表すことである。学習者によって意見文に書き表したい情報は異なるが、その際、どんな情報を根拠として自分の意見を組み立てていくか、またその根拠となる情報は説得力があるのかどうかを学習者自身に見極めさせることも大切な指導となる。

本教材の〈教材研究〉と〈授業づくりのポイント〉は、次の通りとなる。（◎は重点）

〈教材研究〉
☆筆者の「言葉による課題解決」から学ぶ
〔内容〕
C　事例の内容（◎）
H　写真、図表、グラフ
〔論理〕
O　課題解決のための論理

〈授業づくりのポイント〉
☆学習者の「言葉による課題解決」のための思考や手立て、言語活動
P　課題解決のための思考（比較する、関連づける、推論する）
S　単元のゴールとなる言語活動

〈教材研究〉
☆筆者の「言葉による課題解決」から学ぶ
〔内容〕
C　事例の内容（◎）

資料を正確に読み取るには、資料の中心となる内容は何かを理解することが大切である。そこで、特徴のある資料として本資料、及び補助資料6、7を取り上げる。

本資料の中心となる内容は、最終段落の「白神山地のブナの森には、計り知れないめぐみがあるのです」（形式段落⑨、以後は番号のみの表記とする）の「計り知れないめぐみ」である。それは、題名にある「ブナの森が支える豊かな自然」とも重なる。「計り知れないめぐみ」とはどういうことなのか。まず「豊かな水」による植物や動物の成長や、「たくさんの生物が関係し合いながら生きている」（いずれも③）ことがあげられる。また、これと似た表現として「多様な生物がくらす場所」（⑦）もある。次に、人間への直接的な関わり

として「水が飲料水や農業用水、そして発電にも使われています」(9)があげられる。本文の言葉に立ち返り、確実に内容を押さえることが必要となる。

補助資料6は、マタギの工藤さんへのインタビューである。質問者は、「自然とともに生活するうえ」での場合と「観光客をガイドするとき」の場合といった、白神山地に住む生活者と白神山地のガイドとしての観点から質問をしている。しかし、工藤さんの「自然を守れば、自然に生かされる」(生活者として)や、「人が多く入ったために山がよごされることがないように」(ガイドとして)の発言からは、立場は異なっても白神山地を守りたい思いは同じであることがうかがわれる。その具体の行動として、「お客さんの目の前で小さなごみを拾うこともする」(ガイドとして)のである。

補助資料7は、研究者石川さんのお話である。人間との「せめぎ合い」の中で「共存」してきた生活に変化が生じ、シカによる食害が「白神の生態系に大きなえいきょうをあたえることが考えられます」と、自然への影響を危惧している。

H　写真、図表、グラフ

補助資料4は、暗門の滝を訪れた観光客の変化についての棒グラフである。棒グラフだけからも観光客数の変化はわかるが、本資料から白神山地が世界遺産になったのは平成五年であること、補助資料3にある核心地域での違法伐採があったのは平成二十二年であったこともあわせて観光客数の変化の意味を考えさせるとよい。(注:令和二年度版の教科書には、平成二七年までの観光客数が示されている。)

また、多くの資料に白神山地の写真や貴重な生き物の写真がふんだんにあることから、白神山地の自然を知る材料となり、意見文を書く際の参考となる。

〔論理〕

○　課題解決のための論理

ここでの課題解決のための論理とは、個々の資料に見られる論理ではなく、全ての資料を通して課題解決に向けた取組を学習者に考えさせようとする論理が見られることから、全ての資料を関連させて課題解決の論理として考えていく。

本資料の説明的文章には、白神山地には「計り知れないめぐみ」があることが説明されている。白神山地を考える際の知識となる。

この「計り知れないめぐみ」を保護するための具体が、補助資料1（2も含む）の「緩衝地域」と「核心地域」の提示である。学習者に対して自然との共存と自然保護の機運を高める役割を担っている。

さらに補助資料3では補助資料1の「核心地域」における違法伐採について、補助資料4では観光客数の変化について示している。この補助資料3と4は、白神山地の課題をクローズアップさせるとともに、学習者に自然保護に対する課題意識を高めようとしている。続いて、補助資料5では学習者と同じ小学生の立場から、補助資料6では白神山地に住む者の立場から、さらに補助資料7では研究者の立場からと、様々な立場から白神山地を守ることへの意見や課題が述べられている。

このように、八つの資料全てを通して学習者一人一人に白神山地の課題をどう解決をしていくかという論理が展開されていることがわかる。そして、どう解決していくかは学習者に委ねられている。

〈授業づくりのポイント〉

☆学習者の「言葉による課題解決」のための思考や手立て、言語活動

P　課題解決のための思考（比較する、関連づける、推論する）
補助資料3〜7を読むことを通して、根拠となる情報を取捨選択しようとする比較する思考が働く。また、選んだ情報を自分の意見とどのように関連づければ根拠となるかという思考や、さらには、情報を比較し関連づけて、主張は何かと推論する思考を働かせることが大切となる。

S　単元のゴールとなる言語活動
単元のゴールとなる言語活動として、「資料から必要な情報を選び、根拠と意見を区別した意見文を書く」言語活動を提案する。例えば、次のような意見文が考えられる。

白神山地の自然を守るために

ぼくは、白神山地の豊かな自然を守るために、「できることは何かを考え、多くの人にもっと自然を守ることの重要性を伝えていくべき」だと考えます。ぼくがそのように考えた理由は、次の三点からです。

第一に、白神山地の「核心地域」でブナなどが違法に伐採されたことが新聞で報じられたこと（補助資料3）です。「核心地域」は、「特別の場合をのぞいて、自然を変化させるおそれのあることは、いっさいしてはいけない」（補助資料1）地域です。それなのに違法に伐採されたということは、白神山地の自然を守るという意識が低いことを表しています。「核心地域」と「緩衝地域」がどうしてわけられたのについて、もっと伝えていかなければならないと考えます。

第二に、シカの食害による自然破壊により、石川さんは「白神の生態系に大きなえいきょうをあたえることが考えられます」（補助資料7）や、「すかすかの森になってしまうかもしれない」（同7）と心配していることからです。ぼくは、野生動物の増加が白神山地の自然全体に関わる課題になっていることから、石川さんがおっしゃった「人間と共存」という考えをもとに、生物と人間の関わりについてもっとみんなで考えていくべきではないかと考えます。

第三に、ぼくと同学年の及川さんの感想にある「この自然を大切にし、ぼくの植えたブナを子どもたちにも見せてあげたい。この景色は、一生の思い出だ」（補助資料5）からです。また、「自然の美しさと大きな力を感じた」（同5）という及川さんの言葉は心に響きます。やはり、白神山地の自然は守るべきだと考えます。

以上のことから、ぼくは、多くの人に白神山地の自然を守ることの重要性について、「ぼくたちができることは何かを考え、自然を守ることの重要性」を伝えていきたいです。また、ぼく自身も白神山地の自然を守るような自覚的な行動をしていきたいです。

②「和の文化を受けつぐ ―― 和菓子をさぐる」（東京書籍　五年）

※（説明的文章から取捨選択する）情報は、「論理」

〈教材について〉

・筆者

筆者は、株式会社虎屋菓子資料室虎屋文庫の主席研究員である中山　圭子（なかやま　けいこ）氏である。

・概要

日本の伝統的な文化として和菓子を取り上げ、その歴史や様々な文化及び和菓子を支える人々との関わりを通して、日本文化を受けついでいくことの大切さを説明した文章である。

なお本教材は教科書のための書き下ろしで、平成二七年度版（二〇一五年）から掲載されている。

・教材の特色

「はじめ」で日本の伝統的な文化の一つとして和菓子を提示し、「中」において三つの話題（課題）を一つずつ解決し、「終わり」では和の文化を受けつぐことの大切さを説明するなど、話題（課題）をもとに課題解決を図っており、わかりやすい内容や構成になっている。

次に単元全体を見てみると、説明的文章から説明のしかたを学び、他の資料から「和の文化」に関わる情報を収集し、パンフレットを書く学習が計画されている。

この単元において「何」を情報として取捨選択するかといえば、一つは説明的文章（「和の文化を受けつぐ——和菓子をさぐる」）から説明のしかた、つまり「論理」である。もう一つは、和の文化について調べた「内容」である。この「論理」と「内容」を使って、「和の文化」に関わるパンフレット作りを行う。

なお、ここでは「論理」と「内容」の二つの情報があるが、説明的文章から、「論理」を必要な情報として学ぶことについて述べる。


〈指導目標〉

指導目標は、「筆者の論理を読み取り、必要な情報を調べ、目的に即したパンフレットを書くことができる」とした。

この指導目標は三つにわかれる。一つ目は、説明的文章の筆者の論理を正確に読み取ること。二つ目は、パンフレットづくりに必要な「和の文化」についての情報を他の本や資料をもとに調べること。三つ目は、説明的文章で学んだ論理と調べた情報を使って、目的に即したパンフレットを書くことである。

本教材の〈教材研究〉と〈授業づくりのポイント〉は、次の通りとなる。（◎は重点）

〈教材研究〉 ☆筆者の「言葉による課題解決」から学ぶ 〔論理〕 O　課題解決のための論理（◎）	〈授業づくりのポイント〉 ☆学習者の「言葉による課題解決」のための思考や手立て、言語活動 P　課題解決のための思考（順序づける）

〈教材研究〉

☆筆者の「言葉による課題解決」から学ぶ

〔論理〕

O 課題解決のための論理（◎）

「和の文化」を受けつぐために、和菓子をキーワードにして、抽象と具体を組み合わせて課題解決を図る論理が見出される。そこで、次の三点について述べる。

◇ 抽象と具体を組み合わせて課題解決を図る筆者の論理（抽象と具体とも関わる）

本教材では、「中」の事例の説明において三つの抽象と具体が見られる。

一つ目は、事例の話題（課題）の提示と、その説明に見られる。例えば、一つ目の事例では「和菓子の歴史を見てみましょう」（形式段落②、以後は番号のみの表記とする）と抽象的に述べ、その後「歴史」について具体的な説明が形式段落③から⑥まで、時代ごとに説明される。二つ目の事例も「次に、和菓子とほかの文化との関わりを見てみましょう」（⑦）と、抽象的に「ほかの文化との関わり」についての話題（課題）が示され、その後の形式段落⑧からは具体的な説明がなされる。

二つ目は、段落と段落の関係にある。例えば、「和菓子は年中行事と結び付き、人々の生活の中に根付いていきました。……（中略）……そこで食べる和菓子には、子どもの成長や家族の健康など、人々の願いや思いがこめられているものがあります」（⑧）は抽象的な内容である。これを具体的に説明したのが、「例えば、三月三日のももの節句には、ひしもちや草もちなどを食べ、五月五日のたんごの節句には、……（中略）……かしわもちには、子孫はん栄の願いがこめられているといわれています」（⑨）である。形式段落⑧で抽象的な事柄を示し、形式段落⑨ではその具体を説明している。

三つ目は、同じ段落内に抽象と具体が見られる。例えば、「また、和菓子作りには、梅やきくの花びらなどの形を作るときに使う『三角べら』や『和ばさみ』、らくがんを作るときに使う『木型』など、さまざまな道具が必要です。さらに、あずきや寒天、くず粉などの上質な材料も和菓子作りには欠かせませんが、それらの多くは、昔ながらの手作業によって作られています」（⑭）は具体的な内容であり、それを抽象化したものが同じ段落内にある「和菓子作りに関わる道具や材料を作る人たちも、和菓子の文化を支えているのです」（⑭）である。

このように抽象と具体が段落と段落との関係に見られるものもあれば、同じ段落内に見られる場合もある。

◇　課題解決型の論理展開（文章構成とも関わる）

文章構成の「はじめ」で話題を提示し、「中」で課題解決を図り、「終わり」では全体をまとめる課題解決型の論理展開となっている。

「はじめ」では、「和菓子は、その歴史の中で、さまざまな文化と関わりながら発展し、現代に受けつがれてきました」（①）とある。この文は話題を提示している文であり、厳密には課題提示文ではない。しかし、課題提示文と同等の役割をもつ文である。なぜなら、この文の後に「それでは、和菓子は他の文化とどのように関わって発展してきたのでしょうか、またどのように受けつがれてきたのでしょうか」という課題提示文があっても違和感がないこと、また次の形式段落②は「まず、和菓子の歴史を見てみましょう」と細分化された課題提示文があり、「中」の課題解決に向かっていることから、先の形式段落①の「和菓子は……（略）……受けつがれてきました」の文が教材全体に関わる大きな課題提示の役割をもっていると考えられる。また文章全体に対して、どんな内容について読んでいくのかの視点を提示した文ともいえる。

「中」では、この話題（課題）についてそれぞれ課題解決が図られる。例えば、「このように、和菓子は、さまざまな外国の食べ物のえいきょうを受けるとともに、年中行事や茶道などの日本の文化に育まれながら、その形を確立してきました」⑫と、「はじめ」での「歴史の中で、さまざまな文化との関わりながら発展」①してきたこととの具体的なまとめが行われ、課題解決される。続いて、「現代に受けつがれてきました」①を具体的に課題提示した文として、「では、その和菓子の文化は、どのような人に支えられ、受けつがれてきたのでしょうか」⑫が示される。その答えは「和菓子を作る職人たち」⑬、「和菓子作りに関わる道具や材料を作る人たち」⑭、「味わい楽しむ多くの人」⑮が和菓子の文化を支える人たちであると説明をする。ここでも課題解決が図られている。

「終わり」では、「どんな歴史や文化との関わりがあるのか、どんな人がそれを支えているのかを考えることで、わたしたちもまた、日本の文化を受けついでいくことができる」⑰と、「中」の課題解決の具体をまとめ、結論として今後の方向性を説明している。

以上のことから、「はじめ」で話題（課題）を提示し、「中」で課題解決を図り、「終わり」で全体をまとめる課題解決型の論理展開となっている。

◇「和菓子」をキーワードとした論理展開（キーワードとも関わる）

ここでのキーワードは「和菓子」である。この「和菓子」という言葉は圧倒的に多い。題名にある「和の文化を受けつぐ」ことを考えるために、「和菓子」をもとに考えていく組み立てになっているからである。

確かに題名にある「和の文化」という言葉は、「伝統的な和の文化」⑯と「受けつがれてきた和の文化がたくさんあります」⑰の二箇所にあり、さらに似た表現として「日本の伝統的な文化」①、「日本の文化」

⑫、「ほかの日本文化」⑬がある。しかし、本文を読み取っていく際には「和菓子」の歴史であり、「和菓子」と他の文化や「和菓子」を支える人との関わりを視点として考えていく。これらを踏まえて、「和の文化」について改めて考えることが求められていることからも、「和菓子」をキーワードとして読み進めていくことが大切である。

〈授業づくりのポイント〉

☆学習者の「言葉による課題解決」のための思考や手立て、言語活動

P　課題解決のための思考（順序づける）

学習者が課題解決のために働く思考として、特に順序づける思考を育てたい。

「中」は、三つの事例「和菓子の歴史」「ほかの文化との関わり」「どのような人に支えられ、受けつがれてきた」かが説明されている。この事例は、まず和菓子の歴史という全体の概要を示し、次にその歴史の中で他との文化との関わりといった歴史から派生した事柄について説明している。また三つ目の事例は、歴史や文化を踏まえ、新たに「人」に視点が移っている。したがって、この三つの事例は、この順序でなければ説明ができない。「中」の事例を読み取るには、並列ではなく系統立てた課題解決の順序になっているという順序づける思考を育てることが大切となる。

さらにいえば、この順序づける思考は、「はじめ」の話題（課題）提示文である「和菓子は、その歴史の中で、さまざまな文化と関わりながら発展し、現代に受けつがれてきました」①の中の「歴史」、「さまざまな文化と関わり」、「受けつがれてきました」という説明の順序と重なっている。

事例がどんな順序になっているのかを考えさせることは、学習者にとって課題解決のための大きな手立てと

なる。

※（説明的文章から取捨選択する）情報は、「論理」

③「ニュースの見方を考えよう」（東京書籍　中学校一年）

〈教材について〉

・筆者

筆者は、ジャーナリストの池上　彰（いけがみ　あきら）氏である。

・概要

普段テレビで見るニュースは、編集者の意図やねらいによって編集されたものであり、ニュースの受け手である私たちは、ニュースを鵜呑みにするのでなく自分なりに判断していくことが大切であることを説明した文章である。

なお本教材は教科書のための書き下ろしで、平成二四年度版（二〇一二年）から掲載されている。

・教材の特色

序論、本論、結論がそれぞれ一行空きになっているので構成を把握することは容易い。また本論の四つの事例は、中心と付加の繰り返しで説明されているのでわかりやすい。

結論では、ニュースの受信者として自分なりに判断することの大切さを述べるなど、ニュースに対する能動的な見方・考え方をもたせようとしているところは、ジャーナリストらしい見方・考え方である。

〈指導目標〉

指導目標は、「筆者の論理を読み取り、意図に応じて選択した情報をもとにニュースを編集することができる」とした。

この指導目標は二つから成る。一つは、説明的文章の筆者の論理を正確に読み取ること。もう一つは、学習者の意図に応じて情報を取捨選択し、ニュースを編集することである。

特に本教材では、「ニュースの受け手でいるだけでなく、ニュースを自分なりに判断していく」〈形式段落㉚、以後は番号のみの表記とする〉という筆者の見方・考え方をどのような論理を使って具体的に学習者に納得させようとしているのかを学ぶことは、自らがニュースを編集する際の見方・考え方につながる。

本教材の〈教材研究〉と〈授業づくりのポイント〉は、次の通りとなる。（◎は重点）

〈教材研究〉
☆筆者の「言葉による課題解決」から学ぶ
〔内容〕
F　中心と付加
〔形式・表現〕
K　接続語、指示語
〔論理〕
O　課題解決のための論理（◎）

〈授業づくりのポイント〉
☆学習者の「言葉による課題解決」のための思考や手立て、言語活動
R　筆者を受容・共感する読み、批判的・批評的に読む読み
S　単元のゴールとなる言語活動

〈教材研究〉

☆筆者の「言葉による課題解決」から学ぶ

〈内容〉

F　中心と付加

本論では、事例が中心と付加の関係である。しかも、事例ごとに中心と付加が四度繰り返されている。その中で、特に付加の内容は例示であるから、その繰り返しは事例そのものの内容理解に効果的である。

初めの「編集」（⑩）の事例を見てみる。中心は「取り上げるニュースは制作者が決めているのです」（⑭）である。どんなニュースを取り上げるかは、制作者によることを述べている。このことを付加的に説明しているのが、「サッカーのワールドカップ」（⑪）のような「視聴者の関心が高い話題はニュースで長い時間取り上げられる」（⑬）が、この間、世界のいくつかの国が「紛争で大勢の人が命を落として」（⑫）いたのに「『視聴者はたいして関心を持たない。』とニュース制作者が判断したニュースは、取り上げられなかったり、小さなニュースにしかならなかったりする」（⑬）である。

二つ目の事例はさらにわかりやすい。中心は、「ある出来事のどのような面に着目してニュースにするかも制作者が決めているのです」（⑯）である。その「どのような面に着目」するかの付加的な内容として、世論調査の結果、「昨年の調査では『賛成』が五十九パーセントだったのが、今年は五十一パーセントだった」ことを、「半数以上が賛成」とも「賛成、八ポイント減」とも伝えることができるが、「制作者がどちらを重要視するかによって、伝え方が異なってくる」（いずれも⑮）と説明している。

このように事例が中心と付加の関係になっており、筆者の説明したい内容がわかりやすく述べられている。

〈形式・表現〉

K　接続語、指示語

形式段落の冒頭に接続語、指示語が多くあることも特徴の一つである。全三〇の形式段落のうち、冒頭に接続語、指示語がある形式段落は半数以上にのぼる。

形式段落の冒頭に接続語や指示語があることで、段落そのものの内容理解と前後の段落関係のつながりがわかりやくなる。

〔論理〕

○　課題解決のための論理（◎）（抽象と具体とも関わる）

本教材は抽象と具体をもとにして、批判的・多面的な見方・考え方を促す論理展開となっている。

序論と本論ではニュースの編集例が示されている。それを踏まえて、結論では筆者は学習者に主体的な学習者として批判的・多面的にニュースを見ることを主張している。もちろん、筆者が主張したいことは結論にある。なお別の見方をすれば、序論・本論を具体、結論を抽象ともいえる。

結論では、四つの形式段落から成り、序論・本論のまとめと筆者の主張がある。形式段落㉗は、「制作者が意図やねらいを持って編集したものだということが、お分かりいただけたと思います」と、序論・本論のまとめをしている。

続く形式段落㉘㉙は、形式段落㉚のための筆者の主張の具体である。例えば、「どうして、このニュースから伝えるんだろう」や「こんな表現、本当かな」（ともに㉘）、「そんなふうに考えていいのかな」や「自分だったら、どんなコメントをするだろう」（ともに㉙）などの心内語と、「そのまま信じてしまわないで」（㉘）、「疑問に思いながら聞く」や「キャスターやコメンテーターと競い合ってみるのです。ときには、新聞やインターネットなどで、同じニュースについてどのように伝えられたり論じられたりしているかを、調べてみるとよいでしょう」（ともに㉙）といった具体的な説明からは、批判的・多面的な見方・考え方でニュースを見ることを提案していることがわかる。さらにそれらを総括したものが、「ニュースの受け手でいるだけでなく、ニュースを自分なりに判断していく。これが、いずれ社会人になるあなたにとってだいじなことだと思うのです」（㉚）である。特に「ニュースを自分なりに判断していく」からは、これからの言語生活で主体的な学習者としてニュースに接することの大切さを伝えている。

〈授業づくりのポイント〉

☆学習者の「言葉による課題解決」のための思考や手立て、言語活動

R　筆者を受容・共感する読み、批判的・批評的に読む読み

先の「O課題解決のための論理」とも関わるが、筆者は結論部で二つのことを述べている。一つは、序論と本論のまとめとして、ニュースは「制作者が意図やねらいを持って編集したもの」（㉗）であること。もう一つは、「考えながら見る習慣を、少しずつ見につけてほしい」（㉘）、「疑問に思いながら聞く」「同じニュースについてどのように伝えられたり論じられたりしているかを、調べてみるとよい」（いずれも㉙）と批判的・多面的にニュースに接することであり、かつ「ニュースを自分なりに判断していく」（㉚）と、ニュースをどう受け止めるかは学習者の判断にかかっていること、つまり学習者の主体性についてである。

この筆者のニュースの見方・考え方について、学習者自身がどう読むか、どう考えるか、どう評価するかが大切である。筆者の見方・考え方は説得力があることから、学習者は批判的・批評的な読みとはならず受容・共感する読みになる可能性があるが、「本当にその見方・考え方でいいのか」と改めて問い直しをさせてみることで、今後受信する多くの情報への接し方につながっていく。

S　単元のゴールとなる言語活動

単元のゴールとなる言語活動として、「意図に応じて選択した情報をもとにニュースを編集する」言語活動を提案する。同じ題材でも意図に応じて情報を選択し、多面的な見方で考える例として、次のようなニュースの編集が考えられる。

題材…　弘前市の桜まつり

情報…　桜祭りの複数の写真（新聞記事の写真、または実際に教師が弘前公園で撮った写真）

編集意図…　Ⅰ　人々が桜を楽しんでいる

　　　　　Ⅱ　桜が満開に咲いている

ニュースの例

Ⅰ　人々が桜を楽しんでいる

弘前公園に賑わいが戻ってきました。昨年度とは異なり今年度は制限がないため、桜まつり本番前にも関わらず、桜を見ようと弘前公園には多くの観光客や市民が訪れています。

写真を撮る人、じっと桜を見ている人、また桜の木の前で会話を弾ませている人など、大勢の人たちが桜の木のそばにいます。人それぞれのやり方で桜を楽しんでいるようです。また、テレビの取材を受けている人たちは、桜を見ながら笑顔で受け答えをしています。

今年の弘前公園では、人々が思い思いに桜を楽しんでいます。

Ⅱ　桜が満開に咲いている

弘前市の桜まつりが、今年は特別な制限を設けないで実施されます。今年の桜は例年になく早咲きで、祭り本番前にも関わらず、既に満開になっている桜が多く見られます。

特に外堀の桜は満開に咲いています。満開の桜並木を見ると、その見事な美しさに魅了されます。また、多くの観光客が満開の桜を満足げな様子で見ていることからも、桜の見事さがうかがわれます。ところによっては、少し散っている桜もあり、数日後にはピンクの花筏ができることでしょう。
今年の弘前公園は、現在桜が満開に咲いています。

【演習】

「『鳥獣戯画』を読む」（光村図書　六年）を読み、次のことについて述べなさい。

この文章では、絵巻物の説明（抽象）のために漫画やアニメーション（具体）を例にしている。この抽象と具体を使い説明する「論理」を情報と捉えるとすれば、この学習のまとめとしてどんな「単元のゴールとなる言語活動」が考えられるか、「日本文化」を題材にして述べなさい。

※（文章から取捨選択する）情報は、「論理」

例…　和食のよさ（抽象）を、栄養素（具体）をもとに説明するなど

例…　和式の部屋のよさ（抽象）を、家具の使い方（具体）をもとに説明するなど

(2)「能力関連重視」の説明的文章

ここでは、説明的文章で習得した言語能力を他教材・他領域に関連させることで、説明的文章で習得すべき言語能力を一層確かなものにしたり、他教材・他領域で習得する言語能力を効果的に育成したりすることを目的とした「能力関連重視」の単元（複合教材単元、複合領域単元）の〈教材研究〉と〈授業づくりのポイント〉について考えていく。

なお「能力関連重視」の単元（複合教材単元、複合領域単元）は、「読解型」や「表現型」の「情報活用重視」の単元とは構成の仕方が異なる。その例として、単元名「絵文字の特長をとらえよう」（教育出版　三年）の説明的文章「くらしと絵文字」と、「話すこと・聞くこと」領域の教材「絵文字で表そう」を取り上げ説明する。

「能力関連重視」の単元を指導するにあたり、次の四角で囲んだ二点に留意したい。

> 一つの単元にある説明的文章の指導目標と、他教材・他領域の教材の指導目標は異なる。つまり説明的文章と他教材・他領域の教材には、それぞれの指導目標がある。

説明的文章は、「読むこと」の領域の教材であるから、「読むこと」の指導目標に基づいて指導がなされる。したがって、評価も「読むこと」の指導目標に即して行われる。一方、他教材・他領域の教材にもそれぞれの領域に関わる指導目標があり、その指導目標に基づいて評価がなされる。

「くらしと絵文字」の指導目標は、「段落のつながりと中心と付加に気をつけて、絵文字の特長と役割を読み取ることができる」である。段落相互の関係に気をつけて絵文字の特長を理解する「形式」重視の教材である。一方「絵文字で表そう」の指導目標は、「司会や記録者、発言者の役割を理解し、互いの意見の共通点や相違点に着目して保健室を絵文字で表すにはどうすればよいか話し合うことができる」である。話し合うことが目的であり、読み取ることではない。

したがって、指導目標が異なることから評価の観点も異なる。「くらしと絵文字」の指導目標をもとに、「絵文字で表そう」の評価をしてはいけない。あくまでの複数の教材が一つの単元として構成されていると考えるべきである。

ただし、この点に関しては「表現型」の「情報活用重視」の複合教材単元の場合にもあてはまる。しかし、他と決定的に異なるのは次の点である。

説明的文章で習得する「関連する言語能力（筆者による論理）」が、他教材や他領域の学習に関連し転移する。

説明的文章指導では、習得させたい重点となる言語能力やそれに関連した言語能力など、複数の言語能力の育成を目指して指導にあたる。例えば、「くらしと絵文字」で習得させたい重点となる言語能力は、「読みの観点」をもとにすると〔形式・表現〕の「段落」（段落相互の関係）であり、他に〔内容〕の「中心と付加」「写真、図表」、〔論理〕の「課題解決のための論理」がある。この中の「課題解決のための論理」が、「話すこと・聞くこと」の教材「絵文字で表そう」に関連し転移する言語能力となる。「くらしと絵文字」で習得した言語能力の全てが「絵文字で表そう」に関連し転移するのではない。「絵文字で表そう」を学ぶ際に、「くらしと絵文字」で習得した「課題解決のための論理」が「絵文字で表そう」の学習に効果的であることから関連し転移するのである。

したがって、「くらしと絵文字」で習得する言語能力の一つである「課題解決のための論理」が、「絵文字で表そう」の「接着剤」の役割を果たす言語能力となっている。そこで、この「接着剤」の役割を果たす説明的文章の言語能力を総称して、「関連する言語能力（筆者による論理）」と名づける。

以上の二点から、図３「説明的文章『くらしと絵文字』の二面性」（本書二二〇頁）にあるように説明的文章「くらしと絵文字」は、単体としては「読むこと」の領域の説明的文章であり「形式」重視の教材である。一方、単元においては「課題解決のための論理」（絵文字の特長）が「接着剤」の役割を果たしている。つまり「能力関連重視」の説明的文章は、単体としての説明的文章であるだけでなく、単元において他教材・他領域の教材との「接着剤」としての役割をもつ説明的文章でもあるという二面性をもつ教材である。このことを図に表したのが図４「『能力関連重視』の単元における『関連する言語能力』（筆者による論理）」（本書二二〇頁）である。

なお、事例とした説明的文章「くらしと絵文字」と「話すこと・聞くこと」領域の教材「絵文字で表そう」の「接着剤」は「課題解決のための論理」であるが、この後に示す「じどう車くらべ」では、「読みの観点」の〔内容〕とした「形態と機能」が、次の「書くこと」の教材「じどう車ずかんをつくろう」の「接着剤」しての言語能力となる。したがって、単体としての説明的文章では、「形態と機能」は〔内容〕を読むための「読みの観点」であるが、「接着剤」となる場合は〔内容〕というより「関連する言語能力（筆者による論理）」として「じどう車ずかんをつくろう」に関連し転移するといった方が適切である。

つまり「接着剤」となる「関連する言語能力（筆者による論理）」は、「読みの観点」の〔内容〕〔形式・表現〕〔論理〕のいずれにもなる可能性がある。

以上、「能力関連重視」の単元（複合教材単元、複合領域単元）を指導するにあたり、留意点を示した。次からは、個別の説明的文章について述べる。

また、ここでは説明的文章と他教材・他領域をつなぐ「関連する言語能力（筆者による論理）」が重要となることから、〈関連する言語能力（筆者による論理）〉の項目を新たに設定し説明する。

①「じどう車くらべ」（光村図書　一年）

「読むこと」の教材「じどう車くらべ」と、「書くこと」の教材「じどう車ずかんをつくろう」で一つの単元（単元名「じどう車をせつめいする文しょうをよんだりかいたりしよう」）を構成する。

なお、ここでは主として説明的文章教材「じどう車くらべ」の指導について述べる。

〈教材について〉

・筆者

教科書のための書きおろしのため、筆者名は示されていない。

・概要

じどう車はどんな「しごと」をしているか、そのためにどんな「つくり」になっているかを、バスや乗用車、トラック、クレーン車の三つの事例をもとに説明した文章である。

平成元年度版（一九八九年）までは、バスや乗用車、トラック、救急車、冷凍車、消防自動車の五つの事例があった。クレーン車が事例として掲載されたのは、平成四年度版（一九九二年）からである。

・教材の特色

「はじめ」（形式段落①②③、以後は番号のみの表記とする）、「中」（④〜⑨）の文章構成である。「終わり」はない。

表現上の特色として、説明をするときは文末が全て「〜ます」であり、問いの場合は「〜ますか」となって

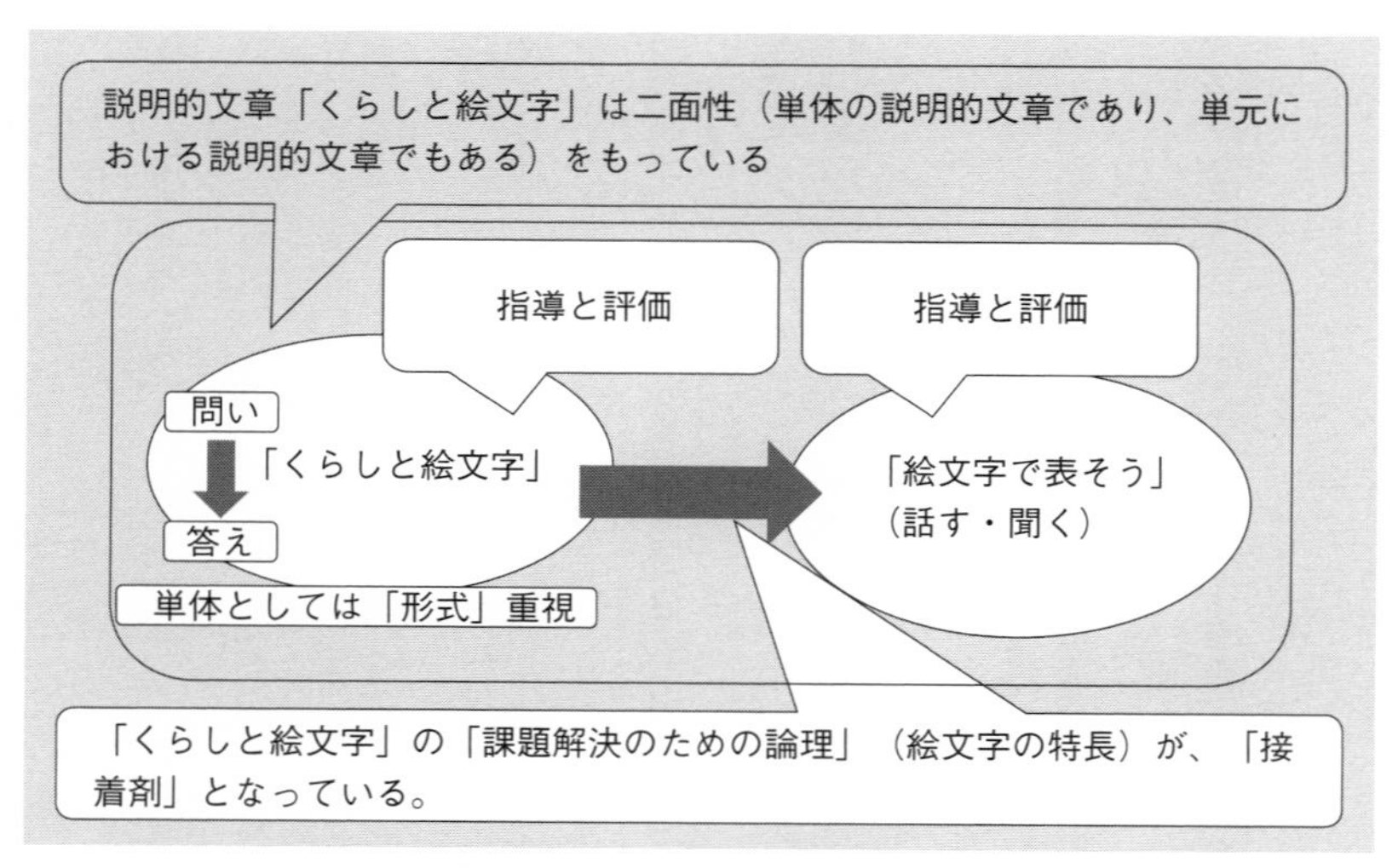

図３　説明的文章「くらしと絵文字」の二面性

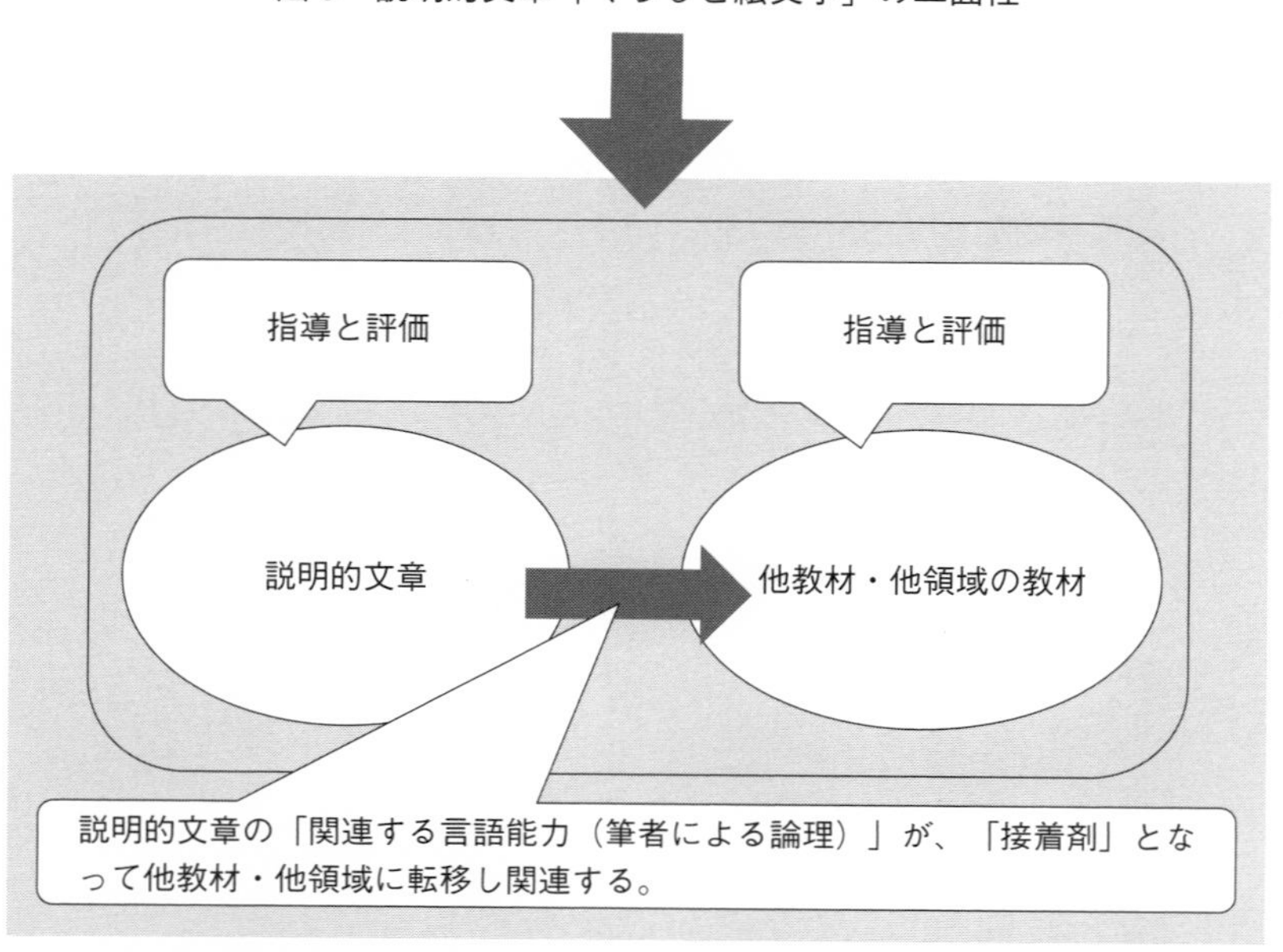

図４　「能力関連重視」の単元における「関連する言語能力（筆者による論理）」

いる。文末表現はこの二種類しかない。「〜ます」や「〜ますか」は、説明の基本となる文末表現であることがわかる。

〈関連する言語能力（筆者による論理）〉

ここでの「関連する言語能力（筆者による論理）」は、「しごと」（機能）と「つくり」（形態）である。「じどう車くらべ」では、「しごと」（機能）とはどういう働きがあるのか、「つくり」（形態）とはどんな形なのかという〔内容〕を学ぶ。続いて「書くこと」の教材「じどう車ずかんをつくろう」では、「しごと」（機能）と「つくり」（形態）を「関連する言語能力（筆者による論理）」として活用する。

「読むこと」で習得した目的としての「しごと」（機能）と「つくり」（形態）を、「書くこと」で手段として活用する。「読むこと」の目的とした言語能力を、「書くこと」の手段として「じどう車ずかんをつくろう」の学習に関連させ転移する単元構成となっているともいえる。

〈指導目標〉

指導目標は、「文章を読み、重要な語や文をもとに内容の大体を理解することができる」とした。

ここでの重要な語や文とは、車のしごと（機能）とつくり（形態）を表す具体的な言葉を指す。バスや乗用車であれば、しごと（機能）は「人をのせてはこぶしごと」であり、つくり（形態）は「ざせきのところが、ひろくつくってあります」や「そとのけしきがよく見えるように、大きなまどがたくさんあります」などである。これらの重要な語や文をもとに、しごと（機能）とつくり（形態）について具体的に理解させることが本教材の指導目標となる。なお、三つの事例を比較したり、順序性を考えたりすることも教材文の理解に役立つ。ぜひ行っていただきたい。

本教材の〈教材研究〉と〈授業づくりのポイント〉は、次の通りとなる。（◎は重点）

> 〈教材研究〉
> ☆筆者の「言葉による課題解決」から学ぶ
> 〔内容〕
> B　問いと答え
> 〔形式・表現〕
> G　形態と機能（◎）
> K　接続語、指示語
> N　文末表現
> 〔論理〕
> P　課題解決のための思考（順序づける、比較する）
>
> 〈授業づくりのポイント〉
> ☆学習者の「言葉による課題解決」のための思考や手立て、言語活動
> S　単元のゴールとなる言語活動

〈教材研究〉

☆筆者の「言葉による課題解決」から学ぶ

〔内容〕

B　問いと答え

問いと答えは、最も基本となる説明的文章である。

ここでの問いは、「それぞれのじどう車は、どんなしごとをしていますか」（②）と、「そのために、どんなつくりになっていますか」（③）の二つである。

その二つの問いに対して、三つの事例（バスや乗用車、トラック、クレーン車）をもとに、繰り返し答え（「しごと」と「つくり」）が説明される。事例（車）が違うと、「しごと」も「つくり」も異なる。どんな答えになるのかを丁寧に読み取らせたい。

G　形態と機能（◎）

「しごと」は機能であり、「つくり」は形態となる。

トラックを例にすると、問いの「どんなしごとをしていますか」「どんなつくりになっていますか」の順序に即して、まず「トラックは、にもつをはこぶしごとをしています」⑥が提示される。トラックは先のバスや乗用車とは異なり、「にもつをはこぶ」しごと（機能）をしていることが示される。

次に、その「にもつをはこぶ」しごと（機能）のために、「うんてんせきのほかは、ひろいにだいになっています。おもいにもつをのせるトラックには、タイヤがたくさんついています」⑦が示される。「ひろいにだい」と「タイヤがたくさん」ついていることは、トラックが「にもつをはこぶ」ために必要なつくり（形態）であるが、どうして「ひろいにだい」なのか、どうして「タイヤがたくさん」ついているのかを、一つずつ挿絵も活用しながら読み取っていくことが大切となる。例えば、運転席の下のタイヤの数と荷台の下のタイヤの数が違うことなど、その理由を考えさせたい。それぞれのつくり（形態）の役割がわからないと、しごと（機能）の理解が表面的になってしまう。

〔形式・表現〕

K　接続語、指示語

ここでの接続語は、「そのために」の一つしかない。しかし、この「そのために」が「しごと」と「つくり」をつなぐ接着剤の役割を果たしている。「じどう車ずかん」を作る表現活動で実際に使い、実感をもたせることが大切である。

N　文末表現

教材の特色でも述べたが、この説明的文章では文末表現は二つしかない。一つは説明の「〜ます」であり、もう一つは問いの「〜ますか」である。

特に、説明の文末表現「〜ます」は、説明の最も基本となる文末表現であり、確実に理解させることが必要である。

〔論理〕

P　課題解決のための思考（順序づける、比較する）

事例としてバスや乗用車、トラック、クレーン車の順序で「しごと」と「つくり」が示されているが、筆者は事例をどうしてこの順序にしたのか。その答えとして考えられることは、学習者にとって一般的な車から特殊な車の順序であることから、「馴染みのある順序」（順序づける）にしたのではないか。

まずは、多くの学習者が乗ったことが考えられるバスや乗用車を提示する。その後に、知ってはいるが、乗った経験は少ないであろうトラックを提示する。最後は、学習者に馴染みが薄いと思われるクレーン車を提示する。この「馴染みのある順序」にすることで、「しごと」と「つくり」の理解を促そうとしたことが考えられる。

なお、この順序を考える際には、同時に事例同士を「比較する思考」（比較する）も働いている。

この「馴染みのある順序」を通して、教材文はどんな車でもそれぞれの役割に応じた「しごと」と「つくり」があることを学習者に伝えたかったことが考えられる。そうでなければ、学習者に馴染みが薄いクレーン車を事例として示す理由が見あたらない。

〈授業づくりのポイント〉

☆学習者の「言葉による課題解決」のための思考や手立て、言語活動

S　単元のゴールとなる言語活動

単元のゴールとなる言語活動として、「好きなじどう車を一つ選び、『しごと』と『つくり』がわかるじどう車ずかんをつくる」言語活動を提案する。例えば、次のような説明的文章が考えられる。

キッチンカー

キッチンカーは、いろいろなところでたべものをつくったり、うったりするしごとをしています。

そのために、うんてんせきのうしろがりょうりをするためにひろくつくってあります。りょうりのためにキッチンやれいぞうこがあります。たくさんの水もタンクにはいっています。

②「くらしと絵文字」（教育出版　三年）

「読むこと」の教材「くらしと絵文字」と、「話すこと・聞くこと」の教材「絵文字で表そう」で一つの単元（単元名「絵文字の特長をとらえよう」）を構成する。

なお、ここでは主として説明的文章教材「くらしと絵文字」の指導について述べる。

〈教材について〉

・筆者

筆者は、グラフィック・デザイナーの太田 幸夫（おおた ゆきお）氏である。

・概要

三つの特長から絵文字が時代を超えて多くの人々のくらしの中で使われていることや、絵文字がこれまで以上に世界中の人々が「わかり合い、つながりを深め合うのにも役立つ」であろうことを説明した文章である。

なお本教材は教科書のための書き下ろしで、平成四年度版（一九九二年）から掲載されている。

・教材の特色

大きく三つのまとまりから成る。「はじめ」（形式段落①②③、以後は番号のみの表記とする）では昔と現在も絵文字が使われていることを、「中」（④～⑫）では絵文字の特長から絵文字が役立っている理由を述べている。「終わり」（⑬⑭⑮）では、これからの人々のくらしに絵文字が果たす役割を述べている。

典型的な課題解決型の説明的文章とは若干趣が異なるが、絵文字がどうして昔も現在も使われてきたのかを絵文字の特長をもとに課題解決を図り、さらにこれからの人々のくらしに関して絵文字のもつ役割を考えるという論理展開から考えると、課題解決型の説明的文章の一つともいえる。

〈関連する言語能力（筆者の論理）〉

ここでの「関連する言語能力（筆者による論理）」は、「くらしと絵文字」で学んだ〔論理〕（「課題解決のための論理」）である。その具体である絵文字の三つの特長「絵文字の第一の特長は、その絵を見たしゅんかんに、その意味がわかること」（⑤）、「絵文字の第二の特長は、つたえる相手に親しみや楽しさを感じさせる、ということ」⑦、「絵文字の第三の特長は、その意味が言葉や年れいなどのちがいをこえてわかる、ということ」⑩、が、「話すこと・聞くこと」の教材「絵文字で表そう」の話合いの事例にちりばめられているからである。

例えば、司会の春田さんが「親しみを感じるようなほけん室を表す絵文字を作るため」と述べている。これは、「くらしと絵文字」の第二の特長と重なる。また、同じ春田さんが発言者の意見をまとめた際に「ほけん室でよく見るばんそうこうや体温計、ベッドや白衣もほけん室らしい」と述べているが、これは第一と第三の特長と重なる。さらに、木村さんが『『くらしと絵文字』を学んだ際、絵文字ははっきりとした色が多かったから、ピンクの上に黒の線でかいたらどうですか」という意見は、三つの特長全てと重なる。

このように、「くらしと絵文字」で学んだ〔論理〕が、「絵文字で表そう」では子供たちの言葉に転移（変換）されて繰り返し示されている。

したがって、「くらしと絵文字」で〔論理〕を確実に習得していなければ、「絵文字で表そう」における子供たちの話合いは、単なる事例になってしまう。「くらしと絵文字」で〔論理〕を学んだからこそ、「絵文字で表そう」の学習の時、既有の〔論理〕としてすんなり受け止めることができる。

〈指導目標〉

指導目標は、「段落のつながりと中心と付加に気をつけて、絵文字の特長と役割を読み取ることができる」とした。

本教材は、「はじめ」と「中」で絵文字が昔も現在も役立っていることや、その理由を絵文字の特長から述べ、「終わり」ではこれからの人々の暮らしの中で絵文字の果たす役割について述べている。昔、現在、これからと、いわば時系列に即した展開となっており、段落のつながりに気をつけて読み取ることが大切となる。さらに「中」の絵文字の特長が、中心と付加で表した段落で繰り返し説明されている。以上に気をつけて、絵文字の特長と役割を読み取らせたい。

本教材の〈教材研究〉と〈授業づくりのポイント〉は、次の通りとなる。(◎は重点)

〈教材研究〉
☆筆者の「言葉による課題解決」から学ぶ
〔内容〕
F　中心と付加
H　写真、図表
〔形式・表現〕
I　段落(◎)
〔論理〕
O　課題解決のための論理

〈授業づくりのポイント〉
☆学習者の「言葉による課題解決」のための思考や手立て、言語活動
S　単元のゴールとなる言語活動

〈教材研究〉
☆筆者の「言葉による課題解決」から学ぶ
〔内容〕
F　中心と付加
「中」の絵文字の特長が、中心的な内容とそれを詳しく説明している付加的な内容で説明されている。

第一の特長を例にすると、中心的な内容として「絵文字の第一の特長は、その絵を見たしゅんかんに、その意味がわかることです」⑤が先に説明される。次にその付加的な内容として、「㋒の絵文字は、テレビなどの天気よほうで、よく見るものです。わたしたちは、これを見たしゅんかんに、それぞれの地方の天気よほうを知ることができます。㋓の絵文字は、こわれやすい品物を送る箱にはってあるものです。『こわれやすい物なので、取りあつかいに注意してください。』という意味がわかりますね」⑥が説明される。

先に中心となる内容を示し、次にそれを詳しく説明している付加的な内容を示すことで、学習者の理解を促している。

第二、第三の特長も中心的な内容と付加的な内容の説明が繰り返し行われている。

H　写真、図表

本教材には、たくさんの写真や図表などの絵文字があり、内容理解に大きく関わっている。

例えば、形式段落⑧の「㋔の絵文字は、万国博覧会など、人がどっと集まる場所でつかわれたものです」という第二の特長の付加的な内容がある。この文章の「㋔の絵文字は」からは、絵文字を見ながら特長を理解することを筆者が求めていることがわかる。

他にも写真や図表などの絵文字を見なければ理解が難しい内容がたくさんある。写真や図表などのいわゆる非連続テキストは、本教材にはなくてはならない「読みの観点」である。

〔形式・表現〕

I　段落（◎）

本教材は、それぞれの段落の内容を読み取り、段落のつながりを理解させることに適している。

特に「はじめ」の段落は、どんな内容かを吟味することで、どこまでの段落をひとまとまりとして考えることができるかがわかる。具体的には、形式段落①は現在の絵文字の事例と絵文字の語彙規定がなされている。形式段落②は、昔から使われてきた絵文字があること、またその絵文字は「時代をこえて多くの人々のくらしに役立ってきた」ことが説明されている。形式段落③は、現在の絵文字の事例である。形式段落④は、その理由を絵文字の特長から考えるよう「問い」の形で提案している。

一般的に「問い」が「はじめ」に多く含まれることを考えれば、形式段落④は「はじめ」に入る。しかし、特長が急に形式段落④に出てきたこと、形式段落①〜③には特長という言葉がないこと、また形式段落①〜③は現在・昔・現在と時間がつながっていることから「はじめ」を形式段落①〜③までと考えることができる。

このように、どんな内容が説明されているかを考えることで、段落のつながりを考えることができる。

とすれば、「中」は絵文字の特長でつながっているとまとめることができるし、「終わり」はこれからの人々のくらしと絵文字との役割でつながっているとまとめることができる。

「はじめ」「中」「終わり」の段落は、それぞれの内容でつながっている。したがって、よく目にする「はじめ」で「問い」を提示し、「中」で「答え」を述べ、「終わり」で全体の「まとめ」とする構成ではないことを理解させたい。

〔論理〕

O　課題解決のための論理

課題解決のための論理は、絵文字の三つの特長に端的に表されている。

第一の特長である「その絵を見たしゅんかんに、その意味がわかること」⑤は、絵文字がどんな役割をもつかという絵文字そのものの機能についてである。

第二の特長である「つたえる相手に親しみや楽しさを感じさせる」⑦とは、他者（受け取る対象）に対して、特にどんな効果があるかについて示したものである。

第三の特長である「その意味が言葉や年れいなどのちがいをこえてわかる」⑩とは、受け取る対象の幅を広げ、絵文字のもつ普遍的な価値についてまで言及している。

このように、課題（問い）としての「たくさんの絵文字がつかわれているのは、なぜでしょうか」に対して、多角的・多面的な視点からの筆者の論理は、学習者を納得させるとともに、ものの見方・考え方を深めたり高めたりすることにつながっていく。

なお、「第一に」「第二に」「第三に」は列挙の接続語であるから、ここには順序性はない。そこで、どうしてこの順序にしたかを考えることは、絵文字そのものに対する筆者の論理（課題解決のための論理）を考えることにもなる。

〈授業づくりのポイント〉

☆学習者の「言葉による課題解決」のための思考や手立て、言語活動

S　単元のゴールとなる言語活動

単元のゴールとなる言語活動として、「好きな教室を選び、入り口に掲示する絵文字を説明する文章を書く」言語活動を提案する。例えば、次のような説明的文章が考えられる。

図工室のマーク

ぼくは、絵を描くのが好きなので、図工室の入り口に掲示する絵文字を考えました。

図工室の入り口に掲示する絵文字は、絵の具とかなづちの絵を真ん中にして、まわりを黄色でぬるとよいと思います。その理由は二つあります。

第一に、絵の具とかなづちだと見たしゅんかんすぐ図工室だとわかるからです。図工室は、絵を描いたり工作をしたりする場所です。

第二に、まわりを黄色にすると明るく親しみやすい感じがするからです。ぼくたちはいつも図工室に行くわけではありません。だから、少しでも明るく親しみやすい感じにすれば、図工室に入る時、楽しい気持ちになると思います。

この二つの理由から、図工室の絵文字を絵の具とかなづちの絵を真ん中にして、まわりを黄色にすればよいと思います。

③「固有種が教えてくれること」（光村図書　五年）

「読むこと」の教材「固有種が教えてくれること」と、「書くこと」の教材「グラフや表を用いて書こう」で一つの単元（単元名「資料を使って説得力のある意見文を書こう」）を構成する。

なお、ここでは主として説明的文章教材「固有種が教えてくれること」の指導について述べる。

〈教材について〉

・筆者

筆者は、動物学者の今泉　忠明（いまいずみ　ただあき）氏である。今泉氏が監修したものとして、「ざんねんないきもの事典」（高橋書店）などがある。

・概要

日本にはアマミノクロウサギをはじめとして、たくさんの固有種が生息する。日本に固有種が多い理由は、日本列島の成り立ちと多様で豊かな環境による。しかし、現在は人間の活動によって固有種が減ってきている。私たちは固有種が住む日本の環境をできる限り保全していくことが必要であり、かつ責任があることを説明した文章である。

なお本教材は教科書のための書き下ろしで、令和二年度版（二〇二〇年）から掲載されている。

・教材の特色

双括型の文章構成であり、固有種が住む日本の環境保全を繰り返し主張している。そのために写真、図表、グラフなどの非連続テキストをふんだんに使って説明していることが特色である。

〈関連する言語能力（筆者による論理）〉

ここでの「関連する言語能力（筆者による論理）」は、「固有種が教えてくれること」で学んだ表現形式と表現方法、さらに筆者の思考である。

表現形式とは、双括型の文章構成である。表現方法とは、資料（非連続テキスト）の活用である。筆者の思考とは、わかりやすい説明のために比較したり、因果（理由）を捉えたりする思考である。

これらの「関連する言語能力（筆者による論理）」を、「書くこと」の教材「グラフや表を用いて書こう」で活用することで、効果的に学ぶことが期待できる。

〈指導目標〉

指導目標は、「文章と資料を関連づけて読み、筆者の説明のしかたについて考えることができる」とした。

本教材では、連続テキストである文章と非連続テキストである資料（写真、グラフ、図表）を関連づけて読むことで、日本に固有種が多い理由、及び筆者の主張である固有種が住む日本の環境保全への必要性が理解しやすくなる。そこで、文章と資料を関連づけて読み、筆者の説明のしかたについて考えさせたい。

学習者のこれからの言語生活では、プレゼンテーションなどにおいて資料も活用した説明が多々求められてくる。そこで、文章と資料を関連づけて読み、筆者の説明のしかたについて考えることは必要な学習である。

本教材の〈教材研究〉と〈授業づくりのポイント〉は、次の通りとなる。（◎は重点）

〈教材研究〉
☆筆者の「言葉による課題解決」から学ぶ
〔内容〕
H　写真、図表、グラフ
〔形式・表現〕
J　文章構成
M　キーワード
〔論理〕
O　課題解決のための論理
P　課題解決のための思考（◎）（比較する、因果を捉える、一般化する）

〈授業づくりのポイント〉
☆学習者の「言葉による課題解決」のための思考や手立て、言語活動
Q　要約
S　単元のゴールとなる言語活動

〈教材研究〉
☆筆者の「言葉による課題解決」から学ぶ
〔内容〕
H　写真、図表、グラフ
本文では、写真、図表、グラフの非連続テキストを全て「資料」として表示している。

特に資料2（図1〜4も含む）は、本文にも「資料2を見てください」（形式段落⑤、以後は番号のみの表記とする）と明示され、アマミノクロウサギやニホンザルが生き残ったのは、「他のちいきと分断されることによって、固有種は生まれる」（⑤）ことを具体的に説明する役割を果たしている。

その他の資料は、先の「資料を見てください」のような直接的な表現は本文にはない。しかし、例えば、形式段落③では「それぞれの国の陸地にすむ陸生ほ乳類の種の数を比べてみましょう。日本には、アマミノクロウサギをはじめ、百七種がいて、そのうち半数近くの四十八種が固有種です。一方のイギリスには、ハリネズミ、ヨーロッパヤマネコなど四十二種がいますが、固有種はゼロ。イギリスにすんでいるほ乳類は、全て対岸のユーラシア大陸と同じ種なのです」という文章があるが、資料1ではこの文章の数字を表にしており、文章内容の理解を補助する役割を果たしている。本文と資料を関連させて読むことで理解が深まる。

また、「日本列島が南北に長いため、寒いちいきからあたたかいちいきまでの気候的なちがいが大きく、地形的にも、平地から標高三千メートルをこす山岳地帯まで変化に富んでいるからです」（⑦）を文章だけで理解することは難しいが、資料3や資料4を関連させて読むことで理解が容易になる。

文章だけでは理解しにくいところを、資料（写真、図表、グラフ）は補っている。文章と資料を関連づけて読むことの重要性がわかる。

〔形式・表現〕

J　文章構成

双括型の文章構成であることは先に述べた。「はじめ」と「終わり」に、繰り返し主張がなされているが、このことで「終わり」の「わたしたちは、固有種がすむ日本の環境をできる限り残していかなければなりません。それが、日本にくらすわたしたちの責任なのではないでしょうか」⑪が一層強調される。

M　キーワード

全ての形式段落に「固有種」という言葉があり、キーワードとしてふさわしい。

多くの説明的文章に見られることだが、文章構成の「終わり」になると、説明で使っていた具体的な言葉から、主張に関わる一般化された言葉に変換される。しかし、この説明的文章では「終わり」の形式段落⑪でも「固有種」が四回出てくる。また、筆者の主張である「わたしたちは、固有種がすむ日本の環境をできる限り残していかなければなりません。それが、日本にくらすわたしたちの責任なのではないでしょうか」⑪に見られるように、「固有種」は筆者の主張に大きく関連している。「固有種」という言葉がなければ、この説明的文章は成り立たない。

〔論理〕

O　課題解決のための論理

題名の「固有種が教えてくれること」にもあるように、本教材は終始一貫して「固有種」を通して日本の環境を保全する必要性とその責任について説明している。一つの事柄に着目して物事を突き詰めようとする説明のしかたは、動物学者ならではの論理ともいえる。

P　課題解決のための思考（◎）（比較する、因果を捉える、一般化する）

課題解決のための思考として、特に「比較する（対比）」、「因果を捉える（理由づけ）」、「一般化する（定義づけ）」の思考が働いている。

「比較（対比する）」思考が働いているところは三か所ある。一つ目は、形式段落①②の「ふつうのウサギ」の特徴と固有種の「アマミノクロウサギ」の特徴を比較（対比）しているところである。

二つ目は、形式段落③において日本とイギリスを比較（対比）して日本に固有種が多いことを説明しているところである。いずれも、筆者の主張や説明（「固有種たちがすむ日本の環境を、できるだけ残していきたい」②）や「日本に固有種が多いこと」（③））を際立たせるために、それぞれ二つの内容を比較（対比）している。

三つ目は、固有種で絶滅のおそれのある動植物の事例のニホンカモシカの保護に関わるところで、形式段落⑨と⑩に見られる。ここでの内容は、ニホンカモシカが減少したことから「積極的な保護」（⑨）により増加が見られたが、「生息場所である天然林が減少するのにともなって、植林地に現れ、幼木の芽を食べるようになり、さらに「ちいきによっては害獣としてくじょされるようになった」（いずれも⑩）ことが説明されている。このことは、ニホンカモシカの保護による取組の成果と課題の説明である。同じニホンカモシカの保護に関わる成果という正の内容と課題という負の内容であることから、内容の対比である。なお、この対比は「固有種の保護は、生息環境の保護とのバランスが重要」（⑩）であることを説明することの「理由づけ」にもなっている。

なお、この「理由づけ」の思考に関しては他にもある。「日本に固有種が多い」理由は、同じ形式段落④で説明しているが、さらに形式段落⑤では資料2と関連づけて具体的に説明している。前者は抽象的な理由づけであり、後者は具体的な理由づけともいえる。「因果を捉える（理由づけ）」の思考が見てとれる。

次に「定義づけ」であるが、形式段落①において「ふつうのウサギ」の特徴と固有種の「アマミノクロウサギ」の特徴の「比較」（対比）を通して、固有種の「一般化（定義づけ）」（「特定の国やちいきにしかいない動植物のこと」）を図っている。

〈授業づくりのポイント〉

☆学習者の「言葉による課題解決」のための思考や手立て、言語活動

Q　要旨

指導目標の「文章と資料を関連づけて読み、筆者の説明のしかたについて考えることができる」ためには、まず本文には何が書いてあるのかをまとめることが有効である。そこで、ここでは要旨にまとめる言語活動を行いたい。

要旨とは、筆者が文章で取り上げている「内容や考え」の中心となる事柄である。ここでの中心となる事柄は、最終段落の形式段落⑪にある。なお双括型の文章構成から、形式段落①②も使いながら形式段落⑪の内容を中心にまとめていくとよい。例えば、次のようにまとめることができる。

日本には、特定の国や地域にしか生息しない固有種（動植物）が他国に比べて多数生息している。しかし、近年人間の活動により固有種が減少している。絶滅してしまうと、その固有種には二度と会うことができない。だから、私達は固有種が住む日本の環境をできる限り残していかなければならないし、それが私達の責任でもある。（一五〇字）

S　単元のゴールとなる言語活動

単元のゴールとなる言語活動として、「資料を使って説得力のある意見文を書く」言語活動を提案する。その際、「固有種が教えてくれること」で学んだ次の「関連する言語能力（筆者による論理）」を意見文に取り入れるようにさせるとよい。

・わかりやすい説明のための比較や理由づけの思考
・資料（非連続テキスト）の活用
・双括型の文章構成

【演習】

「ぼくの世界、君の世界」（教育出版　六年）は、〈自分に見えているものは、他の人も同じように見えているのか〉という哲学的な問題に対して、あまみや痛み、好きなアニメを事例として取り上げ、「自分が感じていることと、他の人が感じていることが同じであるという保証はどこにもない」（形式段落㉑、以後は番号のみの表記とする）が、「おたがいにわかり合えない、ということではない」⑱ことや、「言葉や表情をやりとりすることによって、私たちは、それなりに心を伝えたり、受け取ったりしている」⑲ことを説明している。そして、最終的に筆者は「自分だけの心の世界がある」㉒ことに気づくのは自分の心の成長によるものであることや、自分の思いは誰かに伝えようとしない限り誰ともわかり合えないことから「心を伝え合うための努力を始める」㉒ことの必要性を述べている。

そこで、この「読みの観点」の「O課題解決のための論理」に着目し、単元のゴールとなる言語活動として「哲学者になって、『心の世界』について書きまとめる」言語活動を行うことを計画する。本文及び例文を読み、哲学者になったつもりで『心の世界』について書きまとめなさい。

例文として、次のような文章が考えられる。

親切とはいったい何か

親切とはいったい何だろう。

ぼくは、だれかが困っていたらすぐ助けることが親切だと思っていた。

しかし今日、Aくんが「確かに困っている人がいたらすぐ助けることも親切だけど、その人に助けてほしいと言われてから助けることも親切だと思う。それまでその人は自分の力で何とかしようとしていたはずだよ。その時に親切にするのは逆に親切と言わないと思う」と言った。ぼくは、はっとした。確かにAくんの言う通り、その人が助けを求めてから初めて助けるのも親切だと思った。すぐ助けることがいい時ばかりではない。言われてから行動する親切もあると思う。

すると、Bさんが「それもあるけど、私はだまって見守るのも親切だと思います。例えば体育で逆上がりの練習をしている時、もう少し練習すればできそうだと思ったら、その友だちが困っていてもだまって見守るのも親切にあたると思います」と言った。

これまでぼくは、「困っている人がいたらすぐ助けることが親切」だと思っていた。AくんとBさんから、「言われてから行動する親切」や「だまって見守る親切」もあることがわかった。親切とは一つに限らない。相手のようすをよく見て判断し行動することが必要であることがわかった。

第三節 〈教材研究〉と〈授業づくりのポイント〉の総括

「言葉の指導」の具体として、「読みの観点」(「筆者の『言葉による課題解決』」「学習者の『言葉による課題解決』」)×「単元の類型」(「読解型」「表現型」)から見える説明的文章の〈教材研究〉と〈授業づくりのポイント〉について考えてきた。ここでその総括を行う。

（1）「読解型」の説明的文章

①「内容重視」

「内容」を読み取ることを重視する三篇の説明的文章を「読みの観点」に従い〈教材研究〉を行うと、小学校一年の「うみのかくれんぼ」は「B問いと答え」、四年の「ウミガメの命をつなぐ」は「C事例の内容」、中学校一年の「自分の脳を知っていますか」は「F中心と付加」が重点となる。「読みの観点」は教材特性によって異なることから、どんな教材特性が内在しているかの見極めが大切となる。

〈授業づくりのポイント〉として、「Q要点、要約、要旨」にまとめる言語活動が二篇ある。その中で「ウミガメの命をつなぐ」では、学習者の興味・関心から多様な「要約」が考えられ、「内容」理解がさらに図られるとともに主体性的な学びにつながっていく。「内容」を読み取る際は、ともすれば筆者の「言葉による課題解決」に関わる内容の読み取りに終始し、受動的な学習になりがちである。だからこそ、学習者の「言葉による課題解決」のための手立てや言語活動を大切にし、主体的な学習になるように心がけていきたい。

②「形式重視」

二篇あるが、「読みの観点」の重点はいずれも「I段落」である。説明的文章の「形式」を学ぶには、「段落」の学習が基本となることがわかる。また、「P課題解決のための思考」を「読みの観点」とすることで、「筆者の論理」に着目し、文章構成をはじめとした「形式」をさらに読み取ることができる。

〈授業づくりのポイント〉として、「S単元のゴールとなる言語活動」があげられる。ここでは「段落の内容」や、「段落相互の関係」をさらに確かなものにするために書く活動を行うが、例えば、「アップとルーズで伝える」では「双括型の文章構成」や「段落内でテレビ（新聞）の長所と短所をそれぞれ対応させる」など、学習者が指導目標を達成できるように、何に留意して書くかを明示することが大切となる。またこの言語活動を行う際は、教師が事前に書いてみることが有効である。そのことで、言語活動の難しさがどこにあるかがわかる。

③「論理重視」

ここでの「論理」とは、「内容」と「形式」を統合したものである。三篇の教材とも「C事例の内容」に「筆者の論理」が内在する。また、「イースター島にはなぜ森林がないのか」と「モアイは語る」では、「E事実と意見」にも「筆者の論理」が見られる。

〈授業づくりのポイント〉としては、「イースター島にはなぜ森林がないのか」と「モアイは語る」では、「R批判的読み」を行う「S単元のゴールとなる言語活動」が適切である。「筆者の論理」を鵜呑みにするのではなく、「学習者としての論理」を構築し、それを表出することが筆者の論の進め方やその効果を実感することにつながるからである。

以上から、「読解型」の「内容重視」「形式重視」「論理重視」の説明的文章の〈教材研究〉と〈授業づくりのポイント〉について見てきたが、大切なことは教材特性である。どんな教材特性が内在しているかを見極めることで、何を重視して読んでいけばよいかがわかる。それは、〈教材研究〉と〈授業づくりのポイント〉の鍵となる。

(2)「表現型」の説明的文章

①「情報活用重視」

ここでは目的に応じて必要な「情報」を取捨選択し、その「情報」を表現に活用することを重視する。説明的文章の「内容」を目的に応じて「情報」として活用する「世界遺産 白神山地からの提言」、説明的文章の「論理」を「情報」として活用する「和の文化を受けつぐ」や「ニュースの見方を考えよう」がある。いずれにせよ説明的文章（資料も含む）を正確に読み取ることを基本として、目的に応じた「情報」として扱うことが大切となる。

〈授業づくりのポイント〉として、例えば、「世界遺産 白神山地からの提言」のように説明的文章を含んだ多様な資料から、何を「情報」として取捨選択させるかが大切となる。ここでは根拠と意見を区別した意見文を書くことを「S単元のゴールとなる言語活動」とするが、さらにその根拠となる「情報」は、読み手（他の学習者）を納得させうるものになるかということも含めて指導していくことが求められる。したがって、多様な資料に目配せさせながらも、意見文の読み手（他の学習者）のことも意識させる指導がなされなければならない。

②「能力関連重視」

説明的文章を読み取るための「読みの観点」は、「じどう車くらべ」では「G形態と機能」であり、「くらしと絵文字」では「I段落」である。「固有種が教えてくれること」では、「P課題解決のための思考」である。重点となる「読みの観点」が異なるのは、教材特性によるものである。

〈授業づくりのポイント〉として、「S単元のゴールとなる言語活動」をあげる。この「能力関連重視」では他と異なる点がある。それは説明的文章で学んだ接着剤として他の教材とつなぐ「関連する言語能力（筆者による論理）」を踏まえて、「S単元のゴールとなる言語活動」を行う必要がある。例えば、「じどう車くらべ」では重点となる「読みの観点」（言語能力と同義）と他の教材との接着剤となる「関連する言語能力（筆者による論理）」は「G形態と機能」であることから、「S単元のゴールとなる言語活動」を行う際も「G形態と機能」を意識すればよい。しかし、「くらしと絵文字」の重点となる「読みの観点」は「I段落」であるが、接着剤となる「関連する言語能力（筆者による論理）」は「O課題解決のための論理」となる。ここにはズレがある。このことを踏まえ、「S単元のゴールとなる言語活動」を行うことが必要となる。

以上から、「表現型」の「情報活用重視」と「能力関連重視」の説明的文章の〈教材研究〉と〈授業づくりのポイント〉について見てきた。まずは説明的文章を正確に読み取ることが基本となるが、さらに目的に応じて取捨選択した「情報」や学んだ「関連する言語能力（筆者による論理）」を表現に生かすことを見据えた指導が必要となる。特に「能力関連重視」の学習では、説明的文章で学んだ複数の言語能力の中の何が他教材と関連した「関連する言語能力（筆者による論理）」なのかを見極めることが重要となる。

以上、「言葉による課題解決力」を育成するために「読みの観点」×「単元の類型」に基づいた「言葉の指導」を提案した。

次章では、「読みの観点」×「単元の類型」に基づいた「言葉の指導」のさらなる具体として、「読解型」の「論理重視」の教材である「ありの行列」を例にして、その学習指導案作成を通して考えていく。

第四章 「言葉による課題解決力」を育てるための「国語科学習指導案」の作成

第三章では、「言葉による課題解決力」を育成するために、「読みの観点」×「単元の類型」をもとに〈教材研究〉と〈授業づくりのポイント〉を示した。

そこで本章第一節では、第三章の「読みの観点」×「単元の類型」に基づき、「読解型」の「論理重視」の「ありの行列」（光村図書 三年）を例にして「学習指導案の作成のしかた」について考えていく。「ありの行列」のどんな「論理」に着目し、どのような言語活動（学習活動）を行えば「言葉による課題解決力」の育成に結びつくか考えてみたい。なお学習指導案の書式は多様であるが、ここでは『弘前大学教育実習手引 第Ⅱ部附属小学校における教育実習』[1]にある学習指導案の書式をもとにする。

第二節では、「複式学習指導案（国語科）の作成のしかた」について説明する。小学校では、同学年で編成される単式学級の他に、複式学級（「児童生徒が少ない学校では2学年を合わせて一個学級として扱う場合[2]」の学級のこと）もある。複式学級の数は年々減少してはいるものの、全ての複式学級が解消され単式学級になるとはあまり考えられない。

単式学級の担任であれば第一節を参照することでいいが、複式学級の担任であればそれだけではたりない。詳しくは後述するが、例えば、「直接指導」と「間接指導」の時間配分をどうするか、「間接指導」をどう充実させるかなど単式授業とは異なる指導上の配慮が求められる。そこで概括的になるが、「複式学習指導案（国語科）の作成のしかた」について説明する。このことを通して、複式授業（国語科）そのものについて理解を深めていただきたい。

第一節　学習指導案の作成のしかた

(1)学習指導案とは（定義と機能）

①定義

用語事典（辞典）から学習指導案の定義を引用すると、学習指導案とは「教師が教材研究に基づきつつ、自らの意図や学習者の状況に即しながら設定した、指導目標と指導方法から構成される授業の計画案」[3]「学習指導案は、授業の計画を一定の書式で記述したものである」[4]と説明されている。

このことから、学習指導案とは端的に「授業の計画案」であることがわかる。

②機能

水戸部修治[5]によると、学習指導案には次の二つの機能があるとされる。

学習指導案作成の意義は大きく二つある。一つは、授業者自身が記述していく過程で授業構想を明らかにしていくということである。国語科においては本単元・本時で、どのような力を付けるべきなのかが不明確になりがちである。一つの教材を用いてどう授業として展開していくかは、どのような国語の力の育成をねらうのかに応じて多様に変化する。学習指導案を作成する中で様々な要素を手がかりに付けたい力を吟味し、学習指導を具体化していくのである。

二つ目は、授業の参観者が学習指導案を読むことで、どのようなねらいでどのような授業を計画しているのかを理解することができるということである。授業研究会では、この学習指導案をよりどころに、参観の視点を明確にし、実際の授業展開と比較しながら事後の協議を行っていくこととなる。授業改善を図っていく上で、学習指導案は重要な役割を果たすものとなる。

この水戸部の論からは、指導者の授業構想の機能だけでなく、授業改善の視点から学習指導案の機能を提示している。学習指導案作成の重要性がよくわかる。

(2) 学習指導案の形式と作成のポイント

「ありの行列」をもとに学習指導案の作成例について示す。なお、本書ではこれまで「学習者」として表記したが、ここでは「実習手引」に即して「児童」と表記する。

1　単元名　読んで考えたことをつたえ合おう

教材名　「ありの行列」　大滝哲也（令和六年度版　光村図書　三年下）

【ポイント】

教科書の単元名には、「どんな資質・能力を身につけさせ、そのためにどんな言語活動を行うか」（資質・能力＋言語活動）という形の単元名が多い。

「ありの行列」の単元名の前半部分の「読んで考えたこと」とは、学習指導要領「C 読むこと」の中学年の指導事項である「考えの形成」の「オ 文章を読んで理解したことに基づいて、感想や考えをもつこと」に関わる。後半部分の「つたえ合おう」は、前半部分の指導事項を「つたえ合う」という言語活動を通して具現化しようとしたものである。

もちろんこの他にもいろいろな書き方があるが、少なくとも児童に「どんな資質・能力を身につけさせるか」がわかるものにすべきである。

2 指導に当たって

(1) 児童観

児童はこれまでの説明的文章学習において、何が書かれているかという「内容」を読むだけでなく、段落と段落の関係を接続語や指示語に着目して捉えるなどの「形式・表現」に着目した読みは概ねできている。

しかし、事例の「内容」や「形式・表現」に着目して段落同士の関係について説明できるものの、例えば「すがたをかえる大豆」で学んだ事例を順序づけることで、「筆者の論理」を見出すことができるというように、「筆者の論理」という視点で捉えることは不十分である。つまり、事例内容を関係づけたり順序づけたりする事例の書き方には「筆者の論理」(課題解決のための筋道)が表出しているという認識や思考である。説明的文章は、「内容」や段落などの「形式」、接続語や指示語などの「表現」をもとに読むことはもちろん必要であるが、「内容」も「形式・表現」も「筆者の論理」の表出であると捉えることが、確かな読みや深い読みを行うために必要となる。

そこで本単元では、筆者の論の進め方(書き方)の工夫を考える学習を行う。筆者は、課題解決(ありの行列ができるわけを解決する)のために実験(観察)や研究を行っているが、論の進め方(書き方)として適切か、実験(観察)や研究は課題解決のためにどんな効果があるか、さらには論の進め方(書き方)にはどんな秘密があるかなどを吟味し、他者と伝え合う言語活動を通して、説明的文章とは「筆者の論理」が表出されたものであることを実感できるような指導をしたい。

【ポイント】

児童観には、これまでの説明的文章学習から何を習得しているか、逆に何が不十分であるのかを具体的に書く。場合によっては、既習の説明的文章や他社の下学年配当の説明的文章をもとに実態調査を行い、その結果を書く場合もある。

留意すべきこととして、「明るい学級である」とか「発表が少ない」など一般的なことや曖昧なことは書かない。当該教材の指導のために、その当該領域に関わる具体的な学習者の実態を書くようにすることが大切である。

(2) 教材観(「読みの観点」をもとに)

本教材「ありの行列」は、ありがおしりから出す液のにおいをたどってえさのある所へ行ったり巣に帰ったりすることであり、ありの行列ができることを、二つの実験(観察)(以下、実験とする)と研究を通して解明した理科的内容の課題解決型の説明的文章である。

本教材の特徴は「読みの観点」でも示したが、筆者の「課題解決のための論理」、及び「課題解決のための思考」にある。(詳しくは、第三章一七八〜一八四頁を参照。ここでは概略だけを示す。)

「課題解決のための論理」として、二つの実験から仮説を導き、研究を行い課題解決を図る論理が見出され、その具体として次の四点があげられる。一つ目は、実験の妥当性・客観性を高める論の進め方になっていることである。二つの実験により、巣からえさまでの道のり(往路)とえさから巣までの道のり(復路)がはじめて同じ「道すじ」になることが証明され、筆者がはじめの実験で感じた「ふしぎなこと」は解決される。二つ目は、文章構成に関わる論理として「はじめ」(往路)と「終わり」(往路と復路)に性質・役割の違いが見られることである。「はじめ」にの往路の様子は児童に興味・関心をもたせるため、「終わり」の往路と復路は実験と研究の成果によるものである。視点を変えると、児童にとって「はじめ」（往路）は未知であり、「終わり」（往路と復路）は既知となる。ここからは、「はじめ」と「終わり」のもつ性質・役割がわかる。三つ目は、接続語や指示語が効果的に使われていることである。例えば、「はじめに」（形式段落③、以後は番号のみの表記とする）と「次に」（④）は、実験の順序性を示す接続語である。したがって、この順序でなければならない。四つ目は、筆者の推論や理由がわかる文末表現となっていることである。本教材は、「〜です」「〜ました」など説明に関わる文末表現が多いが、その中で筆者の考えが強調されているものがいくつか見られる。例えば、「と考えました」（⑤）からは、筆者が実験結果から推論が行われていることがわかる。また「というわけです」（⑨）からは、明確に理由を述べていることがわかる。

次に「課題解決のための思考」として、実験と研究が関連し、かつ連続して述べられている。「順序づける」思考や「比較する」思考も見られるが、実験と研究の関連性・連続性が課題解決に大きく寄与していることから、「関連づける」思考が特筆される。

このように、本教材は筆者が課題解決のために工夫して述べている点が随所に見られることから、筆者の論の進め方の工夫を考える力を育てることに適している。

【ポイント】

あらすじ、教材の特徴、教材を通してどんな資質・能力を身につけさせるかを書く。その中で特に、児童に「どんな資質・能力」を身につけさせるかについては教材特性を十分踏まえることが大切となる。

(3) 指導観（「単元の類型」をもとにして）

本単元は「単元の類型」をもとにすると、「読解型」の「論理重視」の教材である。そこで、なぜありの行列ができるかという課題（問い）を解決していく過程や展開を、課題解決のための「筆者の論理」と捉え、筆者の論の進め方の工夫を考えさせていく。

一次では、これまでの説明的文章学習として（例えば「すがたをかえる大豆」）を振り返り、段落相互の関係を確かめさせる。次に「ありの行列」では、筆者が課題解決のためにどのように工夫して論を展開しているかについて学ぶことを伝える。さらにその具体として、文章構成の「はじめ」において、課題（問い）を出すまでの筆者の大滝さんの論（書き方）の工夫を見つけさせる。内容のつながりはもちろんのこと、「こそあど言葉」（指示語）といった表現にも着目させノートにまとめさせる。

二次では、「はじめ」で学んだ筆者の論（書き方）の進め方の工夫をもとに、「中」を実験と研究の二つにわけ、「大滝さんの書き方の工夫を見つけよう」という課題（めあて）を設定し、課題解決を図る。内容への着目、接続語や指示語、文末表現などの形式や表現への着目が予想される。さらに、それらを含めて論理展開や課題解決プロセスを大滝さんの論（書き方）の工夫と捉えさせていく。このことで、説明的文章とは、児童に対して筆者が論の進め方を工夫して説明した文章であることを気づかせたい。

三次では、「はじめ」「中」「終わり」のそれぞれで「大滝さんの書き方のくふう」を考えてきたことをもとに、「単元のゴールとなる言語活動」として「大滝さんの書き方の一番の秘密」を考えさせる。この言語活動は、二次までの学びを確かなものにするための習得タイプの言語活動である。ここでは、大滝さんの書き方の一番の秘密が多様に出るだろう。それを全体で共有し、共通点や相違点を考えさせることで一人一人の感じ方の違いに着目させる。またこのことを通して、自分の学びをメタ認知することもできる。「筆者の論理」を習得するとともに、「学習者の論理」という視点で改めて説明的文章を読むことで、主体的に関わる学習者としての変容を目指していく。


【ポイント】

単元全体を通してどのような指導をしていくのかを、一次、二次、三次の課題解決過程ごとに具体的な学習内容、学習方法、言語活動などを書く。書き方の順序として、先に「5 単元の計画」を書いてから、この指導観を書いてもよい。必ずしも学習指導案の順序通りに書く必要はない。

3　単元の目標

〈関係する学習指導要領の指導事項との関わり〉

・接続語や指示語の役割、段落の役割について理解することができる。　〈知識及び技能〉(1)カ
◎筆者の論の進め方の工夫を考えることができる。　〈思考力、判断力、表現力等〉C(1)ア
・文章を読んで理解したことに基づいて、考えをもつことができる。　〈思考力、判断力、表現力等〉C(1)オ
・文章を読んで考えたことを共有し、一人一人の感じ方の違いに気づくことができる。　〈思考力、判断力、表現力等〉C(1)カ
・言葉がもつよさに気づくとともに、幅広く読書をし、国語を大切にして、思いや考えを伝え合おうとする。　〈学びに向かう力、人間性等〉

【ポイント】

単元の指導目標を学習指導要領の「知識及び技能」「思考力、判断力、表現力等」「学びに向かう力、人間性等」の三観点で書く。この観点の順に書くのであれば、例示のように中心となる指導事項に◎をつけるとわかりやすい。別の書き方として、中心となる目標から書く場合もある。いずれにせよ、中心となる指導事項は何かを明確にしておかないと筋の通った指導案とはならない。

また、「学びに向かう力、人間性等」については、学習指導要領の当該学年の目標を引用し、文末を「〜しようとする」と書くとよい。

4　単元の評価規準

知識・技能	思考・判断・表現	主体的に学習に取り組む態度
接続語や指示語の役割、段落の役割について理解している。	・「読むこと」において、筆者の論の進め方の工夫を考えている。 ・「読むこと」において、文章を理解したことに基づいて、考えを持っている。 ・「読むこと」において、文章を読んで考えたことを共有し、一人一人の感じ方の違いに気づいている。	進んで筆者の論の進め方の工夫について検討し、考えたことやわかったことを伝えようとしている。

【ポイント】

「知識・技能」「思考・判断・表現」「主体的に学習に取り組む態度」の三観点で書く。「知識・技能」と「思考・判断・表現」は文末を「〜している」と表記する。「主体的に学習に取り組む態度」は「〜しようとしている」と表記する。

なお「主体的に学習に取り組む態度」[6]は、「粘り強い取組を行おうとする側面」と「自らの学習を調整しようとする側面」の二つの側面が評価できるように書く。

5　単元の計画（全七時間）

次	時	目標	主な学習活動
一	1	これまでの説明的文章学習を振り返り、「ありの行列」を学ぶ目的や課題解決のしかた（学習の進め方）について見通しをもち、「ありの行列」の概要について話し合うことができる。	・これまでの説明的文章学習を振り返る。 ・全文を読み、課題解決計画（学習課題、学習計画）を立てる。 ・「問い」と「答え」の文章を見つけ、どんな内容か話し合う。 ・初発の感想を書き、発表し合う。
	2	全文を読み、「はじめ」「中」「終わり」の構成にわけ、「はじめ」の論の進め方の工夫（形式段落①）を話し合い、わかったことをノートに書きまとめることができる。	・実験や研究内容、接続語や指示語などを手がかりにして、全文を「はじめ」「中」「終わり」にわける。 ・「はじめ」の「問い」を提示するまでの論の進め方の工夫を考え、ノートに書きまとめる。 ・指示語の効果について話し合う。
二	3（本時）	実験内容や表現（接続語や指示語、文末表現）から、「中」の論の進め方の工夫（形式段落②から⑤まで）を話し合い、わかったことをノートに書きまとめることができる。	・二つの実験内容や接続語や指示語、文末表現から段落のつながりを話し合う。 ・「中」（形式段落②から⑤まで）の論の進め方の工夫を考え、ノートに書きまとめる。
	4	前時に学習した実験の論の進め方、及び研究内容や表現（接続語や指示語、文末表現）から、「中」の論の進め方の工夫（形式段落⑥から⑧まで）を話し合い、わかったことをノートに書きまとめることができる。	・前時の実験の論の進め方を確認する。 ・研究内容や接続語や指示語、文末表現から段落のつながりを話し合う。 ・「中」（形式段落⑥から⑧まで）の論の進め方の工夫を考え、ノートに書きまとめる。
	5	「はじめ」と「終わり」の関係や、「はじめ」「終わり」と「中」との関係を話し合い、「ありの行列」の論の進め方についてわかったことをノートに書きまとめることができる。	・「はじめ」と「終わり」の関係を往路と復路の視点から考える。 ・「中」が「はじめ」の問いを解決し、「終わり」に導く役割を果たしていることを、論の進め方から考える。 ・わかったことをノートに書きまとめる。
三	6	これまでの学習を振り返り、筆者である「大滝さんの書き方の一番の秘密」を見つけ、ノートに書くことができる。	・これまでの学習を振り返り、内容も形式や表現も筆者の論の進め方の工夫であることを確認する。 ・「大滝さんの書き方の一番の秘密」を考え、ノートに書く。
	7	書いた文章を発表し合い、共通点や相違点を見つけ、感じ方の違いに気づくことができる。	・前時に書いた文章を発表する。 ・友だちの発表と自分の考えを比較し、共通点や相違点を考える。

【ポイント】

単元全体の導入過程を一次（いちつぐ）、展開過程を二次（につぐ）、まとめの過程を三次（さんつぐ）として計画することが多い。二次を習得の過程、三次を活用や探究の過程と捉えることもある。

単元全体の何時間目にあたるかを示したのが「時」（じ）である。

「目標」と「主な学習活動」は、各時間の具体的な指導目標と学習活動を書く。

6　本時の学習（学習指導案は、紙面の都合上、横書きで示す。）

「何を（目的）」「どのようにして（方法）」「どうすることができる（学習者の具体的な姿）」の３要素があるとよい。

6　本時の学習（3/7）

(1) 目標

実験内容や表現（接続語や指示語、文末表現）から、「中」の論の進め方の工夫（形式段落②から⑤まで）を話し合い、わかったことをノートに書きまとめることができる。

(2) 展開

主な学習活動　○主な発問　・児童の反応	・留意点　◎評価規準
1　前時の振り返り ○前の時間に学習したことを確認しましょう。 ・文章を大きく三つにわけました。「はじめ」は形式段落①、「中」は②から⑧、「終わり」は⑨です。 ・「はじめ」での大滝さんの書き方の工夫を見つけました。 ・ありはものがよく見えないのに行列ができるなんて、不思議でした。 ・大滝さんは、「はじめ」でありはものがよく見えないことを説明してから、最後に「問い」を出していました。 ・「その」や「それ」という「こそあど言葉」があると文がつながっているし、わかりやすいです。	・ノートを見てもよいことを伝え、前時の学習を想起させる。 ・文章構成の確認をする。 ・ものがよく見えないのに、ありの行列ができるという書き方が読み手に驚きをもたせることから、工夫の一つといえたことを確認する。 ・指示語の効果について簡単に触れる。
2　学習課題の確認 「中」の実験から、大滝さんの書き方のくふうを見つけよう。	
3　課題解決への見通し ○どんなことに気をつけて読めば書き方の工夫を見つけることができますか。 ・どんなふうに実験したかについて考える。 ・「つなぎ言葉」（接続語）や「こそあど言葉」（指示語）を見る。	・「はじめ」での書き方の工夫をもとにさせる。 ・実験内容そのものも工夫になることを伝える。
4　実験場面（形式段落②から⑤）の音読と教科書への書き込み ○学習場面を音読し、大滝さんの書き方の工夫がわかるところにサイドラインを引いたり、丸で囲んだりしましょう。	・大滝さんの書き方の工夫はどこにあるかを考えて読むように指示する。 ・一斉読みをさせる。
5　二つの実験内容の確認 ○実験内容の確認をしましょう。どんな実験でしたか。 ・さとうをおく実験と大きな石をおく実験をしています。	・実験内容を把握させるために、ありの動きを絵に表すように促す。

学習活動	指導上の留意点
・どっちも一ぴきのありが先に進んでいったことが同じです。 ・二つとも結果として、ありの行列ができました。 ・大きな石の実験は、ありが「石の所でみだれて、ちりぢり」になってしまいました。	・行きと帰りを色分けさせる。 ・二つの実験の共通点と相違点を考えさせる。
6　大滝さんの書き方の工夫の発表 ○実験内容も含めて、大滝さんが工夫して書いていると思うところを発表しましょう。	・理由も入れて発表させる。
・二つの実験を書いたのが工夫です。なぜなら、さとうの実験だけならありの行列ができる理由がわからないと思うからです。	・二つの実験が関連し合っていることから、つながりがあることに気づかせる。
・「はじめに」「次に」とあるから、続いている実験だと思います。	・この順序でなければならないことを全員で確認する。
・さとうの実験で、「ふしぎなことに」という書き方は、ぼくたちに不思議だよねと言っているみたいで工夫だと思います。 ・大きな石をおく実験では、「ようやく」という言葉から、ありが苦労して道を見つけたことがわかります。	・「ふしぎなことに」からは、筆者の考えが入っていることを確認する。
・「帰るときも」だから、行きと帰りが同じであることがわかります。書き方の工夫だと思います。 ・一ぴきのありがさとうを見つけて帰ってきたら、今度はたくさんのありが出てきたのがおもしろいです。	・助詞の「も」に着目させる。
・「これらのかんさつ」は、二つの実験をまとめている書き方です。 ・「考えました」はウイルソンの考えで、それを大滝さんが紹介しています。	・接続語や指示語に着目させる。 ◎実験内容や表現（接続語や指示語、文末表現）から、「中」（実験）の論の進め方の工夫を読み取っている。 （発言、教科書への書き込み）
7　課題に対するまとめ ○まとめをノートに書き、発表しましょう。	・表現に着目したまとめもありうる。 ・ノートにまとめを書かせる。
（例）大滝さんは書き方のくふうは、二つの実験が続けて行われたことがわかるように説明したことです。この順序で実験しなければ、ウイルソンの「何か道しるべになるものをつけておいたのではないか」という考えにはつながらないからです。	
8　本時の振り返りと次時の見通し ○今日の学習の振り返りをしましょう。 ・大滝さんは、実験から確かな考えを出せるように、実験の順序を考えて書いている。 ・大滝さんの「つなぎ言葉」は正確ですごい。	・本時では、振り返りの観点の中の学習内容、学習方法、学習活動から一つ選んで書かせる。

【ポイント】

単元計画の中で、実際に授業を行う（参観者に見せる）時間の具体的な指導計画である。

「主な学習活動」「主な発問」「児童の反応」「留意点」「評価規準」から構成されるが、例えば、「主な学習活動」と「主な発問」のどちらかを載せるものもある。ただし、初めて書く場合は二つとも書いた方がより具体的になるので望ましい。

「主な学習活動」とは学習者が行う活動であり、「主な発問」とは教師の発問である。学習者の視点、教師の視点と視点が異なっていることに気をつけたい。

また「留意点」とは、児童が「学習活動」を行う際に、教師が具体的にどんな「手立て」を行うのかを示すことである。この「留意点」の記載が少ない学習指導案を散見することがあるが、「学習活動」を行うには教師の何かしらの配慮が必要である。したがって、できるだけ「留意点」を書くべきである。

「評価規準」は、本時の「指導目標」が達成されたかを、どういう規準で判断すればよいかについて書く。また、この「評価規準」を書く位置は展開部分の一番深まりのある箇所に書く。したがって、全体で話し合うところが多く、「まとめ」の前にあたるところが多い。なお、いくつも「評価規準」が記載された学習指導案もあるが、たくさんの評価は現実的ではない。一時間一評価が実際の授業では現実的である。また、この評価は本時の「指導目標」に直結する評価規準でなければならない。

補足になるが、学習指導案によっては「評価規準」と「評価基準」がある場合がある。仮にA（Bより優れている）、B、C（Bより劣る）の三段階で評価するとすれば、「評価規準」はBにあたり、「評価規準」のBをもとにしたAやCの判断基準を「評価基準」という。

(1)目標

多様な目標の書き方があるが、学習者が身につけるべき学習事項（指導事項）を具体的に書くことが望ましい。

例えば、「『問い・答え』をもとに段落のつながりについて話し合うことを通して、本文の文章構成を考えワークシートに書きまとめることができる」（「天気を予想する」[7]）のように、「何を」（目的）、「どのように」（方法）、「～することができる」（求める学習者の具体的な姿）という三つの要素を取り入れた書き方もある。本時の目標もこの書き方に準じている。この書き方だと多少文章が長くなるが具体的になる。目標は具体的なものが望ましい。

(2)展開

・学習課題

(3) 板書計画

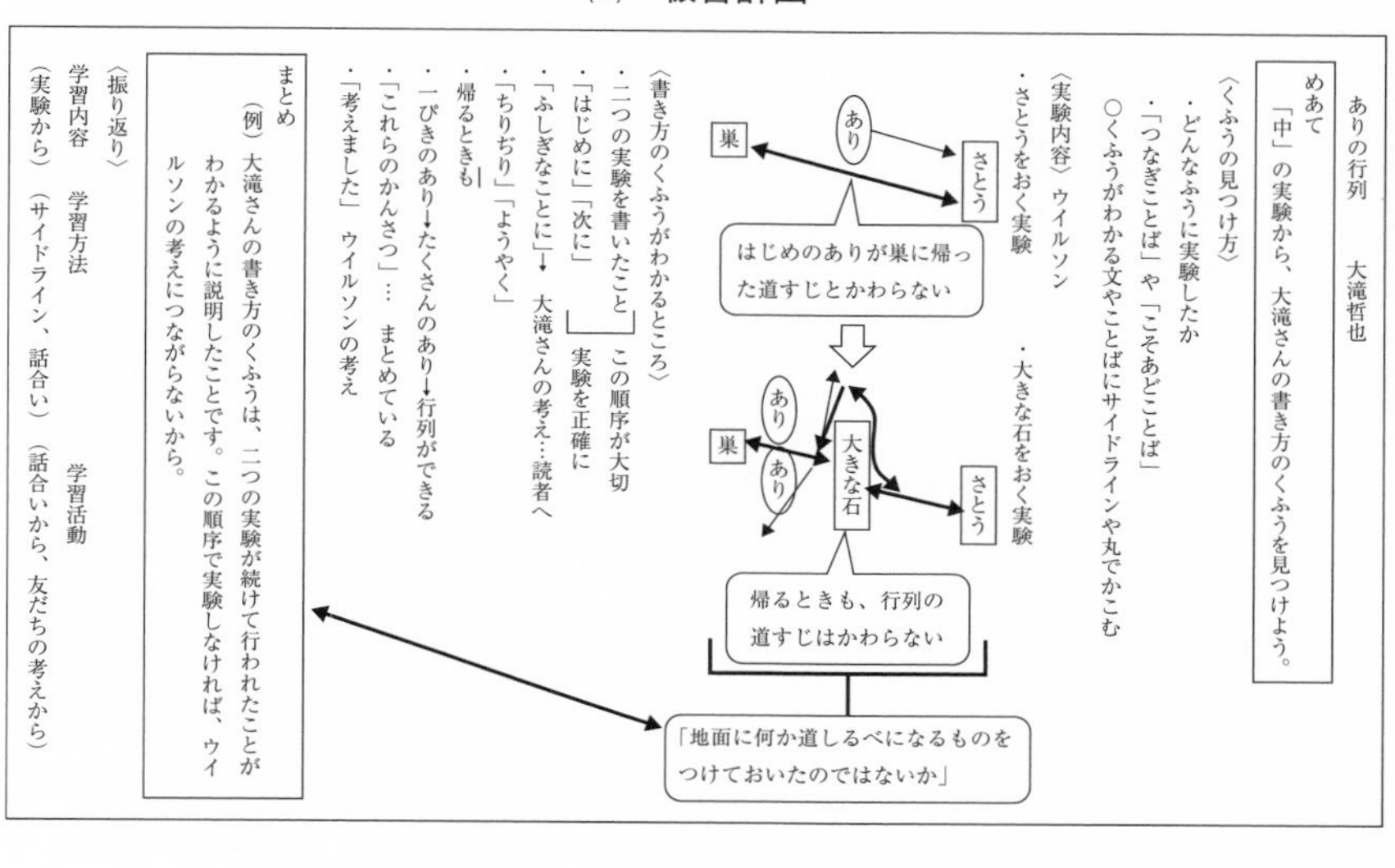

学習課題は、学習者が直接目にする課題である。したがって、一読して理解できるものが望ましい。

なお学習課題の目的として、「学習意欲を高めるための学習課題」「学習の見通しを立てるための学習課題」「学習内容を把握させるための学習課題」[8]などがある。

・課題に対するまとめ

まとめの内容が学習課題に対応しているかが大切である。多様なまとめが考えられる際は、「(例)～」のように、予想される学習者のまとめ（B評価にあたる内容）を例として示す書き方もある。

・振り返り

まとめの後には、学習の振り返りを行う。「何」を振り返るかといえば、「学習内容」「学習方法」「学習活動」「身につけた資質・能力（学力）」の四つがある。

「学習内容」とは、その時間で学んだ内容であり「まとめ」と重複するところがある。「学習方法」とは、例えば、音読やサイドラインなど具体的な方法についてである。振り返りの具体例として「サイドラインを引くことで、大事な文や言葉を考えることができた」などが考えられる。「学習活動」とは、例えば、「〇〇くんの発表を聞いて、△△の考え方があることがわかった」など、どんな学習活動をしたことで学びが深まったかなどについてである。「身につけた資質・能力（学力）」とは、例えば、「順序づけることに気をつけたり比較をしたりして本文を読むと、筆者の考えが理解できる」など学習者がメタ認知した資質・能力である。また、次の学習に活かせる資質・能力ともなる。

低学年であれば、「学習内容」「学習方法」「学習活動」が主となろうが、高学年では「身に付けた資質・能力（学力）」についても振り返るようにさせたい。

⑶板書計画

【ポイント】

板書は学習の足跡である。一時間でどんなことを学習したのかが一見してわかるように書くことが大切である。そのためには、「学習課題」はもちろんのこと、「まとめ」も意識して書くようにすべきである。

注　第一節に関わる引用文献及び参考文献

（1）弘前大学教育学部『弘前大学教育実習手引　第Ⅱ部　附属小学校における教育実習』二〇二二年
（2）単式学級と複式学級の定義については、広岡義之「複式学級」『教職をめざす人のための教育用語・法規　改訂新版』広岡義之編　ミネルヴァ書房　二〇二一年　二三三〜二三四頁から引用
（3）藤原顕「学習指導案」『国語科重要用語事典』高木まさき他編著　明治図書　二〇一五年　三三一頁
（4）杉浦健「学習指導案」『小学校教育用語辞典』細尾萌子・柏木智子編集代表　ミネルヴァ書房　二〇二一年　一七四頁
（5）水戸部修治「学習指導案の意義と作成」『新たな時代を拓く小学校国語科教育研究』全国大学国語教育学会編　学芸図書　二〇〇九年　三八頁
（6）国立教育政策研究所『「指導と評価の一体化」のための学習評価に関する参考資料　小学校国語』東洋館出版社　二〇二〇年　七〜一〇頁
（7）「何を」「どのようにして」「〜することができる」という目標の書き方は、青森県上北郡の学習指導案の書き方をもとにした。
（8）須田実『授業常識のまちがい』明治図書　一九八六年　一一七頁
・佐藤明宏『国語科研究授業のすべて』東洋館出版社　二〇一一年
・達富洋二編著『ここからはじまる国語教室』ひつじ書房　二〇二三年

第二節　複式学習指導案（国語科）の作成のしかた

ここでは、「読みの観点」×「単元の類型」に基づく「言葉の指導」とは異なるものの、小学校教員であれば「いつかは複式授業を行う機会がある」という意識をもつべきであることから、複式学習指導案（国語科）の作成について説明する。

(1) 複式授業の基本的な考え方

① 複式授業とは

複数学年の学習者が、同じ場所で一人の指導者から同時に指導を受ける授業のことを「複式授業」という。なお複数学年といっても、現在の複式授業は二個学年の学習者が同時に指導を受ける授業であることから、以後は二個学年にわたる複式授業について説明する。

② 指導形態と単元配列の工夫に基づく指導計画

二個学年を同時に指導する複式授業では、各学年の単元をどう組み合わせて指導するかという指導形態と、単元配列の工夫に基づく指導計画が重要となる。

一般的な指導形態は、「異単元異内容指導」とよばれる。この指導形態は、教科書の単元配列をそのまま使って指導する方法である。したがって、単元配列によっては、例えば、三年生が「書くこと」の領域、四年生が「読むこと」の領域といった場合もある。教科書の配列通りであるから、指導事項を落ちなく確実に指導するよさがある。

ただし教材によっては、他学年の学習者に自分たちの考えを伝え交流を図るという複式授業ならではの学習形態をとることで効果があがることもあり、単元配列を工夫し、双方とも同じ領域（例えば、「読むこと」であれば双方とも説明的文章）にして指導することも考えられる。したがって、単元配列を工夫して指導計画を作成することも求められてくる。

③一単位時間（四十五分）の指導過程

複式授業の最大の特徴は、図5のような指導過程にある。一人の教師が、二個学年を同時に指導するため、片方の学年は必然的に直接指導を受けることができない。なお図5は、上学年が「間接指導」から始まっているが、学習内容や学習者の実態により逆の場合もある。

図5の指導過程の場合、教師の動きは、下学年の課題把握のための「直接指導」→上学年の課題把握のための「直接指導」→下学年の課題解決のための「直接指導」→上学年の課題解決のための「直接指導」となる。

注：「直接指導」とは、図5の塗りつぶしのところにあたる。

上学年	教師の動き		下学年
復習・活用（前時）	間接	直接	課題把握（導入）
課題把握（導入）	直接	間接	課題追究（展開）
課題追究（展開）	間接	直接	課題解決（展開）
課題解決（展開・まとめ）	直接	間接	まとめ・活用（終末）

図5　複式授業の指導過程

④指導用語

複式授業は二個学年を同時に指導することから、複式授業独自の指導用語がある。例えば、「直接指導」「間接指導」「わたり」「ずらし」「小わたり」「ガイド（学習）」などがある。それらの指導用語の意味は、次の通りである。なお、図5をもとに説明する。

・直接指導　教師が直接、学習者に指導することを指す。図5の指導過程では、上学年、下学年それぞれ二回ずつ直接指導が行われることになる。

・間接指導　他学年に教師が直接指導を行っている際、当該学年の学習者は自分たちで課題解決のための学習を行う。例えば、前時の復習問題や活用問題を解く、振り返りを行う、課題追及やまとめを行うことなどがある。この学習者だけで学習することを間接指導という。

・わたり　教師が当該学年の直接指導から他学年の直接指導のために移動することを指す。

・ずらし　時間差をつけて指導過程を構成することを指す。当該学年が直接指導の時、他学年は間接指導となる。二個学年を一人の教師が同時に指導することから、ずらして指導過程を組まないと直接指導ができない。

・小わたり　当該学年の直接指導を行っている際、他学年は間接指導となるが、間接指導時の学習者がうまく学習できないでいる時など、当該学年の直接指導を一時中断して間接指導の学習者に指導を行うことを指す。直接指導が一時中断されるため、できるだけこの「小わたり」を行わないことが望ましいが、複式授業に慣れていない学習者には必要な指導でもある。

・ガイド（学習）　間接指導において、一人の学習者がガイドとして学習を進めていくことを指す。初めは事前に教師からの指示（紙媒体など）をもとに進めていくことが多い。ガイドは特定の学習者にさせるのではなく、誰もができるようにしていくことが望ましい。

⑤間接指導の重要性

複式授業がうまくいくかどうかの鍵は、間接指導にある。間接指導は学習者だけで学習を行うが、間接指導の学習内容が不十分の場合、直接指導で深まりのある学習が難しくなる。したがって、本時の指導事項を達成することがなかなかできない。そのため、例えば、間接指導時にガイド学習などを取り入れ、深まりのある間接指導ができるように工夫をしたい。

また間接指導時に課題が早く終わった場合、学習者はどうするのか、何をするのかなどの具体的な指示もしておかなければ間接指導の時間がただ過ぎてしまう。単純に考えて、授業時間四十五分のうち半分を直接指導とすれば、残りの半分は間接指導となる。二〇分前後の間接指導をどう充実させるかで、その時間のよしあしが決まるといっても過言ではない。

なお、この間接指導を充実させることができれば、単式授業での個別学習時の指導もうまくいくことが多い。なぜなら、教師は早く終わった学習者にどう対応するかなど、具体的な手立てをいくつも考える必要がある。このことは、深い教材研究と学習者によりそった指導が行われる可能性が高くなるからである。

(2) 複式学習指導案（国語科）の形式と作成のポイント

複式学習指導案（国語科）の例を示す。なお本指導案は、著者が平成二三年に実際に授業を行った際の学習指導案を修正したものである。

第6学年　国語科学習指導案

日　時　平成23年○月○日
対　象　男子○名　女子○名　計○名
指導者　田中 拓郎

1　単元名　言葉について考えよう
　　教材名「言葉は動く」

2　本時の学習

(1) 目　標

世代によって同じ意味でも異なる言葉を、辞書などを使って調べることを通して、筆者の主張に対する自分の考えを書きまとめることができる。

(2) 本時の学習（5/7）

の動き	学習活動（・児童の反応）	○教師の発問	・留意点　☆評価
間接指導10分	1　全文を音読する。	○全文を音読して、どんなことが書かれていたか確かめましょう。	・微音読するよう前時のうちに指示をしておく。
	2　前時の学習の振り返りをする。 ・例にあげられている言葉の意味を調べた。 ・暮らしによって言葉は変わってきている。 ・外国からの言葉が多くなっている。	○昨日は何を学習しましたか。	・ガイドを中心にして、学習を進めさせる。 ・早く終わった場合は、本文で気になる言葉を辞書で調べるように指示をしておく。
直指導10分	3　本時の学習課題を確認する。	○学習課題を読みましょう。	
	同じ意味でも自分たちと大人とでは違う言葉を探し､筆者の主張について自分の考えを発表しよう。		
	4　調べる三つの観点を知る。	○三つの観点で調べてみましょう。 ○どのようにして調べるとよいでしょう。	・調べる観点として、「衣類」「生活用品」「その他」の三つを示す。 ・掲示物として示す。
		〔調べ方〕 ・まずは、自分で考えてみる。 ・自分たちはカタカナ言葉（外来語）を使っているが、大人は別の言葉で話している言葉はないか。 ・辞書などを使って確認する。	

第５学年　国語科学習指導案

日　時　平成23年○月○日
対　象　男子○名　女子○名　計○名
指導者　田中 拓郎

1　単元名　説明のしかたについて考えよう
　　教材名　「天気を予想する」「グラフや表を引用して書こう」

2　本時の学習
(1) 目　標
「問い・答え」をもとに段落のつながりについて話し合うことを通して、本文の文章構成を考えワークシートに書きまとめることができる。
(2) 本時の学習（2/11）

学習活動　（・児童の反応）	○教師の発問	・留意点　☆評価	教師
1　本時の学習課題を確認する。	○学習課題を読みましょう。	・声に出して読ませる。	直接指導10分
意味段落ごとの「問い・答え」のつながりを考え、本文の文章構成を書きまとめよう。			
2　学習課題をワークシートに書く。		・学習課題をワークシートに書かせる。	
3　「問い」と「答え」の見つけ方を知る。	○「問い」と「答え」を見つけるためには、どんなことに気をつければよいでしょう。 ◎「問い」と「答え」の見つけかた ・「問い」→文末表現「～でしょうか」 ・「答え」→「問い」の内容と対応している。 →短くまとめられている。 →例は省く。	・「学習の手引き」をもとにする。 ・掲示物として示す。	
4　全文を読み、「問い」と「答え」の文を探し、ワークシートに書く。	○ワークシートに書きましょう。	・早く終わった場合は、どんなつながりがあるかを考えるように指示をしておく。	間指導10分

○ワークシート例（※実際は縦書き）

問　い	答　え
1　的中率は、どうして高くなったのでしょうか。	・一つは、科学技術の進歩です。 ・もう一つの理由は、国際的な協力の実現です。
2　では、さらに科学技術が進歩し、国際的な協力が進めば、天気予報は百パーセント的中するようになるのでしょうか。	・それはかなりむずかしいというのが、現在のわたしの考えです。
3　それでは、そうした突発的・局地的な天気の変化を予想する手立てはないのでしょうか。	・一つの手立ては、実際に自分で空を見たり、風を感じたりすることです。 ・天気に関することわざが有効な場合もあります。

の動き	学習活動（・児童の反応）	○教師の発問	・留意点　☆評価
間接指導15分	5　三つの観点で調べる。	○調べましょう。	・ガイドを中心にして、学習を進めさせる。 ・一つの観点には、2～3個程度書くことでよいことを伝える。

○ワークシート例（※実際は縦書き）

観　点	自分たちの言葉	大人の言葉	気づいたこと
衣　類	スーツ スニーカー ベスト	背広 運動靴 チョッキ	
生活用品	ノート ペンケース ティッシュペーパー	帳面 筆箱 ちり紙	
その他	チケット ルール スピード	切符 きまり 速さ	

の動き	学習活動（・児童の反応）	○教師の発問	・留意点　☆評価
間接指導15分	6　調べたことを発表する。	○観点ごとに発表しましょう。	・お互いのワークシートを見せ合い、どんなことを調べたのか確認させる。
直接指導10分	7　筆者の主張を読み、調べたことをもとに自分の考えを発表する。 ・使われなくなった言葉などが、「使った人々の暮らし方や心のもち方を表していた言葉」だというのは、その通りだと思った。	○筆者の主張をどう思いますか。	・本文の「終わり」の段落を音読させる。 ・調べたことも踏まえて発表させる。 ☆筆者の主張に対し、立場を明確にして自分の考えを書きまとめることができる。

（例）例えば、ぼくたちは「ティッシュペーパー」と言うが、大人は「ちり紙」という場合がある。筆者は、使われなくなっていく言葉を「古い言葉だ、というだけでは済ますことはできないのではないか」と主張している。ぼくも今日の学習で、ふだん使わない言葉を知り、少し気にしてみようと思いました。

の動き	学習活動（・児童の反応）	○教師の発問	・留意点　☆評価
直接指導10分	8　振り返りを行う。 ・実際に調べることで、筆者の主張が理解できた。	○振り返りをしましょう。	・4つの視点（学習内容、学習方法、学習活動、資質・能力）を示す。

学習活動　（・児童の反応）	○教師の発問	・留意点　☆評価	教師
5　発表する。	○発表しましょう。	・何に気をつけて探したかも入れて発表させる。	直接指導15分
6　意味段落の「問い・答え」と次の意味段落の「問い・答え」とのつながりを考える。 ・一つ目の「答え」が、二つ目の「問い」とつながっている。 ・二つ目の「答え」が三つ目の「問い」に関係している。 ・一つずつつながっている。	○どんなつながりになっているでしょう。	・本文全体に関わる「問い」はないことに気づかせる。 ・接続語や指示語にも着目させる。	
7　文章構成を考える。 ・これまでよく見る「はじめ」「中」「終わり」ではない。 ・「はじめ」と「中」が一緒になっている。	○文章構成はどうなっているでしょう。	☆「問い・答え」の関連から、本文が二つの構成になっていることを話すことができる。	
（例）三つの「問い・答え」はそれぞれつながっている。「天気を予想する」の文章構成は、「はじめ」と「中」が一緒になった構成である。ぼくは、おもしろい書き方だと思った。			
8　ワークシートに書きまとめる。	○ワークシートに書きましょう。	・自分なりにまとめを書けない場合は、板書のまとめを写してもよいことを伝える。 ・早く終わった場合は、本文全体を黙読させる。	間接指導10分
9　振り返りを行う。	○振り返りをしましょう。	・4つの視点（学習内容、学習方法、学習活動、資質・能力）を示す。	

【ポイント】

単式授業とは異なる視点から、二つ述べる。

一つは、一人の授業者が同時に二個学年の授業を行うことから、重点となる学年を決めて行うことが必要となる。例示の学習指導案（以下、例示案）は、五年生の指導に重点がおかれている。割合でいえば、六（五年生）：四（六年生）程度で作成している。本来であれば、どちらも同じ割合で指導すべきであるが直接指導の時間が限られていることから、うまくいかないことが多い。例示案では六年生の割合が低いが、次の時間は六年生を重点指導をするなどして単元全体を通して調整すればよい。

もう一つは、先述したが「間接指導」をどう充実させるかである。例示案では、ガイドを使って学習を進めていること、さらに学習者の個人差を考え「早く終わった場合は～」と本時に関わる他の課題を示した。単式学級では、早く終わった学習者に直接教師が指示できるが、複式の間接指導は学習者たちで学習することが原則（そうしないと、他学年の直接指導が進まない）であることから、本時の指導目標に関わる他の課題を準備しておくことが必要となる。

注　第二節に関わる参考文献

・青森県教育委員会『令和二・三年度 指導資料第四〇集 へき地・複式教育ハンドブック（事例編）』二〇二一年
・十和田市立大不動小学校「平成二三年度 研究集録」二〇一一年
・桂聖 編著 紀美野町立小川小学校 著『3つのステップで読解力をつける複式の国語科授業』東洋館出版社 二〇〇九年
・広島大学附属東雲小学校 著『複式教育ハンドブック』東洋館出版社 二〇一〇年

終わりに

説明的文章を教材にした「言葉の指導」に対して、かねてから私には二つの課題（悩み）があった。

一つは、「主体的な学習者（読者）」として説明的文章を読むためにどうすればよいかという課題（悩み）であった。授業をすればするほど、学習者（読者）は興味・関心が薄らぎ受け身的になり、結局のところ教師主導の授業になっていった。しかし学習者（読者）は、いずれ学校生活に終わりをつげ、社会人として言語生活を送ることになる。その時、社会の様々な情報から必要なものを取捨選択できるように学校生活において「主体的な学習者（読者）」としての素地を身につけさせることが必要となるが、ではどのような「言葉の指導」をすればよいか明確にいえるものがなかった。

もう一つは、「何を」「どのように教えるか」という課題（悩み）である。しかし、例えば、「何を」に関しては多くの研究者や実践家の成果から、説明的文章指導では「内容」「形式・表現」「論理」を教えることや、説明的文章を「情報」として読み「表現」につなげることの大切さなどが指摘されている。またこれらの成果は、その時々の学習指導要領の指導事項も考慮していることが多く、一応の結論は出ている感がある。それでも実際に説明的文章を目にすると、「何を」「どのように教えるか」という課題（悩み）が繰り返し出てくる。

小学校の教壇から離れ、大学で国語科教育を研究・教育することになり数年がたった。いろいろな角度から説明的文章指導について考える機会を得ることができ、ようやく一つの結論めいたものにたどりついた。それは、「何を」という内容論や「どのように教えるか」という方法論の前に、「どんな資質・能力」を身につけさせるかという学力論が明確でないことが大きな原因であったということである。至極当たり前のことであるが、教材特性と学習者（読者）の実態を踏まえつつ、「どんな資質・能力」を身につけさせるかを考えることが最も重要となる。それが明確になれば、「何を」や「どのように教えるか」の指導の方向性が見えてくる。さらに、授業そのものが学習者（読者）の視点に立った課題解決のプロセスが構想され、学習者（読者）の主体性につながると考えられる。

そこで本書では先の二つの課題（悩み）を解決する手立てとして、「言葉による課題解決力」を身につけさせることを提案した。「言葉による課題解決力」とは、「言葉を通して課題を設定し、言葉による課題解決を図るための思考力・読解力・表現力が相互に関係づけられて機能する資質・能力」と定義する。そして「言葉による課題解決力」を育成するために、どんな「言葉の指導」を構想すべきなのかを考えた。

本書をまとめるにあたって、宮城教育大学　児玉忠先生からいただいた御指導・御支援に心より感謝申し上げます。国語をどう指導すればよいかわからず、その解を求めて大学院に入学した平凡な小学校教員であった私に、国語の面白さと難しさを教えてくださいました。また大学院を修了後も引き続き論文指導をしてくださるなど二十数年もの間、数えきれないほどの御教示をいただきました。さらに御多忙にも関わらず、身に余る内容の序文までいただきました。深く深く感謝申し上げます。

また、私の国語科教育ゼミ生である藤井菜々花さん、福士萌々子さん、須藤駆くんには、原稿全般にわたる点検をしていただきました。記して御礼申し上げます。

最後に、本の編集に際してお世話になりました東洋館出版社の西田亜希子さん、五十嵐康生さんに御礼申し上げます。

二〇二四年五月

田中　拓郎

初出一覧

本書の論考のほとんどは、新たに書き下ろしたものであるが、第一章、第二章、第三章は以下の論考をもとに、大幅に加除修正を施した。

・第一章
田中拓郎『「言葉による課題解決力」を育てる国語科説明的文章指導―「読み書き関連指導」と「情報活用指導」に着目して―』弘前大学教育学部紀要 第一二八号 二〇二二年 七～一八頁

・第二章
田中拓郎『小学校国語科説明的文章教材の類型化に関する一考察―指導目標と「単元のゴールとなる言語活動」をもとに―』弘前大学教育学部紀要 第一二九号 二〇二二年 九～二一頁

・第三章
田中拓郎「知って！納得！国語お役立ちコラム」「国語あおもり通信」教育出版 第一九号（二〇二二年）、第二〇号（二〇二三年）、第二一号（二〇二三年）、第二三号（二〇二四年）

その他の論考は、全て書き下ろしである。

引用・参考文献一覧

青木幹勇「関連指導をどのように拓いていくか」『国語科教育学研究5』井上敏夫・野地潤家 編 明治図書 一九七八年 四五～五四頁
青森県教育委員会『令和二・三年度 指導資料第四〇集 へき地・複式教育ハンドブック（事例編）』二〇二一年
浅野英樹『小学校国語授業のつくり方』明治図書 二〇二二年 四六～四七頁
熱海則夫「教育課程改善の基本的考え方」「初等教育資料」第五一〇号 東洋館出版社 一九八八年 二～六頁
阿部昇「説明文・論説文の『読み』の授業―三つの指導過程」『国語力をつける説明文・論説文の「読み」の授業』「読み」の授業研究会著 明治図書 二〇一六年 一五頁
石井英真「『科学と教育の結合』論と系統学習論」田中耕治 編著『戦後日本教育方法論史（上）』ミネルヴァ書房 二〇一七年 一一〇頁
石黒圭『「接続詞」の技術』実務教育出版 二〇一六年 七四～八一頁
石黒圭『段落論 日本語の「わかりやすさ」の決め手』光文社新書 二〇二〇年 一四～一八頁
市川孝「文章〈2〉」『国語教育指導用語辞典 第三版』田近洵一他編 教育出版 二〇〇四年 三六頁
犬飼龍馬『中学校・高等学校国語科「読解方略」習得ワーク&指導アイデア』明治図書 二〇二二年
植山俊宏「説明的文章の領域における実践研究の成果と展望」『国語科教育学研究の成果と展望』全国大学国語教育学会編 明治図書 二〇〇二年 二八二頁
植山俊宏「要点・要旨」『国語科重要用語事典』高木まさき他編著 明治図書 二〇一五年 一三九頁
植山俊宏「説明的文章のマクロ読み」「月刊 国語教育研究」日本国語教育学会編 第五二二号 二〇一五年 四二～四三頁
植山俊宏「真正な問題解決能力を育成する説明的文章の指導」「実践国語研究」第三五六号 明治図書 二〇一九年 四～五頁
宇佐美寛『宇佐美寛・問題意識集2 国語教育は言語技術教育である』明治図書 二〇〇一年 七五～一三一頁
大内善一「教師主導も踏まえた課題解決へ」「実践国語研究」第三三一号 明治図書 二〇一五年 七～八頁
大熊徹「作文としての目標と評価とを視野にいれて」「教育科学国語教育」第四五七号 明治図書 一九九二年 八～一一頁
大越和孝『国語科・理論と実践の接点』東洋館出版社 二〇〇〇年 九五～九六頁

沖森卓也『文章が変わる接続語の使い方』ベレ出版　二〇一六年
奥泉香「国語科において図像テクストから『対人的』意味を学習する意義と方法的枠組み」「国語科教育」第八七集　全国大学国語教育学会編　二〇二〇年　一四〜二二頁
小田迪夫『説明文教材の授業改革論』明治図書　一九八六年
小田迪夫「題名のレトリック性」「教育科学国語教育」第四四四号　明治図書　一九九一年　一一一〜一一五頁
小田迪夫「題名のレトリック性をどう生かすか」「教育科学国語教育」第四四六号　明治図書　一九九一年　一一一〜一一五頁
小田迪夫『二十一世紀に生きる説明文学習　情報を読み、活かす力を育む』東京書籍　一九九六年
小田迪夫「情報読みの力を養う新聞記事の使い方」「教育科学国語教育」第七一五号　明治図書　二〇〇九年　一三頁
大日方重利「問題解決学習」『最新学習指導用語事典』辰野千壽編　教育出版　二〇〇五年　一三二頁
桂聖編著　紀美野町立小川小学校著『3つのステップで読解力をつける複式の国語科授業』東洋館出版社　二〇〇九年
河合章男「情報化と説明文」『情報化時代「説明文」の学習を変える』齊藤喜門監修　国語教育実践理論研究会編著　学芸図書　一九九六年　二一二頁
河野順子『〈対話〉による説明的文章の学習指導』風間書房　二〇〇六年　九〜六二頁
河野順子編著『小学校国語科「批評読みとその交流」の授業づくり』明治図書　二〇一七年　三九頁
吉川芳則編著『クリティカルな読解力が身につく！　説明文の論理活用ワーク中学年編』明治図書　二〇一二年　一四〜一五頁
吉川芳則『説明的文章の学習活動の構成と展開』渓水社　二〇一三年
吉川芳則編著『アクティブ・ラーニングを位置づけた中学校国語科の授業プラン』明治図書　二〇一六年　一七〜一八頁
吉川芳則『論理的思考力を育てる！批判的読み（クリティカル・リーディング）の授業づくり』明治図書　二〇一七年　四五〜四九頁
古賀洋一「説明的文章の読みの授業実践における読解方略指導の展開」「国語科教育」第七六集　全国大学国語教育学会編　二〇一四年　二二三〜二三〇頁
古賀洋一『説明的文章の読解方略指導研究—条件的知識の育成に着目して—』渓水社　二〇二〇年
国立教育政策研究所『「指導と評価の一体化」のための学習評価に関する参考資料　小学校国語』東洋館出版社　二〇二〇年　七〜一〇頁
児玉忠「弘前市教育委員会第一回国語研修講座　講演資料」二〇一四年

児玉忠「筆者とシンクロ（同調）する課題解決のための言語活動」「国語教育研究紀要」第五十六号 宮城県連合小学校教育研究会国語研究部会 二〇一九年 四～一二頁
児玉忠「読解力における『テキスト』と『情報』」宮城教育大学教職大学院紀要 第二号 二〇二〇年 三～一〇頁
小林康宏『小学校国語「見方・考え方」が働く授業デザイン』東洋館出版社 二〇一九年 三五頁
小松善之助『国語の授業組織論』一光社 一九七六年 三七頁
小松善之助『楽しく力のつく説明文の指導』明治図書 一九八一年 六九～一二四頁
西郷竹彦『ものの見方・考え方 教育的認識論入門』明治図書 一九九一年
櫻本明美『説明的表現の授業 考えて書く力を育てる』明治図書 一九九五年 一八～三二頁
佐藤公治『「アクティブ・ラーニング」は何をめざすか』新曜社 二〇二〇年 六二頁
佐藤明宏『国語科研究授業のすべて』東洋館出版社 二〇一二年
渋谷孝『説明的文章の教材本質論』明治図書 一九八四年
菅井三実『社会につながる国語教室』開拓社 二〇二一年 一四九～一五一頁
杉浦健「学習指導案」『小学校教育用語辞典』細尾萌子・柏木智子編集代表 ミネルヴァ書房 二〇二一年 一七四頁
鈴木昭壱「関連学習（指導）」『国語教育研究大辞典』国語教育研究所編 明治図書 一九九一年 一五一～一五二頁
須田実『授業常識のまちがい』明治図書 一九八六年
須田実「二領域一事項の学習指導要領の告示」「教育科学国語教育六月号臨時増刊 戦後国語教育五〇年史のキーワード」第五一〇号 明治図書 一九九五年 一五四～一五七頁
須田実「読み書き関連指導における『関連思考力』の拡充」「教育科学国語教育」第六八四号 明治図書 二〇〇七年 一二三～一二五頁
須田実「自立的問題解決能力の育成をはぐくむ」「実践国語研究」第二九七号 明治図書 二〇〇九年 七八頁
瀬川栄志「『表現』と『理解』の関連接点を明確にする」「教育科学国語教育」第三五一号 明治図書 一九八五年 一七～一八頁
髙木まさき『「他者」を発見する国語の授業』大修館書店 二〇〇一年 八八～一一二頁
高木亮「アクティブラーニング」『小学校教育用語辞典』細尾萌子・柏木智子編 ミネルヴァ書房 二〇二一年 九六頁
竹長吉正「情報読み能力の育成」「教育科学国語教育六月号臨時増刊 戦後国語教育五〇年史のキーワード」第五一〇号 明治図書

一九九五年　一三三～一三六頁
達富洋二編著『ここからはじまる国語教室』ひつじ書房　二〇二三年
田中拓郎「論理的思考力を高める読みの指導についての基礎的研究」『読書科学』日本読書学会編　第四九巻第二号　二〇〇五年　六一～七一頁
田中拓郎「『形態』と『機能』の視点から見た小学校説明的文章についての一考察―小学校低学年説明的文章をもとにして―」弘前大学教育学部紀要　第一二六号　二〇二一年　九～二〇頁
田中拓郎「国語科説明的文章学習における『比較』の実相（2）―小学4年「アップとルーズで伝える」をもとにして―」弘前大学大学院教育学研究科教職実践専攻（教職大学院）年報　第三号　二〇二二年　一～一二頁
田中久直『段落指導』明治図書　一九六〇年　六九頁
田中宏幸「教材研究のポイント―『モアイは語る―地球の未来』（安田喜憲）を例に（教材編）」『説明文・論説文―論理的な思考力を育てる―』笠井正信他編著　日本国語教育学会監修　東洋館出版社　二〇一八年　一四頁
辻村敬三『国語科内容論×国語科指導法』東洋館出版社　二〇一九年　一九六～一九七頁
寺井正憲「説明的文章の読解指導論―認知的側面からみた形式主義・内容主義の検討―」『日本語と日本文学』第八号　筑波大学国語国文学会編　一九八八年　九～一七頁
寺井正憲「説明的文章教材の『テクスト生産的な学習指導』に関する一考察―相の概念を導入して―」『月刊国語教育研究』第三四七号　日本国語教育学会編　二〇〇一年　五〇～五五頁
十和田市立大不動小学校「平成二三年度 研究集録」二〇一一年
長崎伸仁『説明的文章の読みの系統』素人社　一九九二年
長崎伸仁『新しく拓く説明的文章の授業』明治図書　一九九七年　一七～三九頁
長崎秀昭「小学生の段落意識とその指導」『文章論と国語教育』永野賢編　朝倉書店　一九八六年　二七五～二八八頁
長崎秀昭「提案―説明文の新しい学習のタイプ―」『情報化時代「説明文」の学習を変える』齊藤喜門監修　国語教育実践理論研究会編著　学芸図書　一九九六年　三四～四〇頁
八田洋彌「情報読みの理論と読むことの教育」『読むことの教育と実践の課題』全国大学国語教育学会編　明治図書　一九八五年　六六～

七九頁
広岡義之「複式学級」『教職をめざす人のための教育用語・法規　改訂新版』広岡義之編　ミネルヴァ書房二〇二一年　二三三～二三四頁
広岡亮蔵『授業改造』明治図書　一九六六年　二八～二九頁
弘前大学教育学部『弘前大学教育実習手引 第Ⅱ部 附属小学校における教育実習』二〇二二年
広島大学附属東雲小学校著『複式教育ハンドブック』東洋館出版社　二〇一〇年
藤井千春『問題解決学習で育む「資質・能力」』明治図書　二〇二〇年　三頁
藤原顕「学習指導案」『国語科重要用語事典』髙木まさき他編著　明治図書　二〇一五年　三二頁
藤原宏・瀬川栄志編『小学校国語科・5「表現」「理解」の関連指導』明治図書　一九七八年　一一頁
堀裕嗣『国語科授業づくり10の原理100の言語技術』明治図書　二〇一六年　一三〇～一三一頁
松崎史周『中学校国語教師のための文法指導入門』明治図書　二〇二三年
溝上慎一『アクティブラーニングと教授学習パラダイムの転換』東信堂　二〇一四年　四五～四六頁
溝上慎一・成田秀夫編『アクティブラーニングとしてのＰＢＬと探究的な学習』東信堂　二〇一六年　五～一六頁
溝上慎一編『高等学校におけるアクティブラーニング』東信堂　二〇一六年　三頁、二八～三四頁
水戸部修治「単元を貫く言語活動を位置付けた授業づくり」「初等教育資料」第九一四号　東洋館出版社　二〇一四年　六月号　六二頁
水戸部修治「学習指導案の意義と作成」『新たな時代を拓く小学校国語科教育研究』全国大学国語教育学会編　学芸図書　二〇〇九年　三八頁
水戸部修治『「単元を貫く言語活動」を位置付けた小学校国語科学習指導案パーフェクトガイド一・二年』明治図書　二〇一四年　八頁
森久保安美「問題解決学習」『国語教育研究大辞典』国語教育研究所編　明治図書　一九九一年　八二九～八三〇頁
守田庸一「事実と意見」「日本文学」日本文学協会編　二〇一二年　一月号　六六～六七頁
森田香緒里「読むことの指導①―説明的文章」『初等国語科教育』ミネルヴァ書房二〇一八年　一二三～一三五頁
森田信義『認識主体を育てる説明的文章の指導』渓水社　一九八四年　一一九～一二四頁
森田信義編著『説明的文章の研究と実践』明治図書　一九八八年　一一～一三頁
森田信義『説明的文章教育の目標と内容』渓水社　一九九八年　九一～九二頁
森田信義『「評価読み」による説明的文章の教育』渓水社　二〇一一年　二三頁

文部省「小学校指導書 国語科 試案」一九五一年（国立教育政策研究所 学習指導要領データベース）
文部省「小学校指導書 国語編」一九六九年
文部省「小学校、中学校及び高等学校の教育課程の基準の改善について（教育課程審議会答申 一九七六年一二月）」「初等教育資料」第三四五号 東洋館出版社 一九七七年 六二〜九六頁
文部省「〈座談会〉国語科における目標・内容について」「初等教育資料」第三五八号 東洋館出版社 一九七七年 四一〜五二頁
文部省「小学校指導書説国語編」一九七八年 九五頁
文部省「幼稚園、小学校、中学校及び高等学校の教育課程の基準の改善について（答申）」「初等教育資料」第五一〇号 東洋館出版社 一九八八年 七〇〜一〇四頁
文部省「小学校指導書 国語編」一九八九年
文部省「昭和五二年改訂版中学校学習指導要領国語科」『国語教育基本論文集成6国語科教育課程論（2）』明治図書 一九九四年 四五五頁
文部科学省『読解力向上に関する指導資料』東洋館出版社 二〇〇六年 一頁
文部科学省 中央教育審議会「新たな未来を築くための大学教育の質的転換に向けて（答申）」用語集 二〇一二年
文部科学省 中央教育審議会「初等中等教育における教育課程の基準等の在り方について（諮問）」二〇一四年
文部科学省「小学校学習指導要領解説 総則編」二〇一七年 五一〜五二頁
文部科学省「小学校学習指導要領解説 国語編」二〇一七年
安河内義巳・サモエール国語の会編『説明文の読み・書き連動指導』明治図書 一九八九年 三〜四頁
山祐嗣「帰納的推論」『認知心理学キーワード』森敏昭・中條和光編 有斐閣 二〇〇五年 一四九頁
山田敏弘『国語教師が知っておきたい日本語文法』くろしお出版 二〇〇四年 三八〜六〇頁
山中吾郎「『単元を貫く言語活動』は国語科授業の『改善』につながるか〜小学校文学教材の授業を中心に考える〜」「国語の授業」第二四七号 児童言語研究会編 二〇一五年 七四〜七九頁
吉田裕久「関連指導の実践研究広まる」「教育科学国語教育六月号臨時増刊 戦後国語教育五〇年史のキーワード」第五一〇号 明治図書 一九九五年 一六二〜一六五頁
渡邊幸佑「『事実』と『意見』の再定義」「読書科学」日本読書学会編 第二五一号 二〇二三年 一〜一四頁

著者紹介

田中 拓郎（たなか たくお）

弘前大学教育学部准教授

〈略歴〉

1965年青森県三沢市生まれ。弘前大学教育学部小学校教員養成課程卒業。弘前大学大学院教育学研究科国語教育専修修了。教育学修士。青森県上北地域管内の公立小学校教諭、十和田市教育委員会指導課指導主事、十和田市立沢田小学校教頭を経て、2019年より現職。専門は国語科教育、なかでも説明的文章指導に関する研究。

〈主な論文〉

「論理的思考力を高める読みの指導についての基礎的研究」（第192号 日本読書学会編 2005）、「小学校低学年説明的文章指導における『批判的読み』の可能性と課題」（第41号 弘前大学国語国文学会編 2020）、「小学校入門期段階と就学時前教育とにおける継ぎ目のない『言葉』についての一考察 ―国語科入門期説明的文章と科学絵本『かがくのとも』を例に―」（第127号 弘前大学教育学部紀要 2022）など。

全国大学国語教育学会、日本国語教育学会、日本読書学会、弘前大学国語国文学会に所属。

「言葉による課題解決力」を育てる説明的文章指導
～「読みの観点」×「単元の類型」でつくる授業～

2024（令和6）年5月31日　初版第1刷発行

著　　者：田中　拓郎
発 行 者：錦織圭之介
発 行 所：株式会社　東洋館出版社
〒101-0054 東京都千代田区神田錦町2丁目9番1号
コンフォール安田ビル2階
代　表　電話 03-6778-4343　FAX 03-5281-8091
営業部　電話 03-6778-7278　FAX 03-5281-8092
振　替　00180-7-96823
URL　https://www.toyokan.co.jp
印刷・製本：藤原印刷株式会社
装幀・本文デザイン：藤原印刷株式会社

ISBN978-4-491-05485-8